TURCO
VOCABULARIO

PALABRAS MÁS USADAS

ESPAÑOL-
TURCO

Las palabras más útiles
Para expandir su vocabulario y refinar
sus habilidades lingüísticas

9000 palabras

Vocabulario español-turco - 9000 palabras más usadas

por Andrey Taranov

Los vocabularios de T&P Books buscan ayudar en el aprendizaje, la memorización y la revisión de palabras de idiomas extranjeros. El diccionario se divide por temas, cubriendo toda la esfera de las actividades cotidianas, de negocios, ciencias, cultura, etc.

El proceso de aprendizaje de palabras utilizando los diccionarios temáticos de T&P Books le proporcionará a usted las siguientes ventajas:

- La información del idioma secundario está organizada claramente y predetermina el éxito para las etapas subsiguientes en la memorización de palabras.
- Las palabras derivadas de la misma raíz se agrupan, lo cual permite la memorización de grupos de palabras en vez de palabras aisladas.
- Las unidades pequeñas de palabras facilitan el proceso de reconocimiento de enlaces de asociación que se necesitan para la cohesión del vocabulario.
- De este modo, se puede estimar el número de palabras aprendidas y así también el nivel de conocimiento del idioma.

T&P Books Publishing
www.tpbooks.com

ISBN: 978-1-78071-406-6

Este libro está disponible en formato electrónico o de E-Book también.
Visite www.tpbooks.com o las librerías electrónicas más destacadas en la Red.

VOCABULARIO TURCO
palabras más usadas

Los vocabularios de T&P Books buscan ayudar al aprendiz a aprender, memorizar y repasar palabras de idiomas extranjeros. Los vocabularios contienen más de 9000 palabras comúnmente usadas y organizadas de manera temática.

- El vocabulario contiene las palabras corrientes más usadas.
- Se recomienda como ayuda adicional a cualquier curso de idiomas.
- Capta las necesidades de aprendices de nivel principiante y avanzado.
- Es conveniente para uso cotidiano, prácticas de revisión y actividades de auto-evaluación.
- Facilita la evaluación del vocabulario.

Aspectos claves del vocabulario

- Las palabras se organizan según el significado, no según el orden alfabético.
- Las palabras se presentan en tres columnas para facilitar los procesos de repaso y auto-evaluación.
- Los grupos de palabras se dividen en pequeñas secciones para facilitar el proceso de aprendizaje.
- El vocabulario ofrece una transcripción sencilla y conveniente de cada palabra extranjera.

El vocabulario contiene 256 temas que incluyen lo siguiente:

Conceptos básicos, números, colores, meses, estaciones, unidades de medidas, ropa y accesorios, comida y nutrición, restaurantes, familia nuclear, familia extendida, características de personalidad, sentimientos, emociones, enfermedades, la ciudad y el pueblo, exploración del paisaje, compras, finanzas, la casa, el hogar, la oficina, el trabajo en oficina, importación y exportación, promociones, búsqueda de trabajo, deportes, educación, computación, la red, herramientas, la naturaleza, los países, las nacionalidades y más ...

TABLA DE CONTENIDO

GUÍA DE PRONUNCIACIÓN

La letra	Ejemplo turco	T&P alfabeto fonético	Ejemplo español

Las vocales

A a	ada	[a]	radio
E e	eş	[e]	verano
I ı	tıp	[ɪ]	abismo
İ i	isim	[i]	ilegal
O o	top	[ɔ]	costa
Ö ö	ödül	[ø]	no hay equivalente
U u	mum	[u]	mundo
Ü ü	süt	[y]	pluma

Las consonantes

B b	baba	[b]	en barco
C c	cam	[dʒ]	jazz
Ç ç	çay	[tʃ]	mapache
D d	diş	[d]	desierto
F f	fikir	[f]	golf
G g	güzel	[g]	jugada
Ğ ğ ¹	oğul		lettra mudo
Ğ ğ ²	öğle vakti	[j]	asiento
H h	hata	[h]	registro
J j	jest	[ʒ]	adyacente
K k	komşu	[k]	charco
L l	lise	[l]	lira
M m	meydan	[m]	nombre
N n	neşe	[n]	número
P p	posta	[p]	precio
R r	rakam	[r]	alfombra
S s	sabah	[s]	salva
Ş ş	şarkı	[ʃ]	shopping
T t	tren	[t]	torre
V v	vazo	[v]	travieso
Y y	yaş	[j]	asiento
Z z	zil	[z]	desde

Comentarios

- Las letras Vw, Xx se emplean en palabras extranjeras solamente
[1] muda después de vocales fuertes (a, i, o, u) y alarga esta vocal
[2] después de vocales débiles (e, i ö, ü)

ABREVIATURAS
usadas en el vocabulario

adj	-	adjetivo
adv	-	adverbio
anim.	-	animado
conj	-	conjunción
etc.	-	etcétera
f	-	sustantivo femenino
f pl	-	femenino plural
fam.	-	uso familiar
fem.	-	femenino
form.	-	uso formal
inanim.	-	inanimado
innum.	-	innumerable
m	-	sustantivo masculino
m pl	-	masculino plural
m, f	-	masculino, femenino
masc.	-	masculino
mat	-	matemáticas
mil.	-	militar
num.	-	numerable
p.ej.	-	por ejemplo
pl	-	plural
pron	-	pronombre
sg	-	singular
v aux	-	verbo auxiliar
vi	-	verbo intransitivo
vi, vt	-	verbo intransitivo, verbo transitivo
vr	-	verbo reflexivo
vt	-	verbo transitivo

CONCEPTOS BÁSICOS

Conceptos básicos. Unidad 1

1. Los pronombres

yo	ben	[bæn]
tú	sen	[sæn]
él, ella, ello	o	[o]
nosotros, -as	biz	[biz]
vosotros, -as	siz	[siz]
ellos, ellas	onlar	[onlar]

2. Saludos. Salutaciones. Despedidas

¡Hola! (fam.)	Selam!	[sæʎam]
¡Hola! (form.)	Merhaba!	[mærhaba]
¡Buenos días!	Günaydın!	[gynajdın]
¡Buenas tardes!	İyi günler!	[ijı gynlær]
¡Buenas noches!	İyi akşamlar!	[ijı akʃamlar]
decir hola	selam vermek	[sæʎam værmæk]
¡Hola! (a un amigo)	Selam!, Merhaba!	[sæʎam mærhaba]
saludo (m)	selam	[sæʎam]
saludar (vt)	selamlamak	[sæʎamlamak]
¿Cómo estás?	Nasılsın?	[nasılsın]
¿Qué hay de nuevo?	Ne var ne yok?	[næ var næ jok]
¡Chau! ¡Adiós!	Hoşça kalın!	[hoʃdʒa kalın]
¡Hasta pronto!	Görüşürüz!	[gøryʃyryz]
¡Adiós! (fam.)	Güle güle!	[gylæ gylæ]
¡Adiós! (form.)	Elveda!	[æʎvæda]
despedirse (vr)	vedalaşmak	[vædalaʃmak]
¡Hasta luego!	Hoşça kal!	[hoʃtʃa kal]
¡Gracias!	Teşekkür ederim!	[tæʃækkyr ædærim]
¡Muchas gracias!	Çok teşekkür ederim!	[tʃok tæʃækkyr ædærim]
De nada	Rica ederim	[ridʒa ædærim]
No hay de qué	Bir şey değil	[bir ʃæj di:ʎ]
De nada	Estağfurullah	[æsta:furulla]
¡Perdóname!	Affedersin!	[afædærsin]
¡Perdóneme!	Affedersiniz!	[afædærsiniz]
disculpar (vt)	affetmek	[afætmæk]
disculparse (vr)	özür dilemek	[øzyr dilæmæk]
Mis disculpas	Özür dilerim	[øzyr dilærim]

¡Perdóneme!	Affedersiniz!	[afædærsiniz]
perdonar (vt)	affetmek	[afætmæk]
por favor	lütfen	[lytfæn]

¡No se le olvide!	Unutmayın!	[unutmajın]
¡Desde luego!	Kesinlikle!	[kæsinliktæ]
¡Claro que no!	Tabi ki hayır!	[tabi ki hajır]
¡De acuerdo!	Tamam!	[tamam]
¡Basta!	Yeter artık!	[jætær artık]

3. Modos del trato: Como dirigirse a otras personas

señor	Beyefendi	[bæjæfændi]
señora	Hanımefendi	[hanımæfændi]
señorita	Hanımefendi	[hanımæfændi]
joven	Genç, delikanlı	[gænʧ], [dælikanlı]
niño	Oğlum	[oːlum]
niña	Kızım	[kızım]

4. Números cardinales. Unidad 1

cero	sıfır	[sıfır]
uno	bir	[bir]
dos	iki	[iki]
tres	üç	[juʧ]
cuatro	dört	[dørt]

cinco	beş	[bæʃ]
seis	altı	[altı]
siete	yedi	[jædi]
ocho	sekiz	[sækiz]
nueve	dokuz	[dokuz]

diez	on	[on]
once	on bir	[on bir]
doce	on iki	[on iki]
trece	on üç	[on juʧ]
catorce	on dört	[on dørt]

quince	on beş	[on bæʃ]
dieciséis	on altı	[on altı]
diecisiete	on yedi	[on jædi]
dieciocho	on sekiz	[on sækiz]
diecinueve	on dokuz	[on dokuz]

veinte	yirmi	[jırmi]
veintiuno	yirmi bir	[jırmi bir]
veintidós	yirmi iki	[jırmi iki]
veintitrés	yirmi üç	[jırmi juʧ]

| treinta | otuz | [otuz] |
| treinta y uno | otuz bir | [otuz bir] |

| treinta y dos | otuz iki | [otuz iki] |
| treinta y tres | otuz üç | [otuz juʧ] |

cuarenta	kırk	[kırk]
cuarenta y uno	kırk bir	[kırk bir]
cuarenta y dos	kırk iki	[kırk iki]
cuarenta y tres	kırk üç	[kırk juʧ]

cincuenta	elli	[ælli]
cincuenta y uno	elli bir	[ælli bir]
cincuenta y dos	elli iki	[ælli iki]
cincuenta y tres	elli üç	[ælli juʧ]

sesenta	altmış	[altmıʃ]
sesenta y uno	altmış bir	[altmıʃ bir]
sesenta y dos	altmış iki	[altmıʃ iki]
sesenta y tres	altmış üç	[altmıʃ juʧ]

setenta	yetmiş	[jætmiʃ]
setenta y uno	yetmiş bir	[jætmiʃ bir]
setenta y dos	yetmiş iki	[jætmiʃ iki]
setenta y tres	yetmiş üç	[jætmiʃ juʧ]

ochenta	seksen	[sæksæn]
ochenta y uno	seksen bir	[sæksæn bir]
ochenta y dos	seksen iki	[sæksæn iki]
ochenta y tres	seksen üç	[sæksæn juʧ]

noventa	doksan	[doksan]
noventa y uno	doksan bir	[doksan bir]
noventa y dos	doksan iki	[doksan iki]
noventa y tres	doksan üç	[doksan juʧ]

5. Números cardinales. Unidad 2

cien	yüz	[juz]
doscientos	iki yüz	[iki juz]
trescientos	üç yüz	[uʧ juz]
cuatrocientos	dört yüz	[dørt juz]
quinientos	beş yüz	[bæʃ juz]

seiscientos	altı yüz	[altı juz]
setecientos	yedi yüz	[jædi juz]
ochocientos	sekiz yüz	[sækiz juz]
novecientos	dokuz yüz	[dokuz juz]

mil	bin	[bin]
dos mil	iki bin	[iki bin]
tres mil	üç bin	[juʧ bin]
diez mil	on bin	[on bin]
cien mil	yüz bin	[juz bin]

| millón (m) | milyon | [bir miʎon] |
| mil millones | milyar | [bir miʎjar] |

6. Números ordinales

primero (adj)	birinci	[birindʒi]
segundo (adj)	ikinci	[ikindʒi]
tercero (adj)	üçüncü	[utʃundʒy]
cuarto (adj)	dördüncü	[dørdyndʒy]
quinto (adj)	beşinci	[bæʃindʒi]
sexto (adj)	altıncı	[altındʒı]
séptimo (adj)	yedinci	[jædindʒi]
octavo (adj)	sekizinci	[sækizindʒi]
noveno (adj)	dokuzuncu	[dokuzundʒu]
décimo (adj)	onuncu	[onundʒu]

7. Números. Fracciones

fracción (f)	kesir	[kæsir]
un medio	yarım	[jarım]
un tercio	üçte bir	[jutʃtæ bir]
un cuarto	dörtte bir	[dørttæ bir]
un octavo	sekizde bir	[sækizdæ bir]
un décimo	onda bir	[onda bir]
dos tercios	üçte iki	[jutʃtæ iki]
tres cuartos	dörtte üç	[dørttæ jutʃ]

8. Números. Operaciones básicas

sustracción (f)	çıkarma	[tʃıkarma]
sustraer (vt)	çıkarmak	[tʃıkarmak]
división (f)	bölme	[bøʌmæ]
dividir (vt)	bölmek	[bøʌmæk]
adición (f)	toplama	[toplama]
sumar (totalizar)	toplamak	[toplamak]
sumar (vt)	katmak	[katmak]
multiplicación (f)	çarpma	[tʃarpma]
multiplicar (vt)	çarpmak	[tʃarpmak]

9. Números. Miscelánea

cifra (f)	rakam	[rakam]
número (m) (~ cardinal)	sayı	[sajı]
numeral (m)	sayı, rakam	[sajı], [rakam]
menos (m)	eksi	[æksi]
más (m)	artı	[artı]
fórmula (f)	formül	[formyl]
cálculo (m)	hesaplama	[hisaplama]
contar (vt)	saymak	[sajmak]

| calcular (vt) | hesaplamak | [hisaplamak] |
| comparar (vt) | karşılaştırmak | [karʃilaʃtɪrmak] |

¿Cuánto? (innum.)	Kaç?	[katʃ]
¿Cuánto? (num.)	Ne kadar?	[næ kadar]
suma (f)	toplam	[toplam]
resultado (m)	sonuç	[sonutʃ]
resto (m)	kalan	[kalan]

unos pocos	birkaç	[birkatʃ]
poco (adv)	biraz	[biraz]
resto (m)	geri kalan	[gæri kalan]
uno y medio	bir buçuk	[bir butʃuk]
docena (f)	düzine	[dyzinæ]

en dos partes	yarı yarıya	[jarɪ jarɪja]
en partes iguales	eşit olarak	[æʃit olarak]
mitad (f)	yarım	[jarɪm]
vez (f)	kere	[kæræ]

10. Los verbos más importantes. Unidad 1

abrir (vt)	açmak	[atʃmak]
aconsejar (vt)	tavsiye etmek	[tavsijæ ætmæk]
adivinar (vt)	doğru tahmin etmek	[do:ru tahmin ætmæk]
advertir (vt)	uyarmak	[ujarmak]

alabarse (vr)	övünmek	[øvynmæk]
almorzar (vi)	öğle yemeği yemek	[øjlæ jæmæi jæmæk]
alquilar (~ una casa)	kiralamak	[kiralamak]
amenazar (vt)	tehdit etmek	[tæhdit ætmæk]
arrepentirse (vr)	üzülmek	[juzylmæk]
ayudar (vt)	yardım etmek	[jardɪm ætmæk]

bañarse (vr)	suya girmek	[suja girmæk]
bromear (vi)	şaka yapmak	[ʃaka japmak]
buscar (vt)	aramak	[aramak]

caer (vi)	düşmek	[dyʃmæk]
callarse (vr)	susmak	[susmak]
cambiar (vt)	değiştirmek	[dæiʃtirmæk]
castigar (vt)	cezalandırmak	[dʒæzalandɪrmak]
cavar (vt)	kazmak	[kazmak]
cazar (vi, vt)	avlamak	[avlamak]

cenar (vi)	akşam yemeği yemek	[akʃam jæmæi jæmæk]
cesar (vt)	durdurmak	[durdurmak]
coger (vt)	tutmak	[tutmak]
comenzar (vt)	başlamak	[baʃlamak]
comparar (vt)	karşılaştırmak	[karʃilaʃtɪrmak]
comprender (vt)	anlamak	[anlamak]

| confiar (vt) | güvenmek | [gyvænmæk] |
| confundir (vt) | ayırt edememek | [ajɪrt ædæmæmæk] |

conocer (~ a alguien)	tanımak	[tanımak]
contar (vt) (enumerar)	saymak	[sajmak]
contar con ...	... güvenmek	[gyvænmæk]

continuar (vt)	devam etmek	[dævam ætmæk]
controlar (vt)	kontrol etmek	[kontroʎ ætmæk]
correr (vi)	koşmak	[koʃmak]
costar (vt)	değerinde olmak	[dæ:rindæ olmak]
crear (vt)	oluşturmak	[oluʃturmak]

11. Los verbos más importantes. Unidad 2

dar (vt)	vermek	[værmæk]
dar una pista	ipucu vermek	[ipudʒu værmæk]
darse prisa	acele etmek	[adʒælæ ætmæk]
decir (vt)	söylemek	[søjlæmæk]
decorar (para la fiesta)	süslemek	[syslæmæk]

defender (vt)	savunmak	[savunmak]
dejar caer	düşürmek	[dyʃyrmæk]
desayunar (vi)	kahvaltı yapmak	[kahvaltı japmak]
descender (vi)	aşağı inmek	[aʃaı inmæk]

dirigir (administrar)	yönetmek	[jonætmæk]
disculpar (vt)	affetmek	[afætmæk]
disculparse (vr)	özür dilemek	[øzyr dilæmæk]
discutir (vt)	görüşmek	[gøryʃmæk]
dudar (vt)	tereddüt etmek	[tæræddyt ætmæk]

encontrar (hallar)	bulmak	[bulmak]
engañar (vi, vt)	aldatmak	[aldatmak]
entrar (vi)	girmek	[girmæk]
enviar (vt)	göndermek	[gøndærmæk]
equivocarse (vr)	hata yapmak	[hata japmak]

escoger (vt)	seçmek	[sætʃmæk]
esconder (vt)	saklamak	[saklamak]
escribir (vt)	yazmak	[jazmak]
esperar (aguardar)	beklemek	[bæklæmæk]
esperar (tener esperanza)	ummak	[ummak]

estar de acuerdo	razı olmak	[razı olmak]
estudiar (vt)	öğrenmek	[øjrænmæk]
exigir (vt)	talep etmek	[talæp ætmæk]

| existir (vi) | var olmak | [var olmak] |
| explicar (vt) | izah etmek | [izah ætmæk] |

faltar (a las clases)	gelmemek	[gæʎmæmæk]
firmar (~ el contrato)	imzalamak	[imzalamak]
girar (~ a la izquierda)	dönmek	[dønmæk]
gritar (vi)	bağırmak	[baırmak]
guardar (conservar)	saklamak	[saklamak]
gustar (vi)	hoşlanmak	[hoʃlanmak]

12. Los verbos más importantes. Unidad 3

hablar (vi, vt)	konuşmak	[konuʃmak]
hacer (vt)	yapmak, etmek	[japmak], [ætmæk]
informar (vt)	bilgi vermek	[biʎgi værmæk]
insistir (vi)	ısrar etmek	[ɪsrar ætmæk]
insultar (vt)	hakaret etmek	[hakaræt ætmæk]
interesarse (vr)	ilgilenmek	[iʎgilænmæk]
invitar (vt)	davet etmek	[davæt ætmæk]
ir (a pie)	yürümek, gitmek	[jurymæk], [gitmæk]
jugar (divertirse)	oynamak	[ojnamak]
leer (vi, vt)	okumak	[okumak]
liberar (ciudad, etc.)	özgür bırakmak	[øzgyr bɪrakmak]
llamar (por ayuda)	çağırmak	[ʧaɪrmak]
llegar (vi)	gelmek	[gæʎmæk]
llorar (vi)	ağlamak	[a:lamak]
matar (vt)	öldürmek	[øldyrmæk]
mencionar (vt)	anmak	[anmak]
mostrar (vt)	göstermek	[gøstærmæk]
nadar (vi)	yüzmek	[juzmæk]
negarse (vr)	reddetmeĸ	[ræddætmæk]
notar (divisar)	farketmek	[farkætmæk]
objetar (vt)	itiraz etmek	[itiraz ætmæk]
observar (vt)	gözlemlemek	[gøzlæmlæmæk]
oír (vt)	duymak	[dujmak]
olvidar (vt)	unutmak	[unutmak]
orar (vi)	dua etmek	[dua ætmæk]
ordenar (mil.)	emretmek	[æmrætmæk]
pagar (vi, vt)	ödemek	[ødæmæk]
pararse (vr)	durmak	[durmak]
participar (vi)	katılmak	[katɪlmak]
pedir (ayuda, etc.)	rica etmek	[riʤa ætmæk]
pedir (en restaurante)	sipariş etmek	[sipariʃ ætmæk]
pensar (vi, vt)	düşünmek	[dyʃynmæk]
perdonar (vt)	affetmek	[afætmæk]
permitir (vt)	izin vermek	[izin værmæk]
pertenecer a ...	... ait olmak	[ait olmak]
planear (vt)	planlamak	[pʎanlamak]
poder (v aux)	yapabilmek	[japabiʎmæk]
poseer (vt)	sahip olmak	[sahip olmak]
preferir (vt)	tercih etmek	[tærdʒih ætmæk]
preguntar (vt)	sormak	[sormak]
preparar (la cena)	pişirmek	[piʃirmæk]
prever (vt)	önceden görmek	[øndʒædæn gørmæk]
prometer (vt)	vaat etmek	[va:t ætmæk]
pronunciar (vt)	telâffuz etmek	[tæʎafuz ætmæk]
proponer (vt)	önermek	[ønærmæk]

quejarse (vr)	şikayet etmek	[ʃikajæt ætmæk]
querer (amar)	sevmek	[sævmæk]
querer (desear)	istemek	[istæmæk]

13. Los verbos más importantes. Unidad 4

recomendar (vt)	tavsiye etmek	[tavsijæ ætmæk]
regañar (vt)	sövmek	[søvmæk]
reírse (vr)	gülmek	[gyʎmæk]
repetir (vt)	tekrar etmek	[tækrar ætmæk]
reservar (~ una mesa)	rezerve etmek	[ræzærvæ ætmæk]
responder (vi, vt)	cevap vermek	[dʒævap værmæk]
robar (vt)	çalmak	[tʃalmak]
romper (vt)	kırmak	[kɪrmak]

saber (~ algo mas)	bilmek	[biʎmæk]
salir (vi)	çıkmak	[tʃɪkmak]
salvar (vt)	kurtarmak	[kurtarmak]
seguir ...	... takip etmek	[takip ætmæk]
sentarse (vr)	oturmak	[oturmak]

ser necesario	gerekmek	[gærækmæk]
ser, estar (vi)	olmak	[olmak]
significar (vt)	anlamına gelmek	[anlamina gæʎmæk]
sonreír (vi)	gülümsemek	[gylymsæmæk]
sorprenderse (vr)	şaşırmak	[ʃaʃɪrmak]
subestimar (vt)	değerini bilmemek	[dæːrini bilmæmæk]

tener (vt)	sahip olmak	[sahip olmak]
tener hambre	yemek istemek	[jæmæk istæmæk]
tener miedo	korkmak	[korkmak]
tener sed	içmek istemek	[itʃmæk istæmæk]

terminar (vt)	bitirmek	[bitirmæk]
tirar (vi)	ateş etmek	[atæʃ ætmæk]
tocar (con las manos)	ellemek	[ællæmæk]
tomar (vt)	almak	[almak]
tomar nota	not almak	[not almak]

trabajar (vi)	çalışmak	[tʃalɪʃmak]
traducir (vt)	çevirmek	[tʃævirmæk]
tratar (de ...)	denemek	[dænæmæk]

unir (vt)	birleştirmek	[birlæʃtirmæk]
vender (vt)	satmak	[satmak]
ver (vt)	görmek	[gørmæk]
volar (pájaro, avión)	uçmak	[utʃmak]

14. Los colores

| color (m) | renk | [ræŋk] |
| matiz (m) | renk tonu | [ræŋk tonu] |

| tono (m) | renk tonu | [ræŋk tonu] |
| arco (m) iris | gökkuşağı | [gøkkuʃaɪ] |

blanco (adj)	beyaz	[bæjaz]
negro (adj)	siyah	[sijah]
gris (adj)	gri	[gri]

verde (adj)	yeşil	[jæʃiʎ]
amarillo (adj)	sarı	[sarı]
rojo (adj)	kırmızı	[kırmızı]

azul (adj)	mavi	[mavi]
azul claro (adj)	açık mavi	[atʃık mavi]
rosado (adj)	pembe	[pæmbæ]
anaranjado (adj)	turuncu	[turundʒu]
violeta (adj)	mor	[mor]
marrón (adj)	kahve rengi	[kahvæ ræŋi]

| dorado (adj) | altın | [altın] |
| argentado (adj) | gümüşü | [gymyʃy] |

beige (adj)	bej rengi	[bæʒ ræŋi]
crema (adj)	krem rengi	[kræm ræŋi]
turquesa (adj)	turkuaz	[turkuaz]
rojo cereza (adj)	vişne rengi	[viʃnæ ræŋi]
lila (adj)	leylak rengi	[læjlak ræŋi]
carmesí (adj)	koyu kırmızı	[koju kırmızı]

claro (adj)	açık	[atʃık]
oscuro (adj)	koyu	[koju]
vivo (adj)	parlak	[parlak]

de color (lápiz ~)	renkli	[ræŋkli]
en colores (película ~)	renkli	[ræŋkli]
blanco y negro (adj)	siyah-beyaz	[sijahbæjaz]
unicolor (adj)	tek renkli	[tæk ræŋkli]
multicolor (adj)	rengârenk	[ræŋjaræŋk]

15. Las preguntas

¿Quién?	Kim?	[kim]
¿Qué?	Ne?	[næ]
¿Dónde?	Nerede?	[nærædæ]
¿A dónde?	Nereye?	[næræjæ]
¿De dónde?	Nereden?	[nærædæn]
¿Cuándo?	Ne zaman?	[næ zaman]
¿Para qué?	Neden?	[nædæn]
¿Por qué?	Neden?	[nædæn]

¿Por qué razón?	Ne için?	[næ itʃin]
¿Cómo?	Nasıl?	[nasıl]
¿Qué ...? (~ color)	Hangi?	[haŋi]
¿Cuál?	Kaçıncı?	[katʃındʒı]
¿A quién?	Kime?	[kimæ]

¿De quién? (~ hablan ...)	Kim hakkında?	[kim hakında]
¿De qué?	Ne hakkında?	[næ hakkında]
¿Con quién?	Kimle?	[kimlæ]

¿Cuánto? (innum.)	Kaç?	[katʃ]
¿Cuánto? (num.)	Ne kadar?	[næ kadar]
¿De quién? (~ es este ...)	Kimin?	[kimin]

16. Las preposiciones

con (~ algn)	...-ile, ...-le, ...-la	[ilæ], [læ], [la]
sin (~ azúcar)	... -sız, ... -suz	[sız], [suz]
a (p.ej. voy a México)	... -e, ... -a	[æ], [a]
de (hablar ~)	hakkında	[hakkında]
antes de ...	önce	[øndʒæ]
delante de ...	önünde	[ønyndæ]

debajo de ...	altında	[altında]
sobre ...	üstünde	[justyndæ]
en, sobre (~ la mesa)	üstüne	[justynæ]
de (origen)	... -den, ... -dan	[dæn], [dan]
de (fabricado de)	... -den, ... -dan	[dæn], [dan]

| dentro de ... | sonra | [sonra] |
| encima de ... | üstünden | [justyndæn] |

17. Las palabras útiles. Los adverbios. Unidad 1

¿Dónde?	Nerede?	[nærædæ]
aquí (adv)	burada	[burada]
allí (adv)	orada	[orada]

| en alguna parte | bir yerde | [birʲ jærdæ] |
| en ninguna parte | hiç bir yerde | [hitʃ birʲ jærdæ] |

| junto a ... | ... yanında | [janında] |
| junto a la ventana | pencerenin yanında | [pændʒærænin janında] |

¿A dónde?	Nereye?	[næræjæ]
aquí (venga ~)	buraya	[buraja]
allí (vendré ~)	oraya	[oraja]
de aquí (adv)	buradan	[buradan]
de allí (adv)	oradan	[oradan]

| cerca (no lejos) | yakında | [jakında] |
| lejos (adv) | uzağa | [uza:] |

cerca de ...	yakında	[jakında]
al lado (de ...)	yakınında	[jakınında]
no lejos (adv)	civarında	[dʒivarında]
izquierdo (adj)	sol	[sol]
a la izquierda (situado ~)	solda	[solda]

a la izquierda (girar ~)	sola	[sola]
derecho (adj)	sağ	[sa:]
a la derecha (situado ~)	sağda	[sa:da]
a la derecha (girar)	sağa	[sa:]

delante (yo voy ~)	önde	[øndæ]
delantero (adj)	ön	[øn]
adelante (movimiento)	ileri	[ilæri]

detrás de ...	arkada	[arkada]
desde atrás	arkadan	[arkadan]
atrás (da un paso ~)	geriye	[gærijæ]

centro (m), medio (m)	orta	[orta]
en medio (adv)	ortasında	[ortasında]

de costado (adv)	kenarda	[kænarda]
en todas partes	her yerde	[hær jærdæ]
alrededor (adv)	çevrede	[ʧævrædæ]

de dentro (adv)	içeriden	[iʧæridæn]
a alguna parte	bir yere	[bir jæræ]
todo derecho (adv)	dosdoğru	[dosdo:ru]
atrás (muévelo para ~)	geri	[gæri]

de alguna parte (adv)	bir yerden	[bir jærdæn]
no se sabe de dónde	bir yerden	[bir jærdæn]

en primer lugar	ilk olarak	[iʌk olarak]
segundo (adv)	ikinci olarak	[ikindʒi olarak]
tercero (adv)	üçüncü olarak	[juʧundʒy olarak]

de súbito (adv)	birdenbire	[birdænbiræ]
al principio (adv)	başlangıçta	[baʃlaŋıʧta]
por primera vez	ilk kez	[ilk kæz]
mucho tiempo antes ...	çok daha önce ...	[ʧok da: øndʒæ]
de nuevo (adv)	yeniden	[jænidæn]
para siempre (adv)	sonsuza kadar	[sonsuza kadar]

jamás (adv)	hiçbir zaman	[hiʧbir zaman]
de nuevo (adv)	tekrar	[tækrar]
ahora (adv)	şimdi	[ʃimdi]
a menudo (adv)	sık	[sık]
entonces (adv)	o zaman	[o zaman]
urgentemente	acele	[adʒælæ]
normalmente (adv)	genellikle	[gænælliklæ]

por cierto, ...	aklıma gelmişken, ...	[aklıma gæʌmiʃkæn]
es probable	mümkündür	[mymkyndyr]
probablemente (adv)	muhtemelen	[muhtæmælæn]
es posible	olabilir	[olabilir]
además ...	ayrıca ...	[ajrıdʒa]
por eso ...	onun için	[onun iʧin]
a pesar de ...	rağmen ...	[ra:mæn]
gracias a ...	... sayesinde	[sajæsindæ]
qué (pron)	ne	[næ]

que (conj)	... -ki, ... -dığı, ... -diği	[ki], [dı:], [di:]
algo (~ le ha pasado)	bir şey	[bir ʃæj]
algo (~ así)	bir şey	[bir ʃæj]
nada (f)	hiçbir şey	[hitʃbir ʃæj]

quien	kim	[kim]
alguien (viene ~)	birisi	[birisɪ]
alguien (¿ha llamado ~?)	birisi	[birisɪ]

nadie	hiç kimse	[hitʃ kimsæ]
a ninguna parte	hiçbir yere	[hitʃbir jæræ]
de nadie	kimsesiz	[kimsæsiz]
de alguien	birinin	[birinin]

tan, tanto (adv)	öylesine	[øjlæsinæ]
también (~ habla francés)	dahi, ayrıca	[dahi], [ajrɪdʒa]
también (p.ej. Yo ~)	da	[da]

18. Las palabras útiles. Los adverbios. Unidad 2

¿Por qué?	Neden?	[nædæn]
no se sabe porqué	nedense	[nædænsæ]
porque ...	çünkü	[tʃuŋkju]
para algo (adv)	her nedense	[hær nædænsæ]

y (p.ej. uno y medio)	ve	[væ]
o (p.ej. té o café)	veya	[væja]
pero (p.ej. me gusta, pero ...)	fakat	[fakat]
para (p.ej. es para ti)	için	[itʃin]

demasiado (adv)	fazla	[fazla]
sólo (adv)	ancak	[andʒak]
exactamente (adv)	tam	[tam]
unos (~ 10 kg)	yaklaşık	[jaklaʃɪk]

aproximadamente	yaklaşık olarak	[jaklaʃɪk olarak]
aproximado (adj)	yaklaşık	[jaklaʃɪk]
casi (adv)	hemen	[hæmæn]
resto (m)	geri kalan	[gæri kalan]

cada (adj)	her biri	[hær biri]
cualquier (adj)	herhangi biri	[hærhaŋi biri]
mucho (adv)	çok	[tʃok]
muchos (mucha gente)	birçokları	[birtʃokларɪ]
todos	hepsi, herkes	[hæpsi], [hærkæz]

a cambio de ...	... karşılık olarak	[karʃilik olarak]
en cambio (adv)	yerine	[jærinæ]
a mano (hecho ~)	elle, el ile	[æললæ], [æʌ ilæ]
es poco probable	şüpheli	[ʃyphæli]

probablemente	galiba	[galiba]
a propósito (adv)	mahsus	[mahsus]
por accidente (adv)	tesadüfen	[tæsadyfæn]

muy (adv)	pek	[pæk]
por ejemplo (adv)	mesela	[mæsæʎa]
entre (~ nosotros)	arasında	[arasında]
entre (~ otras cosas)	ortasında	[ortasında]
tanto (~ gente)	kadar	[kadar]
especialmente (adv)	özellikle	[øzæʎiklæ]

Conceptos básicos. Unidad 2

19. Los días de la semana

lunes (m)	Pazartesi	[pazartæsi]
martes (m)	Salı	[salı]
miércoles (m)	Çarşamba	[tʃarʃamba]
jueves (m)	Perşembe	[pærʃæmbæ]
viernes (m)	Cuma	[dʒuma]
sábado (m)	Cumartesi	[dʒumartæsi]
domingo (m)	Pazar	[pazar]
hoy (adv)	bugün	[bugyn]
mañana (adv)	yarın	[jarın]
pasado mañana	öbür gün	[øbyr gyn]
ayer (adv)	dün	[dyn]
anteayer (adv)	evvelki gün	[ævvælki gyn]
día (m)	gün	[gyn]
día (m) de trabajo	iş günü	[iʃ gyny]
día (m) de fiesta	bayram günü	[bajram gyny]
día (m) de descanso	tatil günü	[tatil gyny]
fin (m) de semana	hafta sonu	[hafta sonu]
todo el día	bütün gün	[bytyn gyn]
al día siguiente	ertesi gün	[ærtæsi gyn]
dos días atrás	iki gün önce	[iki gyn øndʒæ]
en vísperas (adv)	bir gün önce	[bir gyn øndʒæ]
diario (adj)	günlük	[gynlyk]
cada día (adv)	her gün	[hær gyn]
semana (f)	hafta	[hafta]
semana (f) pasada	geçen hafta	[gætʃæn hafta]
semana (f) que viene	gelecek hafta	[gæʎdʒæk hafta]
semanal (adj)	haftalık	[haftalık]
cada semana (adv)	her hafta	[hær hafta]
2 veces por semana	haftada iki kez	[haftada iki kæz]
todos los martes	her Salı	[hær salı]

20. Las horas. El día y la noche

mañana (f)	sabah	[sabah]
por la mañana	sabahleyin	[sabahlæjın]
mediodía (m)	öğle, gün ortası	[øjlæ], [gyn ortası]
por la tarde	öğleden sonra	[øjlædæn sonra]
tarde (f)	akşam	[akʃam]
por la noche	akşamleyin	[akʃamlæjın]

noche (f)	gece	[gæʤæ]
por la noche	geceleyin	[gæʤælæjın]
medianoche (f)	gece yarısı	[gæʤæ jarısı]

segundo (m)	saniye	[sanijæ]
minuto (m)	dakika	[dakika]
hora (f)	saat	[sa:t]
media hora (f)	yarım saat	[jarım sa:t]
cuarto (m) de hora	çeyrek saat	[ʧæjræk sa:t]
quince minutos	on beş dakika	[on bæʃ dakika]
veinticuatro horas (f pl)	yirmi dört saat	[jırmi dørt sa:t]

salida (f) del sol	güneşin doğuşu	[gynæʃin douʃu]
amanecer (m)	şafak	[ʃafak]
madrugada (f)	sabah erken	[sabah ærkæn]
puesta (f) del sol	güneş batışı	[gynæʃ batıʃı]

por la mañana temprano	sabahın köründe	[sabahın køryndæ]
esta mañana	bu sabah	[bu sabah]
mañana por la mañana	yarın sabah	[jarın sabah]
esta tarde	bu ikindi	[bu ikindi]
por la tarde	öğleden sonra	[øjlædæn sonra]
mañana por la tarde	yarın öğleden sonra	[jarın øælædæn sonra]
esta tarde, esta noche	bu akşam	[bu akʃam]
mañana por la noche	yarın akşam	[jarın akʃam]

a las tres en punto	tam saat üçte	[tam sa:t juʧtæ]
a eso de las cuatro	saat dört civarında	[sa:t dørt ʤivarında]
para las doce	saat on ikiye doğru	[sa:t on ikijæ do:ru]

dentro de veinte minutos	yirmi dakika içinde	[jırmi dakika iʧindæ]
dentro de una hora	bir saat sonra	[bir sa:t sonra]
a tiempo (adv)	zamanında	[zamanında]

... menos cuarto	çeyrek kala	[ʧæjræk kala]
durante una hora	bir saat içinde	[bir sa:t iʧindæ]
cada quince minutos	her on beş dakika	[hær on bæʃ dakika]
día y noche	gece gündüz	[gæʤæ gyndyz]

21. Los meses. Las estaciones

enero (m)	ocak	[oʤak]
febrero (m)	şubat	[ʃubat]
marzo (m)	mart	[mart]
abril (m)	nisan	[nisan]
mayo (m)	mayıs	[majıs]
junio (m)	haziran	[haziran]

julio (m)	temmuz	[tæmmuz]
agosto (m)	ağustos	[a:ustos]
septiembre (m)	eylül	[æjlyʎ]
octubre (m)	ekim	[ækim]
noviembre (m)	kasım	[kasım]
diciembre (m)	aralık	[aralık]

primavera (f)	ilkbahar	[iʌkbahar]
en primavera	ilkbaharda	[iʌkbaharda]
de primavera (adj)	ilkbahar	[iʌkbahar]

verano (m)	yaz	[jaz]
en verano	yazın	[jazın]
de verano (adj)	yaz	[jaz]

otoño (m)	sonbahar	[sonbahar]
en otoño	sonbaharda	[sonbaharda]
de otoño (adj)	sonbahar	[sonbahar]

invierno (m)	kış	[kıʃ]
en invierno	kışın	[kıʃın]
de invierno (adj)	kış, kışlık	[kıʃ], [kıʃlık]

mes (m)	ay	[aj]
este mes	bu ay	[bu aj]
al mes siguiente	gelecek ay	[gælædʒæk aj]
el mes pasado	geçen ay	[gætʃæn aj]

hace un mes	bir ay önce	[bir aj øndʒæ]
dentro de una mes	bir ay sonra	[bir aj sonra]
dentro de dos meses	iki ay sonra	[iki aj sonra]
todo el mes	tüm ay	[tym aj]
todo un mes	bütün ay	[bytyn aj]

mensual (adj)	aylık	[ajlık]
mensualmente (adv)	her ay	[hær aj]
cada mes	her ay	[hær aj]
dos veces por mes	ayda iki kez	[ajda iki kæz]

año (m)	yıl, sene	[jıl], [sænæ]
este año	bu sene, bu yıl	[bu sænæ], [bu jıl]
el próximo año	gelecek sene	[gælædʒæk sænæ]
el año pasado	geçen sene	[gætʃæn sænæ]

hace un año	bir yıl önce	[bir jıl øndʒæ]
dentro de un año	bir yıl sonra	[bir jıl sonra]
dentro de dos años	iki yıl sonra	[iki jıl sonra]
todo el año	tüm yıl	[tym jıl]
todo un año	bütün yıl	[bytyn jıl]

cada año	her sene	[hær sænæ]
anual (adj)	yıllık	[jıllık]
anualmente (adv)	her yıl	[hær jıl]
cuatro veces por año	yılda dört kere	[jılda dørt kæræ]

fecha (f) (la ~ de hoy es …)	tarih	[tarih]
fecha (f) (~ de entrega)	tarih	[tarih]
calendario (m)	takvim	[takvim]

medio año (m)	yarım yıl	[jarım jıl]
seis meses	altı ay	[altı aj]
temporada (f)	mevsim	[mævsim]
siglo (m)	yüzyıl	[juz jıl]

22. La hora. Miscelánea

tiempo (m)	zaman, vakit	[zaman], [vakit]
instante (m)	an, ani	[an], [ani]
momento (m)	an	[an]
instantáneo (adj)	ani	[ani]
lapso (m) de tiempo	süre	[syræ]
vida (f)	hayat	[hajat]
eternidad (f)	ebedilik	[æbædilik]
época (f)	devir, çağ	[dævir], [tʃaː]
era (f)	çağ	[tʃaː]
ciclo (m)	devir	[dævir]
período (m)	süre	[syræ]
plazo (m) (~ de tres meses)	süre	[syræ]
futuro (m)	gelecek	[gælædʒæk]
que viene (adj)	gelecek	[gælædʒæk]
la próxima vez	gelecek sefer	[gælædʒæk sæfær]
pasado (m)	geçmiş	[gætʃmiʃ]
pasado (adj)	geçen	[gætʃæn]
la última vez	geçen sefer	[gætʃæn sæfær]
más tarde (adv)	sonradan	[sonradan]
después	sonra	[sonra]
actualmente (adv)	bu günlerde	[bu gynlærdæ]
ahora (adv)	şimdi	[ʃimdi]
inmediatamente	hemen	[hæmæn]
pronto (adv)	yakında	[jakında]
de antemano (adv)	önceden	[øndʒædæn]
hace mucho (adv)	çoktan	[tʃoktan]
hace poco (adv)	geçenlerde	[gætʃænlærdæ]
destino (m)	kader	[kadær]
recuerdos (m pl)	anılar	[anılar]
archivo (m)	arşiv	[arʃiv]
durante ...	... esnasında	[æsnasında]
mucho tiempo (adv)	uzun zaman	[uzun zaman]
poco tiempo (adv)	kısa bir zaman	[kısa bir zaman]
temprano (adv)	erken	[ærkæn]
tarde (adv)	geç	[gætʃ]
para siempre (adv)	ebediyen	[æbædijæn]
comenzar (vt)	başlamak	[baʃlamak]
aplazar (vt)	ertelemek	[ærtælæmæk]
simultáneamente	aynı zamanda	[ajnı zamanda]
permanentemente	sürekli olarak	[syrækli olarak]
constante (ruido, etc.)	sürekli	[syrækli]
temporal (adj)	geçici	[gætʃidʒi]
a veces (adv)	bazen	[bazæn]
rara vez (adv)	nadiren	[nadiræn]
a menudo (adv)	sık	[sık]

23. Los opuestos

rico (adj)	zengin	[zæŋin]
pobre (adj)	fakir	[fakir]
enfermo (adj)	hasta	[hasta]
sano (adj)	sağlıklı	[sa:lıklı]
grande (adj)	büyük	[byjuk]
pequeño (adj)	küçük	[kytʃuk]
rápidamente (adv)	çabuk	[tʃabuk]
lentamente (adv)	yavaş	[javaʃ]
rápido (adj)	hızlı	[hızlı]
lento (adj)	yavaş	[javaʃ]
alegre (adj)	neşeli	[næʃæli]
triste (adj)	üzgün	[juzgyn]
juntos (adv)	beraber	[bærabær]
separadamente	ayrı	[ajrı]
en voz alta	sesli	[sæsli]
en silencio	içinden	[itʃindæn]
alto (adj)	yüksek	[juksæk]
bajo (adj)	alçak	[altʃak]
profundo (adj)	derin	[dærin]
poco profundo (adj)	sığ	[sı:]
sí	evet	[ævæt]
no	yok	[jok]
lejano (adj)	uzak	[uzak]
cercano (adj)	yakın	[jakın]
lejos (adv)	uzağa	[uza:]
cerco (adv)	yakında	[jakında]
largo (adj)	uzun	[uzun]
corto (adj)	kısa	[kısa]
bueno (de buen corazón)	iyi kalpli	[ijı kaʎpli]
malvado (adj)	kötü kalpli	[køty kaʎpli]
casado (adj)	evli	[ævli]
soltero (adj)	bekâr	[bækʲar]
prohibir (vt)	yasaklamak	[jasaklamak]
permitir (vt)	izin vermek	[izin værmæk]
fin (m)	son	[son]
principio (m)	başlangıç	[baʃlaŋıtʃ]

| izquierdo (adj) | sol | [sol] |
| derecho (adj) | sağ | [sa:] |

| primero (adj) | birinci | [birindʒi] |
| último (adj) | en son | [æn son] |

| crimen (m) | suç | [sutʃ] |
| castigo (m) | ceza | [dʒæza] |

| ordenar (vt) | emretmek | [æmrætmæk] |
| obedecer (vi, vt) | itaat etmek | [ita:t ætmæk] |

| recto (adj) | düz | [dyz] |
| curvo (adj) | eğri | [æ:ri] |

| paraíso (m) | cennet | [dʒæŋæt] |
| infierno (m) | cehennem | [dʒæhæŋæm] |

| nacer (vi) | doğmak | [do:mak] |
| morir (vi) | ölmek | [øʎmæk] |

| fuerte (adj) | güçlü | [gytʃly] |
| débil (adj) | zayıf | [zajıf] |

| viejo (adj) | yaşlı | [jaʃlı] |
| joven (adj) | genç | [gæntʃ] |

| viejo (adj) | eski | [æski] |
| nuevo (adj) | yeni | [jæni] |

| duro (adj) | sert | [sært] |
| blando (adj) | yumuşak | [jumuʃak] |

| cálido (adj) | sıcak | [sıdʒak] |
| frío (adj) | soğuk | [souk] |

| gordo (adj) | kalın | [kalın] |
| delgado (adj) | zayıf | [zajıf] |

| estrecho (adj) | dar | [dar] |
| ancho (adj) | geniş | [gæniʃ] |

| bueno (adj) | iyi | [ijı] |
| malo (adj) | kötü | [køty] |

| valiente (adj) | cesur | [dʒæsur] |
| cobarde (adj) | korkak | [korkak] |

24. Las líneas y las formas

cuadrado (m)	kare	[karæ]
cuadrado (adj)	kare	[karæ]
círculo (m)	daire	[dairæ]
redondo (adj)	yuvarlak	[juvarlak]

| triángulo (m) | üçgen | [jutʃgæn] |
| triangular (adj) | üç köşeli | [jutʃ køʃæli] |

óvalo (m)	oval	[oval]
oval (adj)	oval	[oval]
rectángulo (m)	dikdörtgen	[dikdørtgæn]
rectangular (adj)	dikdörtgen	[dikdørtgæn]

pirámide (f)	piramit	[piramit]
rombo (m)	eşkenar dörtgen	[æʃkænar dørtgæn]
trapecio (m)	yamuk	[jamuk]
cubo (m)	küp	[kyp]
prisma (m)	prizma	[prizma]

circunferencia (f)	çember	[tʃæmbær]
esfera (f)	küre	[kyræ]
globo (m)	küre	[kyræ]
diámetro (m)	çap	[tʃap]
radio (f)	yarıçap	[jarıtʃap]
perímetro (m)	perimetre	[pærimætræ]
centro (m)	merkez	[mærkæz]

horizontal (adj)	yatay	[jataj]
vertical (adj)	dikey	[dikæj]
paralela (f)	paralel	[paralæʎ]
paralelo (adj)	paralel	[paralæʎ]

línea (f)	çizgi	[tʃizgi]
trazo (m)	hat	[hat]
recta (f)	doğru	[do:ru]
curva (f)	eğri	[æ:ri]
fino (la ~a línea)	ince	[indʒæ]
contorno (m)	çevre çizgisi	[tʃævræ tʃizgisi]

intersección (f)	kesişme	[kæsiʃmæ]
ángulo (m) recto	dik açı	[dik atʃı]
segmento (m)	daire parçası	[dairæ partʃası]
sector (m)	daire dilimi	[dairæ dilimi]
lado (m)	kenar	[kænar]
ángulo (m)	açı	[atʃı]

25. Las unidades de medida

peso (m)	ağırlık	[aırlık]
longitud (f)	uzunluk	[uzunluk]
anchura (f)	en, genişlik	[æn], [gæniʃlik]
altura (f)	yükseklik	[juksæklik]

profundidad (f)	derinlik	[dærinlik]
volumen (m)	hacim	[hadʒim]
superficie (f), área (f)	alan	[alan]

| gramo (m) | gram | [gram] |
| miligramo (m) | miligram | [miligram] |

33

kilogramo (m)	kilogram	[kilogram]
tonelada (f)	ton	[ton]
libra (f)	libre	[libræ]
onza (f)	ons	[ons]

metro (m)	metre	[mætræ]
milímetro (m)	milimetre	[milimætræ]
centímetro (m)	santimetre	[santimætræ]
kilómetro (m)	kilometre	[kilomætræ]
milla (f)	mil	[miʎ]

pulgada (f)	inç	[intʃ]
pie (m)	kadem	[kadæm]
yarda (f)	yarda	[jarda]

metro (m) cuadrado	metre kare	[mætræ karæ]
hectárea (f)	hektar	[hæktar]

litro (m)	litre	[litræ]
grado (m)	derece	[dærædʒæ]
voltio (m)	volt	[voʎt]
amperio (m)	amper	[ampær]
caballo (m) de fuerza	beygir gücü	[bæjgir gydʒy]

cantidad (f)	miktar	[miktar]
un poco de …	biraz …	[biraz]
mitad (f)	yarım	[jarım]
docena (f)	düzine	[dyzinæ]
pieza (f)	adet, tane	[adæt], [tanæ]

dimensión (f)	boyut	[bojut]
escala (f) (del mapa)	ölçek	[øʎtʃæk]

mínimo (adj)	minimum	[minimum]
el menor (adj)	en küçük	[æn kytʃuk]
medio (adj)	orta	[orta]
máximo (adj)	maksimum	[maksimum]
el más grande (adj)	en büyük	[æn byjuk]

26. Contenedores

tarro (m) de vidrio	kavanoz	[kavanoz]
lata (f) de hojalata	teneke	[tænækæ]
cubo (m)	kova	[kova]
barril (m)	fıçı, varil	[fıtʃı], [varil]

palangana (f)	leğen	[læ:n]
tanque (m)	tank	[taŋk]
petaca (f) (de alcohol)	matara	[matara]
bidón (m) de gasolina	benzin bidonu	[bænzin bidonu]
cisterna (f)	sarnıç	[sarnıtʃ]

taza (f) (mug de cerámica)	kupa	[kupa]
taza (f) (~ de café)	fincan	[findʒan]

platillo (m)	fincan tabağı	[findʒan tabaɪ]
vaso (m) (~ de agua)	bardak	[bardak]
copa (f) (~ de vino)	kadeh	[kadæ]
cacerola (f)	tencere	[tændʒæræ]

botella (f)	şişe	[ʃiʃæ]
cuello (m) de botella	boğaz	[boaz]

garrafa (f)	sürahi	[syrahi]
jarro (m) (~ de agua)	testi	[tæsti]
recipiente (m)	kap	[kap]
olla (f)	çömlek	[tʃomlæk]
florero (m)	vazo	[vazo]

frasco (m) (~ de perfume)	şişe	[ʃiʃæ]
frasquito (m)	küçük şişe	[kytʃuk ʃiʃæ]
tubo (m)	tüp	[typ]

saco (m) (~ de azúcar)	poşet, torba	[poʃæt], [torba]
bolsa (f) (~ plástica)	çuval	[tʃuval]
paquete (m) (~ de cigarrillos)	paket	[pakæt]

caja (f)	kutu	[kutu]
cajón (m)	sandık	[sandık]
cesta (f)	sepet	[sæpæt]

27. Materiales

material (f)	malzeme	[malzæmæ]
madera (f)	ağaç	[aːtʃ]
de madera (adj)	ahşap	[ahʃap]

cristal (m)	cam	[dʒam]
de cristal (adj)	cam	[dʒam]

piedra (f)	taş	[taʃ]
de piedra (adj)	taş	[taʃ]

plástico (m)	plastik	[plastik]
de plástico (adj)	plastik	[plastik]

goma (f)	lastik	[lastik]
de goma (adj)	lastik	[lastik]

tela (m)	kumaş	[kumaʃ]
de tela (adj)	kumaştan	[kumaʃtan]

papel (m)	kâğıt	[kʲaɪt]
de papel (adj)	kâğıt	[kʲaɪt]

cartón (m)	karton	[karton]
de cartón (adj)	karton	[karton]
polietileno (m)	polietilen	[poliætilæn]
celofán (m)	selofan	[sælofan]

chapa (f) de madera	kontrplak	[kontrapʎak]
porcelana (f)	porselen	[porsælæn]
de porcelana (adj)	porselen	[porsælæn]
arcilla (f)	kil	[kiʎ]
de arcilla (adj)	balçık, kil	[baltʃık], [kiʎ]
cerámica (f)	seramik	[særamik]
de cerámica (adj)	seramik	[særamik]

28. Los metales

metal (m)	maden	[madæn]
de metal (adj)	madeni, metal	[madæni], [mætal]
aleación (f)	alaşım	[aʎaʃım]
oro (m)	altın	[altın]
de oro (adj)	altın	[altın]
plata (f)	gümüş	[gymyʃ]
de plata (adj)	gümüş	[gymyʃ]
hierro (m)	demir	[dæmir]
de hierro (adj)	demir	[dæmir]
acero (m)	çelik	[tʃælik]
de acero (adj)	çelik	[tʃælik]
cobre (m)	bakır	[bakır]
de cobre (adj)	bakır	[bakır]
aluminio (m)	alüminyum	[alymiɲjym]
de aluminio (adj)	alüminyum	[alymiɲjym]
bronce (m)	bronz	[bronz]
de bronce (adj)	bronz	[bronz]
latón (m)	pirinç	[pirintʃ]
níquel (m)	nikel	[nikæʎ]
platino (m)	platin	[platin]
mercurio (m)	cıva	[dʒıva]
estaño (m)	kalay	[kalaj]
plomo (m)	kurşun	[kurʃun]
zinc (m)	çinko	[tʃiŋko]

EL SER HUMANO

El ser humano. El cuerpo

29. El ser humano. Conceptos básicos

ser (m) humano	insan	[insan]
hombre (m) (varón)	erkek	[ærkæk]
mujer (f)	kadın	[kadın]
niño -a (m. f)	çocuk	[tʃodʒuk]
niña (f)	kız	[kız]
niño (m)	erkek çocuk	[ærkæk tʃodʒuk]
adolescente (m)	ergen	[ærgæn]
anciano (m)	ihtiyar	[ihtijar]
anciana (f)	yaşlı kadın	[jaʃlı kadın]

30. La anatomía humana

organismo (m)	organizma	[organizma]
corazón (m)	kalp	[kaʎp]
sangre (f)	kan	[kan]
arteria (f)	atardamar	[atardamar]
vena (f)	toplardamar	[toplardamar]
cerebro (m)	beyin	[bæjın]
nervio (m)	sinir	[sinir]
nervios (m pl)	sinirler	[sinirlær]
vértebra (f)	omur	[omur]
columna (f) vertebral	omurga	[omurga]
estómago (m)	mide	[midæ]
intestinos (m pl)	bağırsaklar	[baırsaklar]
intestino (m)	bağırsak	[baırsak]
hígado (m)	karaciğer	[karadʒiær]
riñón (m)	böbrek	[bøbræk]
hueso (m)	kemik	[kæmik]
esqueleto (m)	iskelet	[iskælæt]
costilla (f)	kaburga	[kaburga]
cráneo (m)	kafatası	[kafatası]
músculo (m)	kas	[kas]
bíceps (m)	pazı	[pazı]
tríceps (m)	kol kası	[kol kası]
tendón (m)	kiriş	[kiriʃ]
articulación (f)	eklem	[æklæm]

pulmones (m pl)	akciğer	[akdʒijær]
genitales (m pl)	cinsel organlar	[dʒinsæʎ organlar]
piel (f)	cilt	[dʒiʎt]

31. La cabeza

cabeza (f)	baş	[baʃ]
cara (f)	yüz	[juz]
nariz (f)	burun	[burun]
boca (f)	ağız	[aız]

ojo (m)	göz	[gøz]
ojos (m pl)	gözler	[gøzlær]
pupila (f)	gözbebeği	[gøz bæbæı]
ceja (f)	kaş	[kaʃ]
pestaña (f)	kirpik	[kirpik]
párpado (m)	göz kapağı	[gøz kapaı]

lengua (f)	dil	[diʎ]
diente (m)	diş	[diʃ]
labios (m pl)	dudaklar	[dudaklar]
pómulos (m pl)	elmacık kemiği	[ælmadʒik kæmiı]
encía (f)	dişeti	[diʃæti]
paladar (m)	damak	[damak]

ventanas (f pl)	burun deliği	[burun dæliı]
mentón (m)	çene	[ʧænæ]
mandíbula (f)	çene	[ʧænæ]
mejilla (f)	yanak	[janak]

frente (f)	alın	[alın]
sien (f)	şakak	[ʃakak]
oreja (f)	kulak	[kulak]
nuca (f)	ense	[ænsæ]
cuello (m)	boyun	[bojun]
garganta (f)	boğaz	[boaz]

cabello (m)	saçlar	[saʧlar]
peinado (m)	saç	[saʧ]
corte (m) de pelo	saç biçimi	[saʧ biʧimi]
peluca (f)	peruk	[pæryk]

bigotes (m pl)	bıyık	[bıjık]
barba (f)	sakal	[sakal]
tener (~ la barba)	uzatmak, bırakmak	[uzatmak], [bırakmak]
trenza (f)	saç örgüsü	[saʧ ørgysy]
patillas (f pl)	favori	[favori]

pelirrojo (adj)	kızıl saçlı	[kızıl saʧlı]
canoso (adj)	kır	[kır]
calvo (adj)	kel	[kæʎ]
calva (f)	dazlak yer	[dazlak jær]
cola (f) de caballo	kuyruk	[kujruk]
flequillo (m)	kakül	[kakyʎ]

32. El cuerpo

mano (f)	el	[æʎ]
brazo (m)	kol	[kol]
dedo (m)	parmak	[parmak]
dedo (m) pulgar	başparmak	[baʃ parmak]
dedo (m) meñique	küçük parmak	[kytʃuk parmak]
uña (f)	tırnak	[tırnak]
puño (m)	yumruk	[jumruk]
palma (f)	avuç	[avutʃ]
muñeca (f)	bilek	[bilæk]
antebrazo (m)	önkol	[øŋkol]
codo (m)	dirsek	[dirsæk]
hombro (m)	omuz	[omuz]
pierna (f)	bacak	[badʒak]
planta (f)	ayak	[ajak]
rodilla (f)	diz	[diz]
pantorrilla (f)	baldır	[baldır]
cadera (f)	kalça	[kaltʃa]
talón (m)	topuk	[topuk]
cuerpo (m)	vücut	[vydʒut]
vientre (m)	karın	[karın]
pecho (m)	göğüs	[gøjus]
seno (m)	göğüs	[gøjus]
lado (m), costado (m)	yan	[jan]
espalda (f)	sırt	[sırt]
cintura (f)	alt bel	[alt bæʎ]
talle (m)	bel	[bæʎ]
ombligo (m)	göbek	[gøbæk]
nalgas (f pl)	kaba et	[kaba æt]
trasero (m)	kıç	[kıtʃ]
lunar (m)	ben	[bæn]
tatuaje (m)	dövme	[døvmæ]
cicatriz (f)	yara izi	[jara izi]

La ropa y los accesorios

33. La ropa exterior. Los abrigos

ropa (f), vestido (m)	elbise, kıyafet	[æʎbisæ], [kıjafæt]
ropa (f) de calle	üst kıyafet	[just kıjafæt]
ropa (f) de invierno	kışlık kıyafet	[kıʃlık kıjafæt]
abrigo (m)	palto	[paʎto]
abrigo (m) de piel	kürk manto	[kyrk manto]
abrigo (m) corto de piel	kürk ceket	[kyrk dʒækæt]
plumón (m)	ceket aşağı	[dʒækæt aʃaı]
cazadora (f)	ceket	[dʒækæt]
impermeable (m)	trençkot	[trænʧkot]
impermeable (adj)	su geçirmez	[su gæʧirmæz]

34. Ropa de hombre y mujer

camisa (f)	gömlek	[gømlæk]
pantalones (m pl)	pantolon	[pantolon]
vaqueros (m pl)	kot pantolon	[kot pantolon]
chaqueta (f), saco (m)	ceket	[dʒækæt]
traje (m)	takım elbise	[takım æʎbisæ]
vestido (m)	elbise, kıyafet	[æʎbisæ], [kıjafæt]
falda (f)	etek	[ætæk]
blusa (f)	gömlek, bluz	[gømlæk], [bluz]
rebeca (f)	hırka	[hırka]
chaqueta (f)	ceket	[dʒækæt]
camiseta (f) (T-shirt)	tişört	[tiʃort]
pantalón (m) corto	şort	[ʃort]
traje (m) deportivo	eşofman	[æʃofman]
bata (f) de baño	bornoz	[bornoz]
pijama (f)	pijama	[piʒama]
jersey (m), suéter (m)	süveter	[syvætær]
pulóver (m)	pulover	[pulovær]
chaleco (m)	yelek	[jælæk]
frac (m)	frak	[frak]
esmoquin (m)	smokin	[smokin]
uniforme (m)	üniforma	[juniforma]
ropa (f) de trabajo	iş elbisesi	[iʃ æʎbisæsi]
mono (m)	tulum	[tulum]
bata (f) blanca	önlük	[ønlyk]

35. La ropa. La ropa interior

ropa (f) interior	iç çamaşırı	[itʃ tʃamaʃırı]
camiseta (f) interior	atlet	[atlæt]
calcetines (m pl)	kısa çorap	[kısa tʃorap]
camisón (m)	gecelik	[gædʒælik]
sostén (m)	sutyen	[sutˈæn]
calcetines (m pl) altos	diz hizası çorap	[diz hizası tʃorap]
leotardos (m pl)	külotlu çorap	[kyløtly tʃorap]
medias (f pl)	çorap	[tʃorap]
traje (m) de baño	mayo	[majo]

36. Gorras

gorro (m)	şapka	[ʃapka]
sombrero (m) de fieltro	fötr şapka	[føtr ʃapka]
gorra (f) de béisbol	beyzbol şapkası	[bæjzbol ʃapkası]
gorra (f) plana	kasket	[kaskæt]
boina (f)	bere	[bæræ]
capuchón (m)	kapüşon	[kapyʃon]
panamá (m)	panama	[panama]
gorro (m) de punto	örgü şapka	[ørgy ʃapka]
pañuelo (m)	başörtüsü	[baʃ ørtysy]
sombrero (m) femenino	kadın şapkası	[kadın ʃapkası]
casco (m) (~ protector)	baret, kask	[baræt], [kask]
gorro (m) de campaña	kayık kep	[kajık kæp]
casco (m) (~ de moto)	kask	[kask]
bombín (m)	melon şapka	[mælon ʃapka]
sombrero (m) de copa	silindir şapka	[silindir ʃapka]

37. El calzado

calzado (m)	ayakkabı	[ajakkabı]
botas (f pl)	potinler	[potinlær]
zapatos (m pl) (~ de tacón bajo)	ayakkabılar	[ajakkabılar]
botas (f pl) altas	çizmeler	[tʃizmælær]
zapatillas (f pl)	terlik	[tærlik]
zapatos (m pl) de tenis	tenis ayakkabısı	[tænis ajakkabısı]
zapatos (m pl) deportivos	spor ayakkabısı	[spor ajakkabısı]
sandalias (f pl)	sandalet	[sandalæt]
zapatero (m)	ayakkabıcı	[ajakkabıdʒı]
tacón (m)	topuk	[topuk]
par (m)	bir çift ayakkabı	[birˈ tʃift ajakkabı]
cordón (m)	bağ	[ba:]

encordonar (vt)	bağlamak	[ba:lamak]
calzador (m)	kaşık	[kaʃık]
betún (m)	ayakkabı boyası	[ajakkabı bojası]

38. Los textiles. Las telas

algodón (m)	pamuk	[pamuk]
de algodón (adj)	pamuklu	[pamuklu]
lino (m)	keten	[kætæn]
de lino (adj)	ketenden	[kætændæn]

seda (f)	ipek	[ipæk]
de seda (adj)	ipekli	[ipækli]
lana (f)	yün	[jun]
de lana (adj)	yünlü	[junly]

terciopelo (m)	kadife	[kadifæ]
gamuza (f)	süet	[syæt]
pana (f)	fitilli kadife kumaş	[fitilli kadifæ kumaʃ]

nylon (m)	naylon	[najlon]
de nylon (adj)	naylondan	[najlondan]
poliéster (m)	polyester	[poʎiæstær]
de poliéster (adj)	polyester	[poʎiæstær]

piel (f) (cuero)	deri	[dæri]
de piel (de cuero)	deri, deriden yapılmış	[dæri], [dæridæn japılmıʃ]
piel (f) (~ de zorro, etc.)	kürk	[kyrk]
de piel (abrigo ~)	kürk	[kyrk]

39. Accesorios personales

guantes (m pl)	eldiven	[æʎdivæn]
manoplas (f pl)	tek parmaklı eldiven	[tæk parmaklı æʎdivæn]
bufanda (f)	atkı	[atkı]

gafas (f pl)	gözlük	[gøzlyk]
montura (f)	çerçeve	[ʧærʧævæ]
paraguas (m)	şemsiye	[ʃæmsijæ]
bastón (m)	baston	[baston]
cepillo (m) de pelo	saç fırçası	[saʧ firʧası]
abanico (m)	yelpaze	[jælpazæ]

corbata (f)	kravat	[kravat]
pajarita (f)	papyon	[papion]
tirantes (m pl)	pantolon askısı	[pantolon askısı]
moquero (m)	mendil	[mændiʎ]

peine (m)	tarak	[tarak]
pasador (m)	toka	[toka]
horquilla (f)	firkete	[firkætæ]
hebilla (f)	kemer tokası	[kæmær tokası]

| cinturón (m) | kemer | [kæmær] |
| correa (f) (de bolso) | kayış | [kajıʃ] |

bolsa (f)	çanta	[ʧanta]
bolso (m)	bayan çantası	[bajan ʧantası]
mochila (f)	arka çantası	[arka ʧantası]

40. La ropa. Miscelánea

moda (f)	moda	[moda]
de moda (adj)	modaya uygun	[modaja ujgun]
diseñador (m) de modas	modelci	[modæʎdʒi]

cuello (m)	yaka	[jaka]
bolsillo (m)	cep	[dʒæp]
de bolsillo (adj)	cep	[dʒæp]
manga (f)	kol	[kol]
colgador (m)	askı	[askı]
bragueta (f)	pantolon fermuarı	[pantolon færmuarı]

cremallera (f)	fermuar	[færmuar]
cierre (m)	kopça	[kopʧa]
botón (m)	düğme	[dyjmæ]
ojal (m)	düğme iliği	[dyjmæ ili:]
saltar (un botón)	kopmak	[kopmak]

coser (vi, vt)	dikmek	[dikmæk]
bordar (vt)	nakış işlemek	[nakıʃ iʃlæmæk]
bordado (m)	nakış	[nakıʃ]
aguja (f)	iğne	[i:næ]
hilo (m)	iplik	[iplik]
costura (f)	dikiş	[dikiʃ]

ensuciarse (vr)	kirlenmek	[kirlænmæk]
mancha (f)	leke	[lækæ]
arrugarse (vr)	buruşmak	[buruʃmak]
rasgar (vt)	yırtmak	[jırtmak]
polilla (f)	güve	[gyvæ]

41. Productos personales. Cosméticos

pasta (f) de dientes	diş macunu	[diʃ madʒunu]
cepillo (m) de dientes	diş fırçası	[diʃ fırʧası]
limpiarse los dientes	dişlerini fırçalamak	[diʃlærini fırʧalamak]

maquinilla (f) de afeitar	jilet	[ʒilæt]
crema (f) de afeitar	tıraş kremi	[tıraʃ kræmi]
afeitarse (vr)	tıraş olmak	[tıraʃ olmak]

jabón (m)	sabun	[sabun]
champú (m)	şampuan	[ʃampuan]
tijeras (f pl)	makas	[makas]

lima (f) de uñas	tırnak törpüsü	[tırnak tørpysy]
cortaúñas (m pl)	tırnak makası	[tırnak makası]
pinzas (f pl)	cımbız	[dʒımbız]

cosméticos (m pl)	kozmetik	[kozmætik]
mascarilla (f)	yüz maskesi	[juz maskæsi]
manicura (f)	manikür	[manikyr]
hacer la manicura	manikür yapmak	[manikyr japmak]
pedicura (f)	pedikür	[pædikyr]

neceser (m) de maquillaje	makyaj çantası	[makjaʒ tʃantası]
polvos (m pl)	pudra	[pudra]
polvera (f)	pudralık	[pudralık]
colorete (m), rubor (m)	allık	[allık]

perfume (m)	parfüm	[parfym]
agua (f) perfumada	parfüm suyu	[parfym suju]
loción (f)	losyon	[losʲon]
agua (f) de colonia	kolonya	[kolonja]

sombra (f) de ojos	far	[far]
lápiz (m) de ojos	göz kalemi	[gøz kalæmi]
rímel (m)	rimel	[rimæʎ]

pintalabios (m)	ruj	[ruʒ]
esmalte (m) de uñas	oje	[oʒæ]
fijador (m) (para el pelo)	saç spreyi	[satʃ spræjı]
desodorante (m)	deodorant	[dæodorant]

crema (f)	krem	[kræm]
crema (f) de belleza	yüz kremi	[juz kræmi]
crema (f) de manos	el kremi	[æʎ kræmi]
crema (f) antiarrugas	kırışıklık giderici krem	[kırıʃıklık gidæridʒi kræm]
de día (adj)	günlük	[gynlyk]
de noche (adj)	gece	[gædʒæ]

tampón (m)	tampon	[tampon]
papel (m) higiénico	tuvalet kağıdı	[tuvalæt kaıdı]
secador (m) de pelo	saç kurutma makinesi	[satʃ kurutma makinæsi]

42. Las joyas

joyas (f pl)	mücevher	[mydʒævhær]
precioso (adj)	değerli	[dæːrli]
contraste (m)	ayar damgası	[ajar damgası]

anillo (m)	yüzük	[juzyk]
anillo (m) de boda	nişan yüzüğü	[niʃan juzyju]
pulsera (f)	bilezik	[bilæzik]

pendientes (m pl)	küpeler	[kypælær]
collar (m) (~ de perlas)	gerdanlık	[gærdanlık]
corona (f)	taç	[tatʃ]
collar (m) de abalorios	boncuk kolye	[bondʒuk koʎʲæ]

diamante (m)	pırlanta	[pırlanta]
esmeralda (f)	zümrüt	[zymryt]
rubí (m)	yakut	[jakut]
zafiro (m)	safir	[safir]
perla (f)	inci	[indʒi]
ámbar (m)	kehribar	[kæhribar]

43. Los relojes

reloj (m)	el saati	[æʎ saːti]
esfera (f)	kadran	[kadran]
aguja (f)	akrep, yelkovan	[akræp], [jælkovan]
pulsera (f)	metal kordon	[metaʎ kordon]
correa (f) (del reloj)	kayış	[kajıʃ]

pila (f)	pil	[piʎ]
descargarse (vr)	bitmek	[bitmæk]
cambiar la pila	pil değiştirmek	[piʎ dæiʃtirmæk]
adelantarse (vr)	ileri gitmek	[ilæri gitmæk]
retrasarse (vr)	geride kalmak	[gæridæ kalmak]

reloj (m) de pared	duvar saati	[duvar saːti]
reloj (m) de arena	kum saati	[kum saːti]
reloj (m) de sol	güneş saati	[gynæʃ saːti]
despertador (m)	çalar saat	[ʧalar saːt]
relojero (m)	saatçi	[saːʧi]
reparar (vt)	tamir etmek	[tamir ætmæk]

La comida y la nutrición

44. La comida

carne (f)	et	[æt]
gallina (f)	tavuk eti	[tavuk æti]
pollo (m)	civciv	[ʤiv ʤiv]
pato (m)	ördek	[ørdæk]
ganso (m)	kaz	[kaz]
caza (f) menor	av hayvanları	[av hajvanları]
pava (f)	hindi	[hindi]
carne (f) de cerdo	domuz eti	[domuz æti]
carne (f) de ternera	dana eti	[dana æti]
carne (f) de carnero	koyun eti	[kojun æti]
carne (f) de vaca	sığır eti	[sɪːr æti]
conejo (m)	tavşan eti	[tavʃan æti]
salchichón (m)	sucuk, sosis	[suʤuk], [sosis]
salchicha (f)	sosis	[sosis]
beicon (m)	domuz pastırması	[domuz pastırması]
jamón (m)	jambon	[ʒambon]
jamón (m) fresco	tütsülenmiş jambon	[tytsylænmiʃ ʒambon]
paté (m)	ezme	[æzmæ]
hígado (m)	karaciğer	[karaʤiær]
tocino (m)	yağ	[jaː]
carne (f) picada	kıyma	[kıjma]
lengua (f)	dil	[diʎ]
huevo (m)	yumurta	[jumurta]
huevos (m pl)	yumurtalar	[jumurtalar]
clara (f)	yumurta akı	[jumurta akı]
yema (f)	yumurta sarısı	[jumurta sarısı]
pescado (m)	balık	[balık]
mariscos (m pl)	deniz ürünleri	[dæniz jurynlæri]
caviar (m)	havyar	[havjar]
cangrejo (m) de mar	yengeç	[jæŋætʃ]
camarón (m)	karides	[karidæs]
ostra (f)	istiridye	[istiridʲæ]
langosta (f)	langust	[laŋust]
pulpo (m)	ahtapot	[ahtapot]
calamar (m)	kalamar	[kalamar]
esturión (m)	mersin balığı	[mærsin balıː]
salmón (m)	som balığı	[som balıː]
fletán (m)	pisi balığı	[pisi balıː]
bacalao (m)	morina balığı	[morina balıː]

caballa (f)	uskumru	[uskumru]
atún (m)	ton balığı	[ton balı:]
anguila (f)	yılan balığı	[jılan balı:]

trucha (f)	alabalık	[alabalık]
sardina (f)	sardalye	[sardaʎæ]
lucio (m)	turna balığı	[turna balı:]
arenque (m)	ringa	[riŋa]

pan (m)	ekmek	[ækmæk]
queso (m)	peynir	[pæjnir]
azúcar (m)	şeker	[ʃækær]
sal (f)	tuz	[tuz]

arroz (m)	pirinç	[pirintʃ]
macarrones (m pl)	makarna	[makarna]
tallarines (m pl)	erişte	[æriʃtæ]

mantequilla (f)	tereyağı	[tæræjaɪ]
aceite (m) vegetal	bitkisel yağ	[bitkisæʎ ja:]
aceite (m) de girasol	ayçiçeği yağı	[ajtʃitʃæɪ jaɪ]
margarina (f)	margarin	[margarin]

| olivas (f pl) | zeytin | [zæjtin] |
| aceite (m) de oliva | zeytin yağı | [zæjtin jaɪ] |

leche (f)	süt	[syt]
leche (f) condensada	yoğunlaştırılmış süt	[jounlaʃtırılmıʃ syt]
yogur (m)	yoğurt	[jourt]
nata (f) agria	ekşi krema	[ækʃi kræma]
nata (f) líquida	süt kaymağı	[syt kajmaɪ]

| mayonesa (f) | mayonez | [majonæz] |
| crema (f) de mantequilla | krema | [kræma] |

cereal molido grueso	tane	[tanæ]
harina (f)	un	[un]
conservas (f pl)	konserve	[konsærvæ]

copos (m pl) de maíz	mısır gevreği	[mısır gævræi]
miel (f)	bal	[bal]
confitura (f)	reçel, marmelat	[rætʃæʎ], [marmælat]
chicle (m)	sakız, çiklet	[sakız], [tʃiklæt]

45. Las bebidas

agua (f)	su	[su]
agua (f) potable	içme suyu	[itʃmæ suju]
agua (f) mineral	maden suyu	[madæn suju]

sin gas	gazsız	[gazsız]
gaseoso (adj)	gazlı	[gazlı]
con gas	maden	[madæn]
hielo (m)	buz	[buz]

con hielo	buzlu	[buzlu]
sin alcohol	alkolsüz	[alkoʌsyz]
bebida (f) sin alcohol	alkolsüz içki	[alkoʌsyz itʃki]
refresco (m)	soğuk meşrubat	[sojuk mæʃrubat]
limonada (f)	limonata	[limonata]

bebidas (f pl) alcohólicas	alkollü içkiler	[alkolly itʃkilær]
vino (m)	şarap	[ʃarap]
vino (m) blanco	beyaz şarap	[bæjaz ʃarap]
vino (m) tinto	kırmızı şarap	[kırmızı ʃarap]

licor (m)	likör	[likør]
champaña (f)	şampanya	[ʃampaɲja]
vermú (m)	vermut	[værmut]

whisky (m)	viski	[viski]
vodka (m)	votka	[votka]
ginebra (f)	cin	[dʒin]
coñac (m)	konyak	[koɲjak]
ron (m)	rom	[rom]

café (m)	kahve	[kahvæ]
café (m) solo	siyah kahve	[sijah kahvæ]
café (m) con leche	sütlü kahve	[sytly kahvæ]
capuchino (m)	kaymaklı kahve	[kajmaklı kahvæ]
café (m) soluble	hazır kahve	[hazır kahvæ]

leche (f)	süt	[syt]
cóctel (m)	kokteyl	[koktæjʌ]
batido (m)	sütlü kokteyl	[sytly koktæjʌ]

zumo (m)	meyve suyu	[mæjvæ suju]
jugo (m) de tomate	domates suyu	[domatæs suju]
zumo (m) de naranja	portakal suyu	[portakal suju]
jugo (m) fresco	taze meyve suyu	[tazæ mæjvæ suju]

cerveza (f)	bira	[bira]
cerveza (f) rubia	hafif bira	[hafif bira]
cerveza (f) negra	siyah bira	[sijah bira]

té (m)	çay	[tʃaj]
té (m) negro	siyah çay	[sijah tʃaj]
té (m) verde	yeşil çay	[jæʃiʌ tʃaj]

46. Las verduras

legumbres (f pl)	sebze	[sæbzæ]
verduras (f pl)	yeşillik	[jæʃiʌik]

tomate (m)	domates	[domatæs]
pepino (m)	salatalık	[salatalık]
zanahoria (f)	havuç	[havutʃ]
patata (f)	patates	[patatæs]
cebolla (f)	soğan	[soan]

ajo (m)	sarımsak	[sarımsak]
col (f)	lahana	[ʎahana]
coliflor (f)	karnabahar	[karnabahar]
col (f) de Bruselas	Brüksel lâhanası	[bryksæʎ ʎahanası]
brócoli (m)	brokoli	[brokoli]

remolacha (f)	pancar	[pandʒar]
berenjena (f)	patlıcan	[patlıdʒan]
calabacín (m)	sakız kabağı	[sakız kabaı]
calabaza (f)	kabak	[kabak]
nabo (m)	şalgam	[ʃalgam]

perejil (m)	maydanoz	[majdanoz]
eneldo (m)	dereotu	[dæræotu]
lechuga (f)	yeşil salata	[jæʃiʎ salata]
apio (m)	kereviz	[kæræviz]
espárrago (m)	kuşkonmaz	[kuʃkonmaz]
espinaca (f)	ıspanak	[ıspanak]

guisante (m)	bezelye	[bæzæʎ'æ]
habas (f pl)	bakla	[bakla]
maíz (m)	mısır	[mısır]
fréjol (m)	fasulye	[fasuʎ'æ]

pimentón (m)	dolma biber	[dolma bibær]
rábano (m)	turp	[turp]
alcachofa (f)	enginar	[æɲinar]

47. Las frutas. Las nueces

fruto (m)	meyve	[mæjvæ]
manzana (f)	elma	[æʎma]
pera (f)	armut	[armut]
limón (m)	limon	[limon]
naranja (f)	portakal	[portakal]
fresa (f)	çilek	[tʃilæk]

mandarina (f)	mandalina	[mandalina]
ciruela (f)	erik	[ærik]
melocotón (m)	şeftali	[ʃæftali]
albaricoque (m)	kayısı	[kajısı]
frambuesa (f)	ahududu	[ahududu]
ananás (m)	ananas	[ananas]

banana (f)	muz	[muz]
sandía (f)	karpuz	[karpuz]
uva (f)	üzüm	[juzym]
guinda (f)	vişne	[viʃnæ]
cereza (f)	kiraz	[kiraz]
melón (m)	kavun	[kavun]

pomelo (m)	greypfrut	[græjpfrut]
aguacate (m)	avokado	[avokado]
papaya (m)	papaya	[papaja]

mango (m)	mango	[maŋo]
granada (f)	nar	[nar]

grosella (f) roja	kırmızı frenk üzümü	[kırmızı fræŋk juzymy]
grosella (f) negra	siyah frenk üzümü	[sijah fræŋk juzymy]
grosella (f) espinosa	bektaşı üzümü	[bæktaʃı juzymy]
arándano (m)	yaban mersini	[jaban mærsini]
zarzamoras (f pl)	böğürtlen	[bøjurtlæn]

pasas (f pl)	kuru üzüm	[kuru juzym]
higo (m)	incir	[indʒir]
dátil (m)	hurma	[hurma]

cacahuete (m)	yerfıstığı	[jærfıstı:]
almendra (f)	badem	[badæm]
nuez (f)	ceviz	[dʒæviz]
avellana (f)	fındık	[fındık]
nuez (f) de coco	Hindistan cevizi	[hindistan dʒævizi]
pistachos (m pl)	çam fıstığı	[tʃam fıstı:]

48. El pan. Los dulces

pasteles (m pl)	şekerleme	[ʃækærlæmæ]
pan (m)	ekmek	[ækmæk]
galletas (f pl)	bisküvi	[biskyvi]

chocolate (m)	çikolata	[tʃikolata]
de chocolate (adj)	çikolatalı	[tʃikolatalı]
caramelo (m)	şeker	[ʃækær]
tarta (f) (pequeña)	ufak kek	[ufak kæk]
tarta (f) (~ de cumpleaños)	kek, pasta	[kæk], [pasta]

pastel (m) (~ de manzana)	börek	[børæk]
relleno (m)	iç	[itʃ]

confitura (f)	reçel	[rætʃæʎ]
mermelada (f)	marmelat	[marmælat]
gofre (m)	gofret	[gofræt]
helado (m)	dondurma	[dondurma]

49. Los platos al horno

plato (m)	yemek	[jæmæk]
cocina (f)	mutfak	[mutfak]
receta (f)	yemek tarifi	[jæmæk tarifı]
porción (f)	porsiyon	[porsijon]

ensalada (f)	salata	[salata]
sopa (f)	çorba	[tʃorba]

caldo (m)	et suyu	[æt suju]
bocadillo (m)	sandviç	[sandvitʃ]

huevos (m pl) fritos	sahanda yumurta	[sahanda jumurta]
chuleta (f)	köfte	[køftæ]
hamburguesa (f)	hamburger	[hamburgær]
bistec (m)	biftek	[biftæk]
asado (m)	et kızartması, rosto	[æt kızartması], [rosto]

guarnición (f)	garnitür	[garnityr]
espagueti (m)	spagetti	[spagætti]
puré (m) de patatas	patates püresi	[patatæs pyræsi]
pizza (f)	pizza	[pizza]
gachas (f pl)	lâpa	[ʎapa]
tortilla (f) francesa	omlet	[omlæt]

cocido en agua (adj)	pişmiş	[piʃmiʃ]
ahumado (adj)	tütsülenmiş, füme	[tytsylænmiʃ], [fymæ]
frito (adj)	kızartılmış	[kızartılmıʃ]
seco (adj)	kuru	[kuru]
congelado (adj)	dondurulmuş	[dondurulmuʃ]
marinado (adj)	turşu	[turʃu]

azucarado (adj)	tatlı	[tatlı]
salado (adj)	tuzlu	[tuzlu]
frío (adj)	soğuk	[souk]
caliente (adj)	sıcak	[sıdʒak]
amargo (adj)	acı	[adʒı]
sabroso (adj)	tatlı, lezzetli	[tatlı], [læzzætlı]

cocer en agua	kaynatmak	[kajnatmak]
preparar (la cena)	pişirmek	[piʃirmæk]
freír (vt)	kızartmak	[kızartmak]
calentar (vt)	ısıtmak	[ısıtmak]

salar (vt)	tuzlamak	[tuzlamak]
poner pimienta	biberlemek	[bibærlæmæk]
rallar (vt)	rendelemek	[rændælæmæk]
piel (f)	kabuk	[kabuk]
pelar (vt)	soymak	[sojmak]

50. Las especies

sal (f)	tuz	[tuz]
salado (adj)	tuzlu	[tuzlu]
salar (vt)	tuzlamak	[tuzlamak]

pimienta (f) negra	siyah biber	[sijah bibær]
pimienta (f) roja	kırmızı biber	[kırmızı bibær]
mostaza (f)	hardal	[hardal]
rábano (m) picante	bayırturpu	[bajırturpu]

condimento (m)	çeşni	[tʃæʃni]
especia (f)	baharat	[baharat]
salsa (f)	salça, sos	[saltʃa], [sos]
vinagre (m)	sirke	[sirkæ]
anís (m)	anason	[anason]

albahaca (f)	fesleğen	[fæslæ:n]
clavo (m)	karanfil	[karanfiʎ]
jengibre (m)	zencefil	[zændʒæfiʎ]
cilantro (m)	kişniş	[kiʃniʃ]
canela (f)	tarçın	[tartʃɪn]

sésamo (m)	susam	[susam]
hoja (f) de laurel	defne yaprağı	[dæfnæ japraɪ]
paprika (f)	kırmızıbiber	[kɪrmɪzɪ bibær]
comino (m)	çörek otu	[tʃoræk otu]
azafrán (m)	safran	[safran]

51. Las comidas

| comida (f) | yemek | [jæmæk] |
| comer (vi, vt) | yemek | [jæmæk] |

desayuno (m)	kahvaltı	[kahvaltɪ]
desayunar (vi)	kahvaltı yapmak	[kahvaltɪ japmak]
almuerzo (m)	öğle yemeği	[øjlæ jæmæi]
almorzar (vi)	öğle yemeği yemek	[øjlæ jæmæi jæmæk]
cena (f)	akşam yemeği	[akʃam jæmæi]
cenar (vi)	akşam yemeği yemek	[akʃam jæmæi jæmæk]

| apetito (m) | iştah | [iʃtah] |
| ¡Que aproveche! | Afiyet olsun! | [afijæt olsun] |

abrir (vt)	açmak	[atʃmak]
derramar (líquido)	dökmek	[døkmæk]
derramarse (líquido)	dökülmek	[døkyʎmæk]

hervir (vi)	kaynamak	[kajnamak]
hervir (vt)	kaynatmak	[kajnatmak]
hervido (agua ~a)	kaynamış	[kajnamɪʃ]
enfriar (vt)	serinletmek	[særinlætmæk]
enfriarse (vr)	serinleşmek	[særinlæʃmæk]

| sabor (m) | tat | [tat] |
| regusto (m) | ağızda kalan tat | [aɪzda kalan tat] |

adelgazar (vi)	zayıflamak	[zajɪflamak]
dieta (f)	rejim, diyet	[ræʒim], [dijæt]
vitamina (f)	vitamin	[vitamin]
caloría (f)	kalori	[kalori]

| vegetariano (m) | vejetaryen kimse | [vædʒætariæn kimsæ] |
| vegetariano (adj) | vejetaryen | [vædʒætariæn] |

grasas (f pl)	yağlar	[ja:lar]
proteínas (f pl)	proteinler	[protæinlær]
carbohidratos (m pl)	karbonhidratlar	[karbonhidratlar]
loncha (f)	dilim	[dilim]
pedazo (m)	parça	[partʃa]
miga (f)	kırıntı	[kɪrɪntɪ]

52. Los cubiertos

cuchara (f)	kaşık	[kaʃık]
cuchillo (m)	bıçak	[bıtʃak]
tenedor (m)	çatal	[tʃatal]
taza (f)	fincan	[findʒan]
plato (m)	tabak	[tabak]
platillo (m)	fincan tabağı	[findʒan tabaı]
servilleta (f)	peçete	[pætʃætæ]
mondadientes (m)	kürdan	[kyrdan]

53. El restaurante

restaurante (m)	restoran	[ræstoran]
cafetería (f)	kahvehane	[kahvæhanæ]
bar (m)	bar	[bar]
salón (m) de té	çay salonu	[tʃaj salonu]
camarero (m)	garson	[garson]
camarera (f)	kadın garson	[kadın garson]
barman (m)	barmen	[barmæn]
carta (f), menú (m)	menü	[mæny]
carta (f) de vinos	şarap listesi	[ʃarap listæsi]
reservar una mesa	masa ayırtmak	[masa ajırtmak]
plato (m)	yemek	[jæmæk]
pedir (vt)	sipariş etmek	[sipariʃ ætmæk]
hacer el pedido	sipariş vermek	[sipariʃ værmæk]
aperitivo (m)	aperatif	[apæratif]
entremés (m)	çerez	[tʃæræz]
postre (m)	tatlı	[tatlı]
cuenta (f)	hesap	[hæsap]
pagar la cuenta	hesabı ödemek	[hæsabı ødæmæk]
dar la vuelta	para üstü vermek	[para justy værmæk]
propina (f)	bahşiş	[bahʃiʃ]

La familia nuclear, los parientes y los amigos

54. La información personal. Los formularios

nombre (m)	ad, isim	[ad], [isim]
apellido (m)	soyadı	[sojadı]
fecha (f) de nacimiento	doğum tarihi	[doum tarihi]
lugar (m) de nacimiento	doğum yeri	[doum jæri]
nacionalidad (f)	milliyet	[millijæt]
domicilio (m)	ikamet yeri	[ikamæt jæri]
país (m)	ülke	[juʌkæ]
profesión (f)	meslek	[mæslæk]
sexo (m)	cinsiyet	[dʒinsijæt]
estatura (f)	boy	[boj]
peso (m)	ağırlık	[aırlık]

55. Los familiares. Los parientes

madre (f)	anne	[aŋæ]
padre (m)	baba	[baba]
hijo (m)	oğul	[øul]
hija (f)	kız	[kız]
hija (f) menor	küçük kız	[kytʃuk kız]
hijo (m) menor	küçük oğul	[kytʃuk oul]
hija (f) mayor	büyük kız	[byjuk kız]
hijo (m) mayor	büyük oğul	[byjuk oul]
hermano (m)	kardeş	[kardæʃ]
hermana (f)	abla	[abla]
primo (m)	erkek kuzen	[ærkæk kuzæn]
prima (f)	kız kuzen	[kız kuzæn]
mamá (f)	anne	[aŋæ]
papá (m)	baba	[baba]
padres (m pl)	ana baba	[ana baba]
niño -a (m, f)	çocuk	[tʃodʒuk]
niños (m pl)	çocuklar	[tʃodʒuklar]
abuela (f)	büyük anne	[byjuk aŋæ]
abuelo (m)	büyük baba	[byjuk baba]
nieto (m)	erkek torun	[ærkæk torun]
nieta (f)	kız torun	[kız torun]
nietos (m pl)	torunlar	[torunlar]
tío (m)	amca, dayı	[amdʒa], [dai:]
tía (f)	teyze, hala	[tæjzæ], [hala]

| sobrino (m) | erkek yeğen | [ærkæk jæ:n] |
| sobrina (f) | kız yeğen | [kız jæ:n] |

suegra (f)	kaynana	[kajnana]
suegro (m)	kaynata	[kajnata]
yerno (m)	güvey	[gyvæj]
madrastra (f)	üvey anne	[juvæj aŋæ]
padrastro (m)	üvey baba	[juvæj baba]

niño (m) de pecho	süt çocuğu	[syt tʃodʒu:]
bebé (m)	bebek	[bæbæk]
chico (m)	erkek çocuk	[ærkæk tʃodʒuk]

mujer (f)	hanım, eş	[hanım], [æʃ]
marido (m)	eş, koca	[æʃ], [kodʒa]
esposo (m)	koca	[kodʒa]
esposa (f)	karı	[karı]

casado (adj)	evli	[ævli]
casada (adj)	evli	[ævli]
soltero (adj)	bekâr	[bækʲar]
soltero (m)	bekâr	[bækʲar]
divorciado (adj)	boşanmış	[boʃanmıʃ]
viuda (f)	dul kadın	[dul kadın]
viudo (m)	dul erkek	[dul ærkæk]

pariente (m)	akraba	[akraba]
pariente (m) cercano	yakın akraba	[jakın akraba]
pariente (m) lejano	uzak akraba	[uzak akraba]
parientes (m pl)	akrabalar	[akrabalar]

huérfano (m), huérfana (f)	yetim	[jætim]
tutor (m)	vasi	[vasi]
adoptar (un niño)	evlatlık almak	[ævlatlık almak]
adoptar (una niña)	evlatlık almak	[ævlatlık almak]

56. Los amigos. Los compañeros del trabajo

amigo (m)	dost, arkadaş	[dost], [arkadaʃ]
amiga (f)	kız arkadaş	[kız arkadaʃ]
amistad (f)	dostluk	[dostluk]
ser amigo	arkadaş olmak	[arkadaʃ olmak]

amigote (m)	arkadaş	[arkadaʃ]
amiguete (f)	kız arkadaş	[kız arkadaʃ]
compañero (m)	ortak	[ortak]

jefe (m)	şef	[ʃæf]
superior (m)	amir	[amir]
subordinado (m)	ast	[ast]
colega (m. f)	meslektaş	[mæslæktaʃ]

| conocido (m) | tanıdık | [tanıdık] |
| compañero (m) de viaje | yol arkadaşı | [jol arkadaʃı] |

condiscípulo (m)	sınıf arkadaşı	[sınıf arkadaʃı]
vecino (m)	komşu	[komʃu]
vecina (f)	komşu	[komʃu]
vecinos (m pl)	komşular	[komʃular]

57. El hombre. La mujer

mujer (f)	kadın, bayan	[kadın], [bajan]
muchacha (f)	kız	[kız]
novia (f)	gelin	[gælin]

guapa (adj)	güzel	[gyzæʎ]
alta (adj)	uzun	[uzun]
esbelta (adj)	ince	[indʒæ]
de estatura mediana	kısa boylu	[kısa bojlu]

| rubia (f) | sarışın | [sarıʃin] |
| morena (f) | esmer | [æsmær] |

de señora (adj)	bayan	[bajan]
virgen (f)	bakire	[bakiræ]
embarazada (adj)	hamile	[hamilæ]

hombre (m) (varón)	erkek	[ærkæk]
rubio (m)	sarışın	[sarıʃin]
moreno (m)	esmer	[æsmær]
alto (adj)	uzun boylu	[uzun bojlu]
de estatura mediana	kısa boylu	[kısa bojlu]

grosero (adj)	kaba	[kaba]
rechoncho (adj)	kalın yapılı	[kalın japılı]
robusto (adj)	kuvvetli	[kuvvætli]
fuerte (adj)	güçlü	[gytʃly]
fuerza (f)	güç	[gytʃ]

gordo (adj)	iri	[iri]
moreno (adj)	esmer	[æsmær]
esbelto (adj)	kaslı, yapılı	[kaslı], [japılı]
elegante (adj)	zarif	[zarif]

58. La edad

edad (f)	yaş	[jaʃ]
juventud (f)	gençlik	[gæntʃlik]
joven (adj)	genç	[gæntʃ]

| menor (adj) | yaşı daha küçük | [jaʃi daha kytʃuk] |
| mayor (adj) | yaşı daha büyük | [jaʃi daha byjuk] |

joven (m)	delikanlı	[dælikanlı]
adolescente (m)	ergen	[ærgæn]
muchacho (m)	bir kimse	[bir kimsæ]

anciano (m)	ihtiyar	[ihtijar]
anciana (f)	yaşlı kadın	[jaʃlı kadın]

adulto	yetişkin	[jætiʃkin]
de edad media (adj)	orta yaşlı	[orta jaʃlı]
de edad, anciano (adj)	yaşlı	[jaʃlı]
viejo (adj)	ihtiyar, yaşlı	[ihtijar], [jaʃlı]

jubilación (f)	emekli maaşı	[æmækli maːʃı]
jubilarse	emekli olmak	[æmækli olmak]
jubilado (m)	emekli	[æmækli]

59. Los niños

niño -a (m, f)	çocuk	[tʃodʒuk]
niños (m pl)	çocuklar	[tʃodʒuklar]
gemelos (m pl)	ikizler	[ikizlær]

cuna (f)	beşik	[bæʃik]
sonajero (m)	bebek çıngırağı	[bæbæk tʃıŋıraı]
pañal (m)	çocuk bezi	[tʃodʒuk bæzi]

chupete (m)	emzik	[æmzik]
cochecito (m)	çocuk arabası	[tʃodʒuk arabası]
jardín (m) de infancia	anaokulu	[anaokulu]
niñera (f)	çocuk bakıcısı	[tʃodʒuk bakıdʒısı]

infancia (f)	çocukluk	[tʃodʒukluk]
muñeca (f)	kukla	[kukla]
juguete (m)	oyuncak	[ojundʒak]
mecano (m)	meccano	[mækano]

bien criado (adj)	terbiyeli	[tærbijæli]
malcriado (adj)	terbiyesiz	[tærbijæsiz]
mimado (adj)	şımarık	[ʃımarık]

hacer travesuras	yaramazlık etmek	[jaramazlık ætmæk]
travieso (adj)	yaramaz	[jaramaz]
travesura (f)	yaramazlık	[jaramazlık]
travieso (m)	yaramaz çocuk	[jaramaz tʃodʒuk]

obediente (adj)	itaatli	[itaːtli]
desobediente (adj)	itaatsiz	[itaːʦiz]

dócil (adj)	uslu	[uslu]
inteligente (adj)	zeki	[zæki]
niño (m) prodigio	harika çocuk	[harika tʃodʒuk]

60. Los matrimonios. La vida familiar

besar (vt)	öpmek	[øpmæk]
besarse (vi)	öpüşmek	[øpyʃmæk]

familia (f)	aile	[ailæ]
familiar (adj)	aile, ailevi	[ailæ], [ailævi]
pareja (f)	çift	[tʃift]
matrimonio (m)	evlilik	[ævlilik]
hogar (m) familiar	aile ocağı	[ailæ odʒaɪ]
dinastía (f)	sülale	[sylalæ]

cita (f)	randevu	[randævu]
beso (m)	öpücük	[øpydʒyk]

amor (m)	sevgi	[sævgi]
querer (amar)	sevmek	[sævmæk]
querido (adj)	sevgili	[sævgili]

ternura (f)	şefkat	[ʃæfkat]
tierno (afectuoso)	şefkatli	[ʃæfkatlɪ]
fidelidad (f)	sadakat	[sadakat]
fiel (adj)	sadık	[sadɪk]
cuidado (m)	ihtimam	[ihtimam]
cariñoso (un padre ~)	dikkatli	[dikkatli]

recién casados (pl)	yeni evliler	[jæni ævlilær]
luna (f) de miel	balayı	[balajɪ]
estar casada	evlenmek	[ævlænmæk]
casarse (con una mujer)	evlenmek	[ævlænmæk]

boda (f)	düğün	[dyjun]
bodas (f pl) de oro	ellinci evlilik yıldönümü	[ællindʒi ævlilik jɪldønymy]
aniversario (m)	yıldönümü	[jɪldønymy]

amante (m)	aşık	[aʃɪk]
amante (f)	metres	[mætræs]

adulterio (m)	sadakatsizlik	[sadakatsɪzlɪk]
cometer adulterio	sadakatsiz olmak	[sadakatsɪz olmak]
celoso (adj)	kıskanç	[kɪskantʃ]
tener celos	kıskanmak	[kɪskanmak]
divorcio (m)	boşanma	[boʃanma]
divorciarse (vr)	boşanmak	[boʃanmak]

reñir (vi)	kavga etmek	[kavga ætmæk]
reconciliarse (vr)	barışmak	[barɪʃmak]
juntos (adv)	beraber	[bærabær]
sexo (m)	seks	[sæks]

felicidad (f)	mutluluk	[mutluluk]
feliz (adj)	mutlu	[mutlu]
desgracia (f)	belâ	[bæʎa]
desgraciado (adj)	zavallı	[zavallɪ]

Las características de personalidad. Los sentimientos

61. Los sentimientos. Las emociones

sentimiento (m)	duygu	[dujgu]
sentimientos (m pl)	duygular	[dujgular]
sentir (vt)	hissetmek	[hissætmæk]
hambre (f)	açlık	[atʃlık]
tener hambre	yemek istemek	[jæmæk istæmæk]
sed (f)	susuzluk	[susuzluk]
tener sed	içmek istemek	[itʃmæk istæmæk]
somnolencia (f)	uykulu olma	[ujkulu olma]
tener sueño	uyumak istemek	[ujumak istæmæk]
cansancio (m)	yorgunluk	[jorgunluk]
cansado (adj)	yorgun	[jorgun]
estar cansado	yorulmak	[jorulmak]
humor (m) (de buen ~)	keyif	[kæjıf]
aburrimiento (m)	can sıkıntısı	[dʒan sıkıntısı]
aburrirse (vr)	sıkılmak	[sıkılmak]
soledad (f)	yalnızlık	[jalnızlık]
aislarse (vr)	inzivaya çekilmek	[inzivaja tʃækiʌmæk]
inquietar (vt)	üzmek	[juzmæk]
inquietarse (vr)	endişelenmek	[ændiʃælænmæk]
inquietud (f)	endişe	[ændiʃæ]
preocupación (f)	rahatsızlık	[rahatsızlık]
preocupado (adj)	kaygılı	[kajgılı]
estar nervioso	sinirlenmek	[sinirlænmæk]
darse al pánico	panik yapmak	[panik japmak]
esperanza (f)	ümit	[jumit]
esperar (tener esperanza)	ummak	[ummak]
seguridad (f)	kesinlik	[kæsinlik]
seguro (adj)	kararlı	[kararlı]
inseguridad (f)	belirsizlik	[bælirsizlik]
inseguro (adj)	belirsiz	[bælirsiz]
borracho (adj)	sarhoş	[sarhoʃ]
sobrio (adj)	ayık	[ajık]
débil (adj)	zayıf	[zajıf]
feliz (adj)	mutlu	[mutlu]
asustar (vt)	korkutmak	[korkutmak]
furia (f)	kızgınlık	[kızgınlık]
rabia (f)	öfke	[øfkæ]
depresión (f)	depresyon	[dæpræsʲon]
incomodidad (f)	rahatsızlık	[rahatsızlık]

comodidad (f)	konfor	[konfor]
arrepentirse (vr)	üzülmek	[juzylmæk]
arrepentimiento (m)	pişmanlık	[piʃmanlık]
mala suerte (f)	talihsizlik	[talihsizlik]
tristeza (f)	üzüntü	[juzynty]

vergüenza (f)	utanma	[utanma]
júbilo (m)	neşe	[næʃæ]
entusiasmo (m)	coşku	[dʒoʃku]
entusiasta (m)	coşkun kimse	[dʒoʃkun kimsæ]
mostrar entusiasmo	coşkulu davranmak	[dʒoʃkulu davranmak]

62. El carácter. La personalidad

carácter (m)	karakter	[karaktær]
defecto (m)	karakter kusur	[karaktær kusur]
mente (f)	zekâ	[zækʲa]
razón (f)	akıl	[akıl]

consciencia (f)	vicdan	[vidʒdan]
hábito (m)	alışkanlık	[alıʃkanlık]
habilidad (f)	kabiliyet	[kabilijæt]
poder (nadar, etc.)	... -abilir, ... -ebilir	[abilir], [æbilir]

paciente (adj)	sabırlı	[sabırlı]
impaciente (adj)	sabırsız	[sabırsız]
curioso (adj)	meraklı	[mæraklı]
curiosidad (f)	merak	[mærak]

modestia (f)	mütevazilik	[mytævazilik]
modesto (adj)	mütevazi	[mytævazi]
inmodesto (adj)	küstah	[kystah]

pereza (f)	tembellik	[tæmbælik]
perezoso (adj)	tembel	[tæmbæʎ]
perezoso (m)	tembel kimse	[tæmbæʎ kimsæ]

astucia (f)	kurnazlık	[kurnazlık]
astuto (adj)	kurnaz	[kurnaz]
desconfianza (f)	güvensizlik	[gyvænsizlik]
desconfiado (adj)	güvensiz	[gyvænsiz]

generosidad (f)	cömertlik	[dʒømærtlik]
generoso (adj)	cömert	[dʒømært]
talentoso (adj)	yetenekli	[jætænækli]
talento (m)	yetenek	[jætænæk]

valiente (adj)	cesur	[dʒæsur]
coraje (m)	cesaret	[dʒæsaræt]
honesto (adj)	dürüst	[dyryst]
honestidad (f)	dürüstlük	[dyrystlyk]

| prudente (adj) | ihtiyatlı | [ihtijatlı] |
| valeroso (adj) | cesaretli | [dʒæsarætli] |

60

serio (adj)	ciddi	[ʤiddi]
severo (adj)	sert	[sært]

decidido (adj)	kararlı	[kararlı]
indeciso (adj)	kararsız	[kararsız]
tímido (adj)	çekingen	[ʧækiŋæn]
timidez (f)	çekingenlik	[ʧækiŋænlik]

confianza (f)	güven	[gyvæn]
creer (créeme)	güvenmek	[gyvænmæk]
confiado (crédulo)	güvenen	[gyvænæn]

sinceramente (adv)	samimi olarak	[samimi olarak]
sincero (adj)	samimi	[samimi]
sinceridad (f)	samimiyet	[samimijæt]
abierto (adj)	açık	[atʃık]

calmado (adj)	sakin	[sakin]
franco (sincero)	içten	[iʧtæn]
ingenuo (adj)	saf	[saf]
distraído (adj)	dalgın	[dalgın]
gracioso (adj)	komik	[komik]

avaricia (f)	cimrilik	[ʤimrilik]
avaro (adj)	cimri	[ʤimri]
tacaño (adj)	pinti	[pinti]
malvado (adj)	kötü kalpli	[køty kaʎpli]
terco (adj)	inatçı	[inatʃı]
desagradable (adj)	sevimsiz	[sævimsiz]

egoísta (m)	bencil	[bænʤiʎ]
egoísta (adj)	bencil	[bænʤiʎ]
cobarde (m)	korkak kimse	[korkak kimsæ]
cobarde (adj)	korkak	[korkak]

63. El sueño. Los sueños

dormir (vi)	uyumak	[ujumak]
sueño (m) (estado)	uyku	[ujku]
sueño (m) (dulces ~s)	düş, rüya	[dyʃ], [ruja]
soñar (vi)	rüya görmek	[ruja gørmæk]
adormilado (adj)	uykulu	[ujkulu]

cama (f)	yatak	[jatak]
colchón (m)	şilte	[ʃiʎtæ]
manta (f)	battaniye	[battanijæ]
almohada (f)	yastık	[jastık]
sábana (f)	çarşaf	[ʧarʃaf]

insomnio (m)	uykusuzluk	[ujkusuzluk]
de insomnio (adj)	uykusuz	[ujkusuz]
somnífero (m)	uyku hapı	[ujku hapı]
tomar el somnífero	uyku hapı almak	[ujku hapı almak]
tener sueño	uyumak istemek	[ujumak istæmæk]

bostezar (vi)	esnemek	[æsnæmæk]
irse a la cama	uyumaya gitmek	[ujumaja gitmæk]
hacer la cama	yatağı hazırlamak	[jataı hazırlamak]
dormirse (vr)	uykuya dalmak	[ujkuja dalmak]

pesadilla (f)	kabus	[kabus]
ronquido (m)	horultu	[horultu]
roncar (vi)	horlamak	[horlamak]

despertador (m)	çalar saat	[ʧalar sa:t]
despertar (vt)	uyandırmak	[ujandırmak]
despertarse (vr)	uyanmak	[ujanmak]
levantarse (vr)	kalkmak	[kalkmak]
lavarse (vr)	yıkanmak	[jıkanmak]

64. El humor. La risa. La alegría

humor (m)	mizah	[mizah]
sentido (m) del humor	mizah anlayışı	[mizah anlajıʃı]
divertirse (vr)	eğlenmek	[æ:lænmæk]
alegre (adj)	neşeli	[næʃæli]
júbilo (m)	neşe	[næʃæ]

sonrisa (f)	gülümseme	[gylymsæmæ]
sonreír (vi)	gülümsemek	[gylymsæmæk]
echarse a reír	gülmeye başlamak	[gyʌmæjæ baʃlamak]
reírse (vr)	gülmek	[gyʌmæk]
risa (f)	gülme	[gyʌmæ]

anécdota (f)	fıkra	[fıkra]
gracioso (adj)	gülünçlü	[gylynʧly]
ridículo (adj)	komik	[komik]

bromear (vi)	şaka yapmak	[ʃaka japmak]
broma (f)	şaka	[ʃaka]
alegría (f) (emoción)	neşe, sevinç	[næʃæ], [sævinʧ]
alegrarse (vr)	sevinmek	[sævinmæk]
alegre (~ de que ...)	sevinçli	[sævinʧli]

65. La discusión y la conversación. Unidad 1

| comunicación (f) | iletişim | [ilætiʃim] |
| comunicarse (vr) | iletişim kurmak | [ilætiʃim kurmak] |

conversación (f)	konuşma	[konuʃma]
diálogo (m)	diyalog	[dialog]
discusión (f) (debate)	müzakere	[myzakæræ]
debate (m)	tartışma	[tartıʃma]
debatir (vi)	tartışmak	[tartıʃmak]

| interlocutor (m) | muhatap | [muhatap] |
| tema (m) | konu | [konu] |

punto (m) de vista	bakış açısı	[bakıʃ atʃisı]
opinión (f)	fikir, görüş	[fikir], [gøryʃ]
discurso (m)	demeç	[dæmætʃ]

discusión (f) (del informe, etc.)	görüşme	[gøryʃmæ]
discutir (vt)	görüşmek	[gøryʃmæk]
conversación (f)	sohbet	[sohbæt]
conversar (vi)	sohbet etmek	[sohbæt ætmæk]
reunión (f)	karşılaşma	[karʃılaʃma]
encontrarse (vr)	karşılaşmak	[karʃılaʃmak]

proverbio (m)	atasözü	[atasøzy]
dicho (m)	deyim	[dæjım]
adivinanza (f)	bilmece	[biʎmædʒæ]
contar una adivinanza	bilmece sormak	[biʎmædʒæ sormak]
contraseña (f)	parola	[parola]
secreto (m)	sır	[sır]

juramento (m)	yemin	[jæmin]
jurar (vt)	yemin etmek	[jæmin ætmæk]
promesa (f)	vaat	[va:t]
prometer (vt)	vaat etmek	[va:t ætmæk]

consejo (m)	tavsiye	[tavsijæ]
aconsejar (vt)	tavsiye etmek	[tavsijæ ætmæk]
escuchar (a los padres)	söz dinlemek	[søz dinlæmæk]

noticias (f pl)	haber	[habær]
sensación (f)	sansasyon	[sansasʲon]
información (f)	bilgi	[biʎgi]
conclusión (f)	sonuç	[sonutʃ]
voz (f)	ses	[sæs]
cumplido (m)	kompliman	[kompliman]
amable (adj)	nazik	[nazik]

palabra (f)	söz	[søz]
frase (f)	cümle	[dʒymlæ]
respuesta (f)	cevap	[dʒævap]

| verdad (f) | doğru, gerçek | [do:ru], [gærtʃæk] |
| mentira (f) | yalan | [jalan] |

pensamiento (m)	düşünce	[dyʃyndʒæ]
idea (f)	fikir	[fikir]
fantasía (f)	uydurma	[ujdurma]

66. La discusión y la conversación. Unidad 2

respetado (adj)	sayın	[sajın]
respetar (vt)	saygı göstermek	[sajgı gøstærmæk]
respeto (m)	saygı	[sajgı]
Estimado …	Sevgili …, Sayın …	[sævgili], [sajın]
presentar (~ a sus padres)	tanıştırmak	[tanıʃtırmak]
intención (f)	niyet	[nijæt]

tener intención (de …)	niyetlenmek	[nijætlænmæk]
deseo (m)	dilek	[dilæk]
desear (vt) (~ buena suerte)	dilemek	[dilæmæk]

sorpresa (f)	hayret	[hajræt]
sorprender (vt)	şaşırtmak	[ʃaʃırtmak]
sorprenderse (vr)	şaşırmak	[ʃaʃırmak]

dar (vt)	vermek	[værmæk]
tomar (vt)	almak	[almak]
devolver (vt)	iade etmek	[iadæ ætmæk]
retornar (vt)	geri vermek	[gæri værmæk]

disculparse (vr)	özür dilemek	[øzyr dilæmæk]
disculpa (f)	özür	[øzyr]
perdonar (vt)	affetmek	[afætmæk]

hablar (vi)	konuşmak	[konuʃmak]
escuchar (vt)	dinlemek	[dinle'mek]
escuchar hasta el final	sonuna kadar dinlemek	[sonuna kadar dinlæmæk]
comprender (vt)	anlamak	[anlamak]

mostrar (vt)	göstermek	[gøstærmæk]
mirar a …	… bakmak	[bakmak]
llamar (vt)	çağırmak	[tʃaırmak]
molestar (vt)	rahatsız etmek	[rahatsız ætmæk]
pasar (~ un mensaje)	iletmek	[ilætmæk]

petición (f)	rica, istek	[ridʒa], [istæk]
pedir (vt)	rica etmek, istemek	[ridʒa ætmæk], [istæmæk]
exigencia (f)	talep	[talæp]
exigir (vt)	talep etmek	[talæp ætmæk]

motejar (vr)	takılmak	[takılmak]
burlarse (vr)	alay etmek	[alaj ætmæk]
burla (f)	alay	[alaj]
apodo (m)	lakap, takma ad	[ʎakap], [takma ad]

alusión (f)	ima	[ima]
aludir (vi)	ima etmek	[ima ætmæk]
sobrentender (vt)	kastetmek	[kastætmæk]

descripción (f)	tanım	[tanım]
describir (vt)	betimlemek	[bætimlæmæk]

elogio (m)	övgü	[øvgy]
elogiar (vt)	övmek	[øvmæk]

decepción (f)	hayal kırıklığı	[hajaʎ kırıklı:]
decepcionar (vt)	hayal kırıklığına uğratmak	[hajaʎ kırıklı:na uratmak]
estar decepcionado	hayal kırıklığına uğramak	[hajaʎ kırıklı:na uramak]

suposición (f)	tahmin	[tahmin]
suponer (vt)	tahmin etmek	[tahmin ætmæk]
advertencia (f)	uyarı	[ujarı]
prevenir (vt)	uyarmak	[ujarmak]

67. La discusión y la conversación. Unidad 3

convencer (vt)	ikna etmek	[ikna ætmæk]
calmar (vt)	yatıştırmak	[jatıʃtırmak]
silencio (m) (~ es oro)	susma	[susma]
callarse (vr)	susmak	[susmak]
susurrar (vi, vt)	fısıldamak	[fısıldamak]
susurro (m)	fısıltı	[fısıltı]
francamente (adv)	açıkça	[atʃıktʃa]
en mi opinión ...	bence ...	[bændʒæ]
detalle (m) (de la historia)	ayrıntı	[ajrıntı]
detallado (adj)	ayrıntılı, detaylı	[ajrıntlı], [dætajlı]
detalladamente (adv)	ayrıntılı olarak	[ajrıntlı olarak]
pista (f)	ipucu	[ipudʒu]
dar una pista	ipucu vermek	[ipudʒu værmæk]
mirada (f)	bakış	[bakıʃ]
echar una mirada	bakmak	[bakmak]
fija (mirada ~)	sabit	[sabit]
parpadear (vi)	kırpıştırmak	[kırpıʃtırmak]
guiñar un ojo	göz kırpmak	[gøz kırpmak]
asentir con la cabeza	başını sallamak	[baʃını sallamak]
suspiro (m)	nefes	[næfæs]
suspirar (vi)	nefes almak	[næfæs almak]
estremecerse (vr)	irkilmek	[irkiʌmæk]
gesto (m)	jest	[ʒæst]
tocar (con la mano)	dokunmak	[dokunmak]
asir (~ de la mano)	yapışmak	[japıʃmak]
palmear (~ la espalda)	hafifçe vurmak	[hafiftʃæ vurmak]
¡Cuidado!	Dikkat et!	[dikkat æt]
¿De veras?	Acaba?	[adʒaba]
¡Suerte!	İyi şanslar!	[ijı ʃanslar]
¡Ya veo!	Anlaşıldı!	[anlaʃıldı]
¡Es una lástima!	Maalesef!	[ma:læsæf]

68. El acuerdo. El rechazo

acuerdo (m)	rıza	[rıza]
estar de acuerdo	razı olmak	[razı olmak]
aprobación (f)	onay	[onaj]
aprobar (vt)	onaylamak	[onajlamak]
rechazo (m)	ret	[ræt]
negarse (vr)	reddetmeк	[ræddætmæk]
¡Excelente!	Pek iyi!	[pæk ijı]
¡De acuerdo!	İyi!	[ijı]
¡Vale!	Tamam!	[tamam]

prohibido (adj)	yasaklanmış	[jasaklanmıʃ]
está prohibido	yasaktır	[jasaktır]
es imposible	imkânsız	[imkansıs]
incorrecto (adj)	yanlış	[janlıʃ]

rechazar (vt)	geri çevirmek	[gæri tʃævirmæk]
apoyar (la decisión)	desteklemek	[dæstæklæmæk]
aceptar (vt)	kabul etmek	[kabul ætmæk]

confirmar (vt)	tasdik etmek	[tasdik ætmæk]
confirmación (f)	tasdik	[tasdik]
permiso (m)	izin	[izin]
permitir (vt)	izin vermek	[izin værmæk]
decisión (f)	karar	[karar]
no decir nada	susmak	[susmak]

condición (f)	şart	[ʃart]
excusa (f) (pretexto)	bahane	[bahanæ]
elogio (m)	övgü	[øvgy]
elogiar (vt)	övmek	[øvmæk]

69. El éxito. La buena suerte. El Fracaso

éxito (m)	başarı	[baʃarı]
con éxito (adv)	başarıyla	[baʃarıjla]
exitoso (adj)	başarılı	[baʃarılı]
suerte (f)	şans	[ʃans]
¡Suerte!	İyi şanslar!	[ijı ʃanslar]
de suerte (día ~)	başarılı	[baʃarılı]
afortunado (adj)	şanslı	[ʃanslı]

fiasco (m)	başarısızlık	[baʃarısızlık]
infortunio (m)	şanssızlık	[ʃanssızlık]
mala suerte (f)	talihsizlik	[talihsizlik]
fracasado (adj)	başarısız	[baʃarısız]
catástrofe (f)	felâket	[fæʎakæt]

orgullo (m)	gurur	[gurur]
orgulloso (adj)	gururlu	[gururlu]
estar orgulloso	gurur duymak	[gurur dujmak]

ganador (m)	galip, kazanan	[galip], [kazanan]
ganar (vi)	yenmek	[jænmæk]
perder (vi)	kaybetmek	[kajbætmæk]
tentativa (f)	deneme	[dænæmæ]
intentar (tratar)	denemek	[dænæmæk]
chance (f)	şans	[ʃans]

70. Las discusiones. Las emociones negativas

| grito (m) | bağırtı | [baırtı] |
| gritar (vi) | bağırmak | [baırmak] |

comenzar a gritar	bağırmaya başlamak	[baırmaja baʃlamak]
disputa (f), riña (f)	kavga	[kavga]
reñir (vi)	kavga etmek	[kavga ætmæk]
escándalo (m) (riña)	rezalet	[ræzalæt]
causar escándalo	rezalet çıkarmak	[ræzalæt tʃikartmak]
conflicto (m)	anlaşmazlık	[anlaʃmazlık]
malentendido (m)	yanlış anlama	[janlıʃ anlama]

insulto (m)	hakaret	[hakaræt]
insultar (vt)	hakaret etmek	[hakaræt ætmæk]
insultado (adj)	aşağılanan	[aʃaılanan]
ofensa (f)	gücenme	[gydʒænmæ]
ofender (vt)	gücendirmek	[gydʒændirmæk]
ofenderse (vr)	gücenmek	[gydʒænmæk]

indignación (f)	dargınlık	[dargınlık]
indignarse (vr)	öfkelenmek	[øfkælænmæk]
queja (f)	şikayet	[ʃikajæt]
quejarse (vr)	şikayet etmek	[ʃikajæt ætmæk]

disculpa (f)	özür	[øzyr]
disculparse (vr)	özür dilemek	[øzyr dilæmæk]
pedir perdón	af dilemek	[af dilæmæk]

crítica (f)	eleştiri	[ælæʃtiri]
criticar (vt)	eleştirmek	[ælæʃtirmæk]
acusación (f)	suçlama	[sutʃlama]
acusar (vt)	suçlamak	[sutʃlamak]

venganza (f)	intikam	[intikam]
vengar (vt)	intikam almak	[intikam almak]
pagar (vt)	geri ödemek	[gæri ødæmæk]

desprecio (m)	kibir	[kibir]
despreciar (vt)	hor görmek	[hor gørmæk]
odio (m)	nefret	[næfræt]
odiar (vt)	nefret etmek	[næfræt ætmæk]

nervioso (adj)	sinirli	[sinirli]
estar nervioso	sinirlenmek	[sinirlænmæk]
enfadado (adj)	kızgın	[kızgın]
enfadar (vt)	kızdırmak	[kızdırmak]

humillación (f)	aşağılama	[aʃaılama]
humillar (vt)	aşağılamak	[aʃaılamak]
humillarse (vr)	küçük düşürmek	[kytʃuk dyʃyrmæk]

choque (m)	şok	[ʃok]
chocar (vi)	şoke etmek	[ʃokæ ætmæk]

molestia (f) (problema)	bela	[bæla]
desagradable (adj)	tatsız	[tatsız]

miedo (m)	korku	[korku]
terrible (tormenta, etc.)	müthiş	[mythiʃ]
de miedo (historia ~)	korkunç	[korkuntʃ]

horror (m)	dehşet	[dæhʃæt]
horrible (adj)	dehşetli	[dæhʃætli]
llorar (vi)	ağlamak	[aːlamak]
comenzar a llorar	ağlamaya başlamak	[alamaja baʃlamak]
lágrima (f)	yaş	[jaʃ]
culpa (f)	kabahat	[kabahat]
remordimiento (m)	suç	[sutʃ]
deshonra (f)	rezalet	[ræzalæt]
protesta (f)	protesto	[protæsto]
estrés (m)	stres	[stræs]
molestar (vt)	rahatsız etmek	[rahatsız ætmæk]
estar furioso	kızmak	[kızmak]
enfadado (adj)	dargın	[dargın]
terminar (vt)	kesmek	[kæsmæk]
regañar (vt)	sövmek	[søvmæk]
asustarse (vr)	korkmak	[korkmak]
golpear (vt)	vurmak	[vurmak]
pelear (vi)	dövüşmek	[døvyʃmæk]
resolver (~ la discusión)	çözmek	[tʃozmæk]
descontento (adj)	memnun olmayan	[mæmnun olmajan]
furioso (adj)	öfkeli	[øfkæli]
¡No está bien!	O iyi değil!	[o ijı dæiʎ]
¡Está mal!	Bu kötü!	[bu køty]

La medicina

71. Las enfermedades

enfermedad (f)	hastalık	[hastalık]
estar enfermo	hasta olmak	[hasta olmak]
salud (f)	sağlık	[sa:lık]
resfriado (m) (coriza)	nezle	[næzlæ]
angina (f)	anjin	[anʒin]
resfriado (m)	soğuk algınlığı	[souk algınlı:]
resfriarse (vr)	soğuk almak	[souk almak]
bronquitis (f)	bronşit	[bronʃit]
pulmonía (f)	zatürree	[zatyræ]
gripe (f)	grip	[grip]
miope (adj)	miyop	[mijop]
présbita (adj)	hipermetrop	[hipærmætrop]
estrabismo (m)	şaşılık	[ʃaʃılık]
estrábico (m) (adj)	şaşı	[ʃaʃı]
catarata (f)	katarakt	[katarakt]
glaucoma (f)	glokoma	[glokoma]
insulto (m)	felç	[fæʌtʃ]
ataque (m) cardiaco	enfarktüs	[ænfarktys]
infarto (m) de miocardio	kalp krizi	[kaʌp krizi]
parálisis (f)	felç	[fæʌtʃ]
paralizar (vt)	felç olmak	[fæʌtʃ olmak]
alergia (f)	alerji	[alærʒi]
asma (f)	astım	[astım]
diabetes (m)	diyabet	[diabæt]
dolor (m) de muelas	diş ağrısı	[diʃ a:rısı]
caries (f)	diş çürümesi	[diʃ tʃurymæsi]
diarrea (f)	ishal	[ishaʌ]
estreñimiento (m)	kabız	[kabız]
molestia (f) estomacal	mide bozukluğu	[midæ bozuklu:]
envenenamiento (m)	zehirlenme	[zæhirlænmæ]
envenenarse (vr)	zehirlenmek	[zæhirlænmæk]
artritis (f)	artrit, arterit	[artrit]
raquitismo (m)	raşitizm	[raʃitizm]
reumatismo (m)	romatizma	[romatizma]
ateroesclerosis (f)	damar sertliği	[damar særtli:]
gastritis (f)	gastrit	[gastrit]
apendicitis (f)	apandisit	[apandisit]

úlcera (f)	ülser	[juʎsær]
sarampión (m)	kızamık	[kızamık]
rubeola (f)	kızamıkçık	[kızamıktʃik]
ictericia (f)	sarılık	[sarılık]
hepatitis (f)	hepatit	[hæpatit]

esquizofrenia (f)	şizofreni	[ʃizofræni]
rabia (f) (hidrofobia)	kuduz hastalığı	[kuduz hastalı:]
neurosis (f)	nevroz	[nævroz]
conmoción (m) cerebral	beyin kanaması	[bæjın kanaması]

cáncer (m)	kanser	[kansær]
esclerosis (f)	skleroz	[sklæroz]
esclerosis (m) múltiple	multipl skleroz	[muʎtipl sklæroz]

alcoholismo (m)	alkoliklik	[alkoliklik]
alcohólico (m)	alkolik	[alkolik]
sífilis (f)	frengi	[fræŋi]
SIDA (f)	AİDS	[æids]

tumor (m)	tümör, ur	[tymør], [jur]
maligno (adj)	kötü huylu	[køty hujlu]
benigno (adj)	iyi huylu	[ijı hujlu]

fiebre (f)	sıtma	[sıtma]
malaria (f)	malarya	[malarja]
gangrena (f)	kangren	[kaŋræn]
mareo (m)	deniz tutması	[dæniz tutması]
epilepsia (f)	epilepsi	[æpilæpsi]

epidemia (f)	salgın	[salgın]
tifus (m)	tifüs	[tifys]
tuberculosis (f)	verem	[væræm]
cólera (f)	kolera	[kolæra]
peste (f)	veba	[væba]

72. Los síntomas. Los tratamientos. Unidad 1

síntoma (m)	belirti	[bælirti]
temperatura (f)	ateş	[atæʃ]
fiebre (f)	yüksek ateş	[juksæk atæʃ]
pulso (m)	nabız	[nabız]

mareo (m) (vértigo)	baş dönmesi	[baʃ dønmæsi]
caliente (adj)	ateşli	[atæʃli]
escalofrío (m)	üşüme	[juʃymæ]
pálido (adj)	solgun	[solgun]

tos (f)	öksürük	[øksyryk]
toser (vi)	öksürmek	[øksyrmæk]
estornudar (vi)	hapşırmak	[hapʃırmak]
desmayo (m)	baygınlık	[bajgınlık]
desmayarse (vr)	bayılmak	[bajılmak]
moradura (f)	çürük	[tʃuryk]

chichón (m)	şişlik	[ʃiʃlik]
golpearse (vr)	çarpmak	[tʃarpmak]
magulladura (f)	yara	[jara]
magullarse (vr)	yaralamak	[jaralamak]

cojear (vi)	topallamak	[topallamak]
dislocación (f)	çıkık	[tʃıkık]
dislocar (vt)	çıkmak	[tʃıkmak]
fractura (f)	kırık, fraktür	[kirik], [fraktyr]
tener una fractura	kırılmak	[kırılmak]

corte (m) (tajo)	kesik	[kæsik]
cortarse (vr)	bir yerini kesmek	[bir jærini kæsmæk]
hemorragia (f)	kanama	[kanama]

| quemadura (f) | yanık | [janık] |
| quemarse (vr) | yanmak | [janmak] |

pincharse (el dedo)	batırmak	[batırmak]
pincharse (vr)	batırmak	[batırmak]
herir (vt)	yaralamak	[jaralamak]
herida (f)	yara, zarar	[jara], [zarar]
lesión (f) (herida)	yara	[jara]
trauma (m)	sarsıntı	[sarsıntı]

delirar (vi)	sayıklamak	[sajıklamak]
tartamudear (vi)	kekelemek	[kækælæmæk]
insolación (f)	güneş çarpması	[gynæʃ tʃarpması]

73. Los síntomas. Los tratamientos. Unidad 2

| dolor (m) | acı | [adʒı] |
| astilla (f) | kıymık | [kıjmık] |

sudor (m)	ter	[tær]
sudar (vi)	terlemek	[tærlæmæk]
vómito (m)	kusma	[kusma]
convulsiones (f)	kramp	[kramp]

embarazada (adj)	hamile	[hamilæ]
nacer (vi)	doğmak	[do:mak]
parto (m)	doğum	[doum]
dar a luz	doğurmak	[dourmak]
aborto (m)	çocuk düşürme	[tʃodʒuk dyʃyrmæ]

respiración (f)	respirasyon	[ræspirasion]
inspiración (f)	soluk alma	[soluk alma]
espiración (f)	soluk verme	[soluk vermæ]
espirar (vi)	soluk vermek	[soluk værmæk]
inspirar (vi)	bir soluk almak	[bir soluk almak]

inválido (m)	malul	[malyl]
mutilado (m)	sakat	[sakat]
drogadicto (m)	uyuşturucu bağımlısı	[ujuʃturudʒu baımlısı]

sordo (adj)	sağır	[saır]
mudo (adj)	dilsiz	[diʌsiz]
sordomudo (adj)	sağır ve dilsiz	[saır væ diʌsiz]

loco (adj)	deli	[dæli]
loco (m)	deli adam	[dæli adam]
loca (f)	deli kadın	[dæli kadın]
volverse loco	çıldırmak	[tʃıldırmak]

gen (m)	gen	[gæn]
inmunidad (f)	bağışıklık	[baıʃıklık]
hereditario (adj)	irsi, kalıtsal	[irsi], [kalıtsal]
de nacimiento (adj)	doğuştan	[douʃtan]

virus (m)	virüs	[virys]
microbio (m)	mikrop	[mikrop]
bacteria (f)	bakteri	[baktæri]
infección (f)	enfeksiyon	[ænfæksijon]

74. Los síntomas. Los tratamientos. Unidad 3

| hospital (m) | hastane | [hastanæ] |
| paciente (m) | hasta | [hasta] |

diagnosis (f)	teşhis	[tæʃhis]
cura (f)	çare	[tʃaræ]
tratamiento (m)	tedavi	[tædavi]
curarse (vr)	tedavi görmek	[tædavi gørmæk]
tratar (vt)	tedavi etmek	[tædavi ætmæk]
cuidar (a un enfermo)	hastaya bakmak	[hastaja bakmak]
cuidados (m pl)	hasta bakımı	[hasta bakımı]

operación (f)	ameliyat	[amælijat]
vendar (vt)	pansuman yapmak	[pansuman japmak]
vendaje (m)	pansuman	[pansuman]

vacunación (f)	aşılama	[aʃılama]
vacunar (vt)	aşı yapmak	[aʃı japmak]
inyección (f)	iğne	[i:næ]
aplicar una inyección	iğne yapmak	[i:næ japmak]

amputación (f)	ampütasyon	[ampytasˈon]
amputar (vt)	ameliyatla almak	[amælijatla almak]
coma (m)	koma	[koma]
estar en coma	komada olmak	[komada olmak]
revitalización (f)	yoğun bakım	[joun bakım]

recuperarse (vr)	iyileşmek	[ijılæʃmæk]
estado (m) (de salud)	durum	[durum]
consciencia (f)	bilinç	[bilintʃ]
memoria (f)	hafıza	[hafıza]

| extraer (un diente) | çekmek | [tʃækmæk] |
| empaste (m) | dolgu | [dolgu] |

empastar (vt)	dolgu yapmak	[dolgu japmak]
hipnosis (f)	hipnoz	[hipnoz]
hipnotizar (vt)	hipnotize etmek	[hipnotizæ ætmæk]

75. Los médicos

médico (m)	doktor	[doktor]
enfermera (f)	hemşire	[hæmʃiræ]
médico (m) personal	özel doktor	[øzæʎ doktor]

dentista (m)	dişçi	[diʃtʃi]
oftalmólogo (m)	göz doktoru	[gøz doktoru]
internista (m)	pratisyen doktor	[pratisʲæn doktor]
cirujano (m)	cerrah	[dʒærrah]

psiquiatra (m)	psikiyatr	[psikijatr]
pediatra (m)	çocuk doktoru	[tʃodʒuk doktoru]
psicólogo (m)	psikolog	[psikolog]
ginecólogo (m)	kadın doktoru	[kadın doktoru]
cardiólogo (m)	kardiyoloji uzmanı	[kardioloʒi uzmanı]

76. La medicina. Las drogas. Los accesorios

medicamento (m), droga (f)	ilaç	[ilatʃ]
remedio (m)	deva	[dæva]
prescribir (vt)	yazmak	[jazmak]
receta (f)	reçete	[rætʃætæ]

tableta (f)	hap	[hap]
ungüento (m)	merhem	[mærhæm]
ampolla (f)	ampul	[ampuʎ]
mixtura (f), mezcla (f)	solüsyon	[solysʲon]
sirope (m)	şurup	[ʃurup]
píldora (f)	kapsül	[kapsyl]
polvo (m)	toz	[toz]

venda (f)	bandaj	[bandaʒ]
algodón (m) (discos de ~)	pamuk	[pamuk]
yodo (m)	iyot	[ijot]
tirita (f), curita (f)	yara bandı	[jara bandı]
pipeta (f)	damlalık	[damlalık]
termómetro (m)	derece	[dærædʒæ]
jeringa (f)	şırınga	[ʃirıŋa]

| silla (f) de ruedas | tekerlekli sandalye | [tækærlækli sandaʎʲæ] |
| muletas (f pl) | koltuk değneği | [koltuk dæjnæi] |

anestésico (m)	anestetik	[anæstætik]
purgante (m)	müshil	[myshiʎ]
alcohol (m)	ispirto	[ispirto]
hierba (f) medicinal	şifalı bitkiler	[ʃifalı bitkilær]
de hierbas (té ~)	bitkisel	[bitkisæʎ]

77. El fumar. Los productos del tabaco

tabaco (m)	tütün	[tytyn]
cigarrillo (m)	sigara	[sigara]
cigarro (m)	puro	[puro]
pipa (f)	pipo	[pipo]
paquete (m)	paket sigara	[pakæt sigara]
cerillas (f pl)	kibrit	[kibrit]
caja (f) de cerillas	kibrit kutusu	[kibrit kutusu]
encendedor (m)	çakmak	[tʃakmak]
cenicero (m)	küllük	[kyllyk]
pitillera (f)	sigara tabakası	[sigara tabakası]
boquilla (f)	ağızlık	[aızlık]
filtro (m)	filtre	[fiʌtræ]
fumar (vi, vt)	içmek	[itʃmæk]
encender un cigarrillo	sigara yakmak	[sigara jakmak]
tabaquismo (m)	sigara içme	[sigara itʃmæ]
fumador (m)	sigara tiryakisi	[sigara tirijakısı]
colilla (f)	izmarit	[izmarit]
humo (m)	duman	[duman]
ceniza (f)	kül	[kyʌ]

EL AMBIENTE HUMANO

La ciudad

78. La ciudad. La vida en la ciudad

ciudad (f)	kent, şehir	[kænt], [ʃæhir]
capital (f)	başkent	[baʃkænt]
aldea (f)	köy	[køj]
plano (m) de la ciudad	şehir planı	[ʃæhir planı]
centro (m) de la ciudad	şehir merkezi	[ʃæhir mærkæzi]
suburbio (m)	varoş	[varoʃ]
suburbano (adj)	banliyö	[banʌjo]
arrabal (m)	şehir kenarı	[ʃæhir kænarı]
afueras (f pl)	çevre	[ʧævræ]
barrio (m)	mahalle	[mahalæ]
zona (f) de viviendas	yerleşim bölgesi	[jærlæʃim bøʌgæsi]
tráfico (m)	trafik	[trafik]
semáforo (m)	trafik ışıkları	[trafik iʃıkları]
transporte (m) urbano	toplu taşıma	[toplu taʃima]
cruce (m)	kavşak	[kavʃak]
paso (m) de peatones	yaya geçidi	[jaja gæʧidi]
paso (m) subterráneo	yeraltı geçidi	[jæraltı gæʧidi]
cruzar (vt)	geçmek	[gæʧmæk]
peatón (m)	yaya	[jaja]
acera (f)	yaya kaldırımı	[jaja kaldırımı]
puente (m)	köprü	[køpry]
muelle (m)	rıhtım	[rıhtım]
alameda (f)	park yolu	[park jolu]
parque (m)	park	[park]
bulevar (m)	bulvar	[buʌvar]
plaza (f)	meydan	[mæjdan]
avenida (f)	geniş cadde	[gæniʃ ʤaddæ]
calle (f)	sokak, cadde	[sokak], [ʤaddæ]
callejón (m)	ara sokak	[ara sokak]
callejón (m) sin salida	çıkmaz sokak	[ʧıkmaz sokak]
casa (f)	ev	[æv]
edificio (m)	bina	[bina]
rascacielos (m)	gökdelen	[gøkdælæn]
fachada (f)	cephe	[ʤæphæ]
techo (m)	çatı	[ʧatı]

ventana (f)	pencere	[pændʒæræ]
arco (m)	kemer	[kæmær]
columna (f)	sütün	[sytyn]
esquina (f)	köşe	[køʃæ]

escaparate (f)	vitrin	[vitrin]
letrero (m) (~ luminoso)	levha	[lævha]
cartel (m)	afiş	[afiʃ]
cartel (m) publicitario	reklam panosu	[ræklam panosu]
valla (f) publicitaria	reklam panosu	[ræklam panosu]

basura (f)	çöp	[tʃop]
cajón (m) de basura	çöp tenekesi	[tʃop tænækæsi]
tirar basura	çöp atmak	[tʃop atmak]
basurero (m)	çöplük	[tʃoplyk]

cabina (f) telefónica	telefon kulübesi	[tælæfon kylybæsi]
farola (f)	fener direği	[fænær diræi]
banco (m) (del parque)	bank	[baŋk]

policía (m)	erkek polis	[ærkæk polis]
policía (f) (~ nacional)	polis	[polis]
mendigo (m)	dilenci	[dilændʒi]
persona (f) sin hogar	evsiz	[ævsiz]

79. Las instituciones urbanas

tienda (f)	mağaza	[maːza]
farmacia (f)	eczane	[ædʒzanæ]
óptica (f)	optik	[optik]
centro (m) comercial	alışveriş merkezi	[alıʃværiʃ mærkæzi]
supermercado (m)	süpermarket	[sypærmarkæt]

panadería (f)	ekmekçi dükkânı	[ækmæktʃi dykkanı]
panadero (m)	fırıncı	[fırındʒı]
pastelería (f)	pastane	[pastanæ]
tienda (f) de comestibles	bakkaliye	[bakkalijæ]
carnicería (f)	kasap dükkanı	[kasap dykkanı]

| verdulería (f) | manav | [manav] |
| mercado (m) | çarşı | [tʃarʃı] |

cafetería (f)	kahvehane	[kahvæhanæ]
restaurante (m)	restoran	[ræstoran]
cervecería (f)	birahane	[birahanæ]
pizzería (f)	pizzacı	[pizadʒı]

peluquería (f)	kuaför salonu	[kuafør salonu]
oficina (f) de correos	postane	[postanæ]
tintorería (f)	kuru temizleme	[kuru tæmizlæmæ]
estudio (m) fotográfico	fotoğraf stüdyosu	[fotoraf stydʲosu]

| zapatería (f) | ayakkabı mağazası | [ajakkabı maːzası] |
| librería (f) | kitabevi | [kitabævi] |

tienda (f) deportiva	spor mağazası	[spor ma:zası]
arreglos (m pl) de ropa	elbise tamiri	[æʎbisæ tamiri]
alquiler (m) de ropa	giysi kiralama	[gijsı kiralama]
videoclub (m)	film kiralama	[film kiralama]

circo (m)	sirk	[sirk]
zoo (m)	hayvanat bahçesi	[hajvanat bahtʃæsi]
cine (m)	sinema	[sinæma]
museo (m)	müze	[myzæ]
biblioteca (f)	kütüphane	[kytyphanæ]

teatro (m)	tiyatro	[tijatro]
ópera (f)	opera	[opæra]
club (m) nocturno	gece kulübü	[gædʒæ kulyby]
casino (m)	kazino	[kazino]

mezquita (f)	cami	[dʒami]
sinagoga (f)	sinagog	[sinagog]
catedral (f)	katedral	[katædral]
templo (m)	ibadethane	[ibadæthanæ]
iglesia (f)	kilise	[kilisæ]

instituto (m)	enstitü	[ænstity]
universidad (f)	üniversite	[juniværsitæ]
escuela (f)	okul	[okul]

prefectura (f)	belediye	[bælædijæ]
alcaldía (f)	belediye	[bælædijæ]
hotel (m)	otel	[otæʎ]
banco (m)	banka	[baŋka]

embajada (f)	elçilik	[æʎtʃilik]
agencia (f) de viajes	seyahat acentesi	[sæjahat adʒæntæsi]
oficina (f) de información	danışma bürosu	[danıʃma byrosu]
oficina (f) de cambio	döviz bürosu	[døviz byrosu]

| metro (m) | metro | [mætro] |
| hospital (m) | hastane | [hastanæ] |

| gasolinera (f) | benzin istasyonu | [bænzin istasʲonu] |
| aparcamiento (m) | park yeri | [park jæri] |

80. Los avisos

letrero (m) (~ luminoso)	levha	[lævha]
cartel (m) (texto escrito)	yazı	[jazı]
pancarta (f)	poster, afiş	[postær], [afiʃ]
signo (m) de dirección	işaret	[iʃaræt]
flecha (f) (signo)	ok	[ok]

advertencia (f)	ikaz, uyarı	[ikaz], [ujarı]
aviso (m)	uyarı	[ujarı]
advertir (vt)	uyarmak	[ujarmak]
día (m) de descanso	tatil günü	[tatil gyny]

| horario (m) | tarife | [tarifæ] |
| horario (m) de apertura | çalışma saatleri | [ʧalıʃma sa:tlæri] |

¡BIENVENIDOS!	HOŞ GELDİNİZ	[hoʃ gældiniz]
ENTRADA	GİRİŞ	[giriʃ]
SALIDA	ÇIKIŞ	[ʧıkıʃ]

EMPUJAR	İTİNİZ	[itiniz]
TIRAR	ÇEKİNİZ	[ʧækiniz]
ABIERTO	AÇIK	[atʃık]
CERRADO	KAPALI	[kapalı]

| MUJERES | BAYAN | [bajan] |
| HOMBRES | BAY | [baj] |

REBAJAS	İNDİRİM	[indirim]
SALDOS	UCUZLUK	[udʒuzluk]
NOVEDAD	YENİ	[jæni]
GRATIS	BEDAVA	[bædava]

¡ATENCIÓN!	DİKKAT!	[dikkat]
COMPLETO	BOS YER YOK	[bos jær jok]
RESERVADO	REZERVE	[ræzærvæ]

ADMINISTRACIÓN	MÜDÜR	[mydyr]
SÓLO PERSONAL	PERSONEL HARİCİ	[pærsonæl haridʒi
AUTORIZADO	GİREMEZ	giræmæz]

CUIDADO CON EL PERRO	DİKKAT KÖPEK VAR	[dikkat køpæk var]
PROHIBIDO FUMAR	SİGARA İÇİLMEZ	[sigara iʧiʎmæz]
NO TOCAR	DOKUNMAK YASAKTIR	[dokunmak jasaktır]

PELIGROSO	TEHLİKELİ	[tæhlikæli]
PELIGRO	TEHLİKE	[tæhlikæ]
ALTA TENSIÓN	YÜKSEK GERİLİM	[juksæk gærilim]
PROHIBIDO BAÑARSE	SUYA GİRMEK YASAKTIR	[suja girmæk jasaktır]
NO FUNCIONA	HİZMET DIŞI	[hizmæt diʃı]

INFLAMABLE	YANICI MADDE	[janidʒi maddæ]
PROHIBIDO	YASAKTIR	[jasaktır]
PROHIBIDO EL PASO	GİRMEK YASAKTIR	[girmæk jasaktır]
RECIÉN PINTADO	DİKKAT ISLAK BOYA	[dikkat ıslak boja]

81. El transporte urbano

autobús (m)	otobüs	[otobys]
tranvía (m)	tramvay	[tramvaj]
trolebús (m)	troleybüs	[trolæjbys]
itinerario (m)	rota	[rota]
número (m)	numara	[numara]

ir en …	… gitmek	[gitmæk]
tomar (~ el autobús)	… binmek	[binmæk]
bajar (~ del tren)	… inmek	[inmæk]

parada (f)	durak	[durak]
próxima parada (f)	sonraki durak	[sonraki durak]
parada (f) final	son durak	[son durak]
horario (m)	tarife	[tarifæ]
esperar (aguardar)	beklemek	[bæklæmæk]

billete (m)	bilet	[bilæt]
precio (m) del billete	bilet fiyatı	[bilæt fijatı]

cajero (m)	kasiyer	[kasijær]
control (m) de billetes	bilet kontrolü	[bilæt kontroly]
cobrador (m)	kondüktör	[kondyktør]

llegar tarde (vi)	gecikmek	[gædʒikmæk]
perder (~ el tren)	... kaçırmak	[katʃirmak]
tener prisa	acele etmek	[adʒælæ ætmæk]

taxi (m)	taksi	[taksi]
taxista (m)	taksici	[taksidʒi]
en taxi	taksiyle	[taksi:læ]
parada (f) de taxis	taksi durağı	[taksi duraı]
llamar un taxi	taksi çağırmak	[taksi tʃaırmak]
tomar un taxi	taksi tutmak	[taksi tutmak]

tráfico (m)	trafik	[trafik]
atasco (m)	trafik sıkışıklığı	[trafik sıkıʃıklı:]
horas (f pl) de punta	bitirim ikili	[bitirim ikili]
aparcar (vi)	park etmek	[park ætmæk]
aparcar (vt)	park etmek	[park ætmæk]
aparcamiento (m)	park yeri	[park jæri]

metro (m)	metro	[mætro]
estación (f)	istasyon	[istasʲon]
ir en el metro	metroya binmek	[mætroja binmæk]
tren (m)	tren	[træn]
estación (f)	istasyon	[istasʲon]

82. La exploración del paisaje

monumento (m)	anıt	[anıt]
fortaleza (f)	kale	[kalæ]
palacio (m)	saray	[saraj]
castillo (m)	şato	[ʃato]
torre (f)	kule	[kulæ]
mausoleo (m)	anıtkabir	[anıtkabir]

arquitectura (f)	mimarlık	[mimarlik]
medieval (adj)	ortaçağ	[ortatʃa:]
antiguo (adj)	antik, eski	[antik], [æski]
nacional (adj)	milli	[milli]
conocido (adj)	meşhur	[mæʃhur]

turista (m)	turist	[turist]
guía (m) (persona)	rehber	[ræhbær]

excursión (f)	gezi	[gæzi]
mostrar (vt)	göstermek	[gøstærmæk]
contar (una historia)	anlatmak	[anlatmak]

encontrar (hallar)	bulmak	[bulmak]
perderse (vr)	kaybolmak	[kajbolmak]
plano (m) (~ de metro)	şema	[ʃæma]
mapa (m) (~ de la ciudad)	plan	[pʌan]

recuerdo (m)	hediye	[hædijæ]
tienda (f) de regalos	hediyelik eşya mağazası	[hædijælik æʃja maːzasɪ]
hacer fotos	fotoğraf çekmek	[fotoraf tʃækmæk]
fotografiarse (vr)	fotoğraf çektirmek	[fotoraf tʃæktirmæk]

83. Las compras

comprar (vt)	satın almak	[satɪn almak]
compra (f)	satın alınan şey	[satɪn alɪnan ʃæj]
hacer compras	alışverişe gitmek	[alɪʃværiʃæ gitmæk]
compras (f pl)	alışveriş	[alɪʃværiʃ]

estar abierto (tienda)	çalışmak	[tʃalɪʃmak]
estar cerrado	kapanmak	[kapanmak]

calzado (m)	ayakkabı	[ajakkabɪ]
ropa (f), vestido (m)	elbise	[æʌbisæ]
cosméticos (m pl)	kozmetik	[kozmætik]
productos alimenticios	gıda ürünleri	[gɪda jurynlæri]
regalo (m)	hediye	[hædijæ]

vendedor (m)	satıcı	[satɪdʒɪ]
vendedora (f)	satıcı kadın	[satɪdʒɪ kadɪn]

caja (f)	kasa	[kasa]
espejo (m)	ayna	[ajna]
mostrador (m)	tezgâh	[tæzgʲah]
probador (m)	deneme kabini	[dænæmæ kabini]

probar (un vestido)	prova yapmak	[prova japmak]
quedar (una ropa, etc.)	uymak	[ujmak]
gustar (vi)	hoşlanmak	[hoʃlanmak]

precio (m)	fiyat	[fijat]
etiqueta (f) de precio	fiyat etiketi	[fijat ætikætlæri]
costar (vt)	değerinde olmak	[dæːrindæ olmak]
¿Cuánto?	Kaç?	[katʃ]
descuento (m)	indirim	[indirim]

no costoso (adj)	masrafsız	[masrafsɪs]
barato (adj)	ucuz	[udʒuz]
caro (adj)	pahalı	[pahalɪ]
Es caro	bu pahalıdır	[bu pahalɪdɪr]
alquiler (m)	kira	[kira]
alquilar (vt)	kiralamak	[kiralamak]

| crédito (m) | kredi | [krædi] |
| a crédito (adv) | krediyle | [krædijlæ] |

84. El dinero

dinero (m)	para	[para]
cambio (m)	kambiyo	[kambijo]
curso (m)	kur	[kur]
cajero (m) automático	bankamatik	[baŋkamatik]
moneda (f)	para	[para]

| dólar (m) | dolar | [dolar] |
| euro (m) | Euro | [juro] |

lira (f)	liret	[liræt]
marco (m) alemán	Alman markı	[alman markı]
franco (m)	frank	[fraŋk]
libra esterlina (f)	İngiliz sterlini	[iŋiliz stærlini]
yen (m)	yen	[jæn]

deuda (f)	borç	[bortʃ]
deudor (m)	borçlu	[bortʃlu]
prestar (vt)	borç vermek	[bortʃ værmæk]
tomar prestado	borç almak	[bortʃ almak]

banco (m)	banka	[baŋka]
cuenta (f)	hesap	[hæsap]
ingresar en la cuenta	para yatırmak	[para jatırmak]
sacar de la cuenta	hesaptan çekmek	[hæsaptan tʃækmæk]

tarjeta (f) de crédito	kredi kartı	[krædi kartı]
dinero (m) en efectivo	nakit para	[nakit para]
cheque (m)	çek	[tʃæk]
sacar un cheque	çek yazmak	[tʃæk jazmak]
talonario (m)	çek defteri	[tʃæk dæftæri]

cartera (f)	cüzdan	[dʒyzdan]
monedero (m)	para cüzdanı	[para dʒyzdanı]
portamonedas (m)	cüzdan	[dʒyzdan]
caja (f) fuerte	para kasası	[para kasası]

heredero (m)	mirasçı	[mirastʃı]
herencia (f)	miras	[miras]
fortuna (f)	varlık	[varlık]

arriendo (m)	kira	[kira]
alquiler (m) (dinero)	ev kirası	[æv kirası]
alquilar (~ una casa)	kiralamak	[kiralamak]

precio (m)	fiyat	[fijat]
coste (m)	maliyet	[malijæt]
suma (f)	toplam	[toplam]
gastar (vt)	harcamak	[hardʒamak]
gastos (m pl)	masraflar	[masraflar]

| economizar (vi, vt) | idareli kullanmak | [idaræli kullanmak] |
| económico (adj) | tutumlu | [tutumlu] |

pagar (vi, vt)	ödemek	[ødæmæk]
pago (m)	ödeme	[ødæmæ]
cambio (m) (devolver el ~)	para üstü	[para justy]

impuesto (m)	vergi	[værgi]
multa (f)	ceza	[dʒæza]
multar (vt)	ceza kesmek	[dʒæza kæsmæk]

85. La oficina de correos

oficina (f) de correos	postane	[postanæ]
correo (m) (cartas, etc.)	posta	[posta]
cartero (m)	postacı	[postadʒı]
horario (m) de apertura	çalışma saatleri	[tʃalıʃma sa:tlæri]

carta (f)	mektup	[mæktup]
carta (f) certificada	taahhütlü mektup	[ta:hytly mæktup]
tarjeta (f) postal	kart	[kart]
telegrama (m)	telgraf	[tælgraf]
paquete (m) postal	koli	[koli]
giro (m) postal	para havalesi	[para havalæsi]

recibir (vt)	almak	[almak]
enviar (vt)	göndermek	[gøndærmæk]
envío (m)	gönderme	[gøndærmæ]

dirección (f)	adres	[adræs]
código (m) postal	endeks, indeks	[ændæks], [indæks]
expedidor (m)	gönderen	[gøndæræn]
destinatario (m)	alıcı	[alıdʒı]

| nombre (m) | ad, isim | [ad], [isim] |
| apellido (m) | soyadı | [sojadı] |

tarifa (f)	tarife	[tarifæ]
ordinario (adj)	normal	[normaʎ]
económico (adj)	ekonomik	[ækonomik]

peso (m)	ağırlık	[aırlık]
pesar (~ una carta)	tartmak	[tartmak]
sobre (m)	zarf	[zarf]
sello (m)	pul	[pul]

La vivienda. La casa. El hogar

86. La casa. La vivienda

casa (f)	ev	[æv]
en casa (adv)	evde	[ævdæ]
patio (m)	avlu	[avlu]
verja (f)	parmaklık	[parmaklık]

ladrillo (m)	tuğla	[tu:la]
de ladrillo (adj)	tuğla	[tu:la]
piedra (f)	taş	[taʃ]
de piedra (adj)	taş, taştan	[taʃ], [taʃtan]
hormigón (m)	beton	[bæton]
de hormigón (adj)	beton	[bæton]

nuevo (adj)	yeni	[jæni]
viejo (adj)	eski	[æski]
deteriorado (adj)	bakımsız, harap	[bakımsız], [harap]
moderno (adj)	modern	[modærn]
de muchos pisos	çok katlı	[tʃok katlı]
alto (adj)	yüksek	[juksæk]

| piso (m) | kat | [kat] |
| de un solo piso | tek katlı | [tæk katlı] |

| piso (m) bajo | alt kat | [alt kat] |
| piso (m) alto | üst kat | [just kat] |

techo (m)	çatı	[tʃatı]
chimenea (f)	baca	[badʒa]
tejas (f pl)	kiremit	[kiræmit]

| de tejas (adj) | kiremitli | [kiræmitli] |
| desván (m) | çatı arası | [tʃatı arası] |

| ventana (f) | pencere | [pændʒæræ] |
| vidrio (m) | cam | [dʒam] |

| alféizar (m) | pencere kenarı | [pændʒæræ kænarı] |
| contraventanas (f pl) | kepenk | [kæpæŋk] |

pared (f)	duvar	[duvar]
balcón (m)	balkon	[balkon]
gotera (f)	yağmur borusu	[ja:mur borusu]

arriba (estar ~)	yukarıda	[jukarıda]
subir (vi)	üst kata çıkmak	[just kata tʃıkmak]
descender (vi)	aşağı inmek	[aʃaı inmæk]
mudarse (vr)	taşınmak	[taʃınmak]

87. La casa. La entrada. El ascensor

entrada (f)	giriş	[giriʃ]
escalera (f)	merdiven	[mærdivæn]
escalones (m)	basamaklar	[basamaklar]
baranda (f)	korkuluk	[korkuluk]
vestíbulo (m)	hol	[hol]
buzón (m)	posta kutusu	[posta kutusu]
contenedor (m) de basura	çöp tenekesi	[tʃop tænækæsi]
bajante (f) de basura	çöp bacası	[tʃop badʒası]
ascensor (m)	asansör	[asansør]
ascensor (m) de carga	yük asansörü	[juk asansøry]
cabina (f)	asansör kabini	[asansør kabini]
ir en el ascensor	asansöre binmek	[asansørlæ binmæk]
apartamento (m)	daire	[dairæ]
inquilinos (m)	oturanlar	[oturanlar]
vecino (m)	komşu	[komʃu]
vecina (f)	komşu	[komʃu]
vecinos (m pl)	komşular	[komʃular]

88. La casa. La electricidad

electricidad (f)	elektrik	[ælæktrik]
bombilla (f)	ampul	[ampuʎ]
interruptor (m)	elektrik düğmesi	[ælæktrik dyjmæsi]
fusible (m)	sigorta	[sigorta]
hilo (m) (~ eléctrico)	tel	[tæʎ]
instalación (f) eléctrica	elektrik hatları	[ælæktrik hatları]
contador (m) de luz	elektrik sayacı	[ælæktrik sajadʒı]
lectura (f) (~ del contador)	gösterge değeri	[gøstærgæ dæ:ri]

89. La casa. Las puertas. Los candados

puerta (f)	kapı	[kapı]
portón (m)	bahçe kapısı	[bahtʃæ kapısı]
tirador (m)	kol	[kol]
abrir el cerrojo	sürgüyü açmak	[syrgyju atʃmak]
abrir (vt)	açmak	[atʃmak]
cerrar (vt)	kapamak	[kapamak]
llave (f)	anahtar	[anahtar]
manojo (m) de llaves	anahtarlık	[anahtarlık]
crujir (vi)	gıcırdamak	[gıdʒırdamak]
crujido (m)	gıcırtı	[gıdʒırtı]
gozne (m)	menteşe	[mæntæʃæ]
felpudo (m)	paspas	[paspas]
cerradura (f)	kilit	[kilit]

ojo (m) de cerradura	anahtar deliği	[anahtar dæli:]
cerrojo (m)	kapı sürgüsü	[kapı syrgysy]
pestillo (m)	sürme	[syrmæ]
candado (m)	asma kilit	[asma kilit]

tocar el timbre	zil çalmak	[ziʎ tʃalmak]
campanillazo (f)	zil sesi	[ziʎ sæsi]
timbre (m)	zil	[ziʎ]
botón (m)	düğme	[dyjmæ]
llamada (f) (golpes)	kapıyı çalma	[kapıjı tʃalma]
llamar (golpear)	kapıyı çalmak	[kapıjı tʃalmak]

código (m)	kod	[kod]
cerradura (f) de contraseña	şifreli kilit	[ʃifræli kilit]
telefonillo (m)	kapı telefonu	[kapı tælæfonu]
número (m)	numara	[numara]
placa (f) de puerta	levha	[lævha]
mirilla (f)	kapı gözü	[kapı gøzy]

90. La casa de campo

aldea (f)	köy	[køj]
huerta (f)	sebze bahçesi	[sæbzæ bahtʃæsi]
empalizada (f)	duvar	[duvar]
valla (f)	çit	[tʃit]
puertecilla (f)	çit, bahçe kapısı	[tʃit], [bahtʃæ kapısı]

granero (m)	tahıl ambarı	[tahıl ambarı]
sótano (m)	mahzen	[mahzæn]
cobertizo (m)	kulübe	[kulybæ]
pozo (m)	kuyu	[kuju]

estufa (f)	soba	[soba]
calentar la estufa	yakmak	[jakmak]
leña (f)	yakacak odun	[jakadʒak odun]
leño (m)	odun	[odun]

veranda (f)	veranda	[væranda]
terraza (f)	teras	[tæras]
porche (m)	eşik	[æʃik]
columpio (m)	salıncak	[salındʒak]

91. La villa. La mansión

casa (f) de campo	kır evi	[kır ævi]
villa (f)	villâ	[villa]
ala (f)	kanat	[kanat]

jardín (m)	bahçe	[bahtʃæ]
parque (m)	park	[park]
invernadero (m) tropical	limonluk	[limonlyk]
cuidar (~ el jardín, etc.)	bakmak	[bakmak]

piscina (f)	havuz	[havuz]
gimnasio (m)	spor salonu	[spor salonu]
cancha (f) de tenis	tenis kortu	[tænis kortu]
sala (f) de cine	ev sinema salonu	[æv sinæma salonu]
garaje (m)	garaj	[garaʒ]

propiedad (f) privada	özel mülkiyet	[øzæʎ myʎkijæt]
terreno (m) privado	özel arsa	[øzæl arsa]

advertencia (f)	ikaz	[ikaz]
letrero (m) de aviso	ikaz yazısı	[ikaz jazısı]

seguridad (f)	güvenlik	[gyvænlik]
guardia (m) de seguridad	güvenlik görevlisi	[gyvænlik gørævlisı]
alarma (f) antirrobo	hırsız alarmı	[hırsız alarmı]

92. El castillo. El palacio

castillo (m)	şato	[ʃato]
palacio (m)	saray	[saraj]
fortaleza (f)	kale	[kalæ]
muralla (f)	kale duvarı	[kalæ duvarı]
torre (f)	kule	[kulæ]
torre (f) principal	ana kule	[ana kulæ]

rastrillo (m)	kale kapısı	[kalæ kapısı]
pasaje (m) subterráneo	yeraltı yolu	[jæraltı jolu]
foso (m) del castillo	hendek	[hændæk]
cadena (f)	zincir	[zindʒir]
aspillera (f)	mazgal	[mazgal]

magnífico (adj)	muhteşem	[muhtæʃæm]
majestuoso (adj)	azametli	[azamætli]
inexpugnable (adj)	fethedilmez	[fæthædiʎmæz]
caballeresco (adj)	şövalye	[ʃovaʎæ]
medieval (adj)	ortaçağ	[ortatʃa:]

93. El apartamento

apartamento (m)	daire	[dairæ]
habitación (f)	oda	[oda]
dormitorio (m)	yatak odası	[jatak odası]
comedor (m)	yemek odası	[jæmæk odası]
salón (m)	misafir odası	[misafir odası]
despacho (m)	çalışma odası	[tʃalıʃma odası]

antecámara (f)	antre	[antræ]
cuarto (m) de baño	banyo odası	[baɲʲo odası]
servicio (m)	tuvalet	[tuvalæt]
techo (m)	tavan	[tavan]
suelo (m)	taban, yer	[taban], [jær]
rincón (m)	köşesi	[køʃæsi]

94. El apartamento. La limpieza

hacer la limpieza	toplamak	[toplamak]
quitar (retirar)	istiflemek	[istiflæmæk]
polvo (m)	toz	[toz]
polvoriento (adj)	tozlu	[tozlu]
limpiar el polvo	toz almak	[toz almak]
aspirador (m)	elektrik süpürgesi	[ælæktrik sypyrgæsi]
limpiar con la aspiradora	elektrik süpürgesi	[ælæktrik sypyrgæsi
	ile süpürmek	ilæ sypyrmæk]

barrer (vi, vt)	süpürmek	[sypyrmæk]
barreduras (f pl)	süprüntü	[syprynty]
orden (m)	düzen	[dyzæn]
desorden (m)	karışıklık	[karıʃıklık]

fregona (f)	paspas	[paspas]
trapo (m)	bez	[bæz]
escoba (f)	süpürge	[sypyrgæ]
cogedor (m)	faraş	[faraʃ]

95. Los muebles. El interior

muebles (m pl)	mobilya	[mobiʎja]
mesa (f)	masa	[masa]
silla (f)	sandalye	[sandaʎæ]
cama (f)	yatak	[jatak]
sofá (m)	kanape	[kanapæ]
sillón (m)	koltuk	[koltuk]

librería (f)	kitaplık	[kitaplık]
estante (m)	kitap rafı	[kitap rafı]
estantería (f)	etajer	[ætaʒær]

armario (m)	elbise dolabı	[æʎbisæ dolabı]
percha (f)	duvar askısı	[duvar askısı]
perchero (m) de pie	portmanto	[portmanto]

cómoda (f)	komot	[komot]
mesa (f) de café	sehpa	[sæhpa]

espejo (m)	ayna	[ajna]
tapiz (m)	halı	[halı]
alfombra (f)	kilim	[kilim]

chimenea (f)	şömine	[ʃominæ]
candela (f)	mum	[mum]
candelero (m)	mumluk	[mumluk]

cortinas (f pl)	perdeler	[pærdlær]
empapelado (m)	duvar kağıdı	[duvar kʲaıdı]
estor (m) de láminas	jaluzi	[ʒalyzi]
lámpara (f) de mesa	masa lambası	[masa lambası]

candil (m)	lamba	[lamba]
lámpara (f) de pie	ayaklı lamba	[ajaklı lamba]
lámpara (f) de araña	avize	[avizæ]
pata (f) (~ de la mesa)	ayak	[ajak]
brazo (m)	kol	[kol]
espaldar (m)	arkalık	[arkalık]
cajón (m)	çekmece	[ʧækmæʤæ]

96. Los accesorios de la cama

ropa (f) de cama	çamaşır	[ʧamaʃır]
almohada (f)	yastık	[jastık]
funda (f)	yastık kılıfı	[jastık kılıfı]
manta (f)	battaniye	[battanijæ]
sábana (f)	çarşaf	[ʧarʃaf]
sobrecama (f)	örtü	[ørty]

97. La cocina

cocina (f)	mutfak	[mutfak]
gas (m)	gaz	[gaz]
cocina (f) de gas	gaz sobası	[gaz sobası]
cocina (f) eléctrica	elektrik ocağı	[ælæktrik oʤaı]
horno (m)	fırın	[fırın]
horno (m) microondas	mikrodalga fırın	[mikrodalga fırın]
frigorífico (m)	buzdolabı	[buzdolabı]
congelador (m)	derin dondurucu	[dærin donduruʤu]
lavavajillas (m)	bulaşık makinesi	[bulaʃık makinæsi]
picadora (f) de carne	kıyma makinesi	[kıjma makinæsi]
exprimidor (m)	meyve sıkacağı	[mæjvæ sıkaʤaı]
tostador (m)	tost makinesi	[tost makinæsi]
batidora (f)	mikser	[miksær]
cafetera (f) (preparar café)	kahve makinesi	[kahvæ makinæsi]
cafetera (f) (servir café)	cezve	[ʤæzvæ]
molinillo (m) de café	kahve değirmeni	[kahvæ dæirmæni]
hervidor (m) de agua	çaydanlık	[ʧajdanlık]
tetera (f)	demlik	[dæmlik]
tapa (f)	kapak	[kapak]
colador (m) de té	süzgeci	[syzgæʤi]
cuchara (f)	kaşık	[kaʃık]
cucharilla (f)	çay kaşığı	[ʧaj kaʃı:]
cuchara (f) de sopa	yemek kaşığı	[jæmæk kaʃı:]
tenedor (m)	çatal	[ʧatal]
cuchillo (m)	bıçak	[bıʧak]
vajilla (f)	mutfak gereçleri	[mutfak gæræʧlæri]
plato (m)	tabak	[tabak]

platillo (m)	fincan tabağı	[findʒan tabaı]
vaso (m) de chupito	kadeh	[kadæ]
vaso (m) (~ de agua)	bardak	[bardak]
taza (f)	fincan	[findʒan]

azucarera (f)	şekerlik	[ʃækærlik]
salero (m)	tuzluk	[tuzluk]
pimentero (m)	biberlik	[bibærlik]
mantequera (f)	tereyağı tabağı	[tæræjaı tabaı]

cacerola (f)	tencere	[tændʒæræ]
sartén (f)	tava	[tava]
cucharón (m)	kepçe	[kæptʃæ]
colador (m)	süzgeç	[syzgætʃ]
bandeja (f)	tepsi	[tæpsi]

botella (f)	şişe	[ʃiʃæ]
tarro (m) de vidrio	kavanoz	[kavanoz]
lata (f) de hojalata	teneke	[tænækæ]

abrebotellas (m)	şişe açacağı	[ʃiʃæ atʃadʒaı]
abrelatas (m)	konserve açacağı	[konsærvæ atʃadʒaı]
sacacorchos (m)	tirbuşon	[tirbyʃon]
filtro (m)	filtre	[fiʌtræ]
filtrar (vt)	filtre etmek	[fiʌtræ ætmæk]

| basura (f) | çöp | [tʃop] |
| cubo (m) de basura | çöp kovası | [tʃop kovası] |

98. El baño

cuarto (m) de baño	banyo odası	[baɲⁱo odası]
agua (f)	su	[su]
grifo (m)	musluk	[musluk]
agua (f) caliente	sıcak su	[sıdʒak su]
agua (f) fría	soğuk su	[souk su]

| pasta (f) de dientes | diş macunu | [diʃ madʒunu] |
| limpiarse los dientes | dişlerini fırçalamak | [diʃlærini fırtʃalamak] |

afeitarse (vr)	tıraş olmak	[tıraʃ olmak]
espuma (f) de afeitar	tıraş köpüğü	[tıraʃ køpyju]
maquinilla (f) de afeitar	jilet	[ʒilæt]

lavar (vt)	yıkamak	[jıkamak]
darse un baño	yıkanmak	[jıkanmak]
ducha (f)	duş	[duʃ]
darse una ducha	duş almak	[duʃ almak]

baño (m)	banyo	[baɲⁱo]
inodoro (m)	klozet	[klozæt]
lavabo (m)	küvet	[kyvæt]
jabón (m)	sabun	[sabun]
jabonera (f)	sabunluk	[sabunluk]

esponja (f)	sünger	[syŋær]
champú (m)	şampuan	[ʃampuan]
toalla (f)	havlu	[havlu]
bata (f) de baño	bornoz	[bornoz]

colada (f), lavado (m)	çamaşır yıkama	[ʧamaʃır jıkama]
lavadora (f)	çamaşır makinesi	[ʧamaʃır makinæsi]
lavar la ropa	çamaşırları yıkamak	[ʧamaʃırları jıkamak]
detergente (m) en polvo	çamaşır deterjanı	[ʧamaʃır dætærʒanı]

99. Los aparatos domésticos

televisor (m)	televizyon	[tælævizion]
magnetófono (m)	teyp	[tæjp]
vídeo (m)	video	[vidæo]
radio (f)	radyo	[radio]
reproductor (m) (~ MP3)	çalar	[ʧalar]

proyector (m) de vídeo	projeksiyon makinesi	[proʒæksion makinæsi]
sistema (m) home cinema	ev sinema	[ævi sinæma]
reproductor DVD (m)	DVD oynatıcı	[dividi ojnatıdʒı]
amplificador (m)	amplifikatör	[amplifikator]
videoconsola (f)	oyun konsolu	[ojun konsolu]

cámara (f) de vídeo	video kamera	[vidæokamæra]
cámara (f) fotográfica	fotoğraf makinesi	[fotoraf makinæsi]
cámara (f) digital	dijital fotoğraf makinesi	[diʒital fotoraf makinæsi]

aspirador (m)	elektrik süpürgesi	[ælæktrik sypyrgæsi]
plancha (f)	ütü	[juty]
tabla (f) de planchar	ütü masası	[juty masası]

teléfono (m)	telefon	[tælæfon]
teléfono (m) móvil	cep telefonu	[dʒæp tælæfonu]
máquina (f) de escribir	daktilo	[daktilo]
máquina (f) de coser	dikiş makinesi	[dikiʃ makinæsi]

micrófono (m)	mikrofon	[mikrofon]
auriculares (m pl)	kulaklık	[kulaklık]
mando (m) a distancia	uzaktan kumanda	[uzaktan kumanda]

CD (m)	CD	[sidi]
casete (m)	teyp kaseti	[tæjp kasæti]
disco (m) de vinilo	vinil plak	[vinil plak]

100. Los arreglos. La renovación

renovación (f)	tamirat	[tamirat]
renovar (vt)	tamir etmek	[tamir ætmæk]
reparar (vt)	onarmak	[onarmak]
poner en orden	düzene sokmak	[dyzænæ sokmak]
rehacer (vt)	yeniden yapmak	[jænidæn japmak]

pintura (f)	boya	[boja]
pintar (las paredes)	boyamak	[bojamak]
pintor (m)	boyacı	[bojadʒɯ]
brocha (f)	fırça	[fɯrtʃa]

| cal (f) | badana | [badana] |
| encalar (vt) | badanalamak | [badanalamak] |

empapelado (m)	duvar kağıdı	[duvar kʲaɯdɯ]
empapelar (vt)	duvar kağıdı yapıştırmak	[duvar kʲaɯdɯ japɯʃtɯrmak]
barniz (m)	vernik	[værnik]
cubrir con barniz	vernik sürmek	[værnik syrmæk]

101. La plomería

agua (f)	su	[su]
agua (f) caliente	sıcak su	[sɯdʒak su]
agua (f) fría	soğuk su	[souk su]
grifo (m)	musluk	[musluk]

gota (f)	damla	[damla]
gotear (el grifo)	damlamak	[damlamak]
gotear (cañería)	sızıntı yapmak	[sɯzɯntɯ japmak]
escape (f) de agua	sızıntı	[sɯzɯntɯ]
charco (m)	su birikintisi	[su birikintisi]

tubo (m)	boru	[boru]
válvula (f)	valf	[vaʎf]
estar atascado	tıkanmak	[tɯkanmak]

instrumentos (m pl)	aletler	[alætlær]
llave (f) inglesa	açma anahtarı	[atʃma anahtarɯ]
destornillar (vt)	sökmek	[søkmæk]
atornillar (vt)	vidalamak	[vidalamak]

desatascar (vt)	temizlemek	[tæmizlæmæk]
fontanero (m)	tesisatçı	[tæsisatʃɯ]
sótano (m)	bodrum	[bodrum]
alcantarillado (m)	kanalizasyon	[kanalizasʲon]

102. El fuego. El Incendio

fuego (m)	ateş	[atæʃ]
llama (f)	alev	[alæv]
chispa (f)	kıvılcım	[kɯvɯldʒɯm]
humo (m)	duman	[duman]
antorcha (f)	kundak	[kundak]
hoguera (f)	kamp ateşi	[kamp atæʃi]

gasolina (f)	benzin	[bænzin]
queroseno (m)	gaz yağı	[gaz jaɯ]
inflamable (adj)	yanar	[janar]

| explosivo (adj) | patlayıcı | [patlajıdʒı] |
| PROHIBIDO FUMAR | SİGARA İÇİLMEZ | [sigara itʃiʎmæz] |

seguridad (f)	emniyet	[æmnijæt]
peligro (m)	tehlike	[tæhlikæ]
peligroso (adj)	tehlikeli	[tæhlikæli]

prenderse fuego	ateş almak	[atæʃ almak]
explosión (f)	patlama	[patlama]
incendiar (vt)	yangın çıkarmak	[jaŋın tʃıkarmak]
incendiario (m)	kundakçı	[kundaktʃı]
incendio (m) provocado	kundakçılık	[kundaktʃilık]

estar en llamas	alevlenmek	[alævlænmæk]
arder (vi)	yanmak	[janmak]
incendiarse (vr)	yakıp kül etmek	[jakıp kyʎ æt'mek]

bombero (m)	itfaiyeci	[itfajædʒi]
coche (m) de bomberos	itfaiye arabası	[itfajæ arabası]
cuerpo (m) de bomberos	itfaiye	[itfajæ]
escalera (f) de bomberos	yangın merdiveni	[jaŋın mærdivænı]

manguera (f)	hortum	[hortum]
extintor (m)	yangın tüpü	[jaŋın typy]
casco (m)	baret	[baræt]
sirena (f)	siren	[siræn]

gritar (vi)	bağırmak	[baırmak]
pedir socorro	imdat istemek	[imdat istæmæk]
socorrista (m)	cankurtaran	[dʒaŋkurtaran]
salvar (vt)	kurtarmak	[kurtarmak]

llegar (vi)	gelmek	[gæʎmæk]
apagar (~ el incendio)	söndürmek	[søndyrmæk]
agua (f)	su	[su]
arena (f)	kum	[kum]

ruinas (f pl)	harabeler	[harabælær]
colapsarse (vr)	yıkılmak	[jıkılmak]
hundirse (vr)	aşağı düşmek	[aʃaı dyʃmæk]
derrumbarse (vr)	çökmek	[tʃokmæk]

| trozo (m) (~ del muro) | kırıntı | [kırıntı] |
| ceniza (f) | kül | [kyʎ] |

| morir asfixiado | boğulmak | [boulmak] |
| perecer (vi) | ölmek | [øʎmæk] |

LAS ACTIVIDADES DE LA GENTE

El trabajo. Los negocios. Unidad 1

103. La oficina. El trabajo de oficina

oficina (f)	ofis	[ofis]
despacho (m)	ofis, büro	[ofis], [byro]
recepción (f)	resepsiyon	[ræsæpsijon]
secretario, -a (m, f)	sekreter	[sækrætær]
director (m)	müdür	[mydyr]
manager (m)	menejer	[mænædʒær]
contable (m)	muhasebeci	[muhasæbædʒi]
colaborador (m)	eleman, görevli	[ælæman], [gørævli]
muebles (m pl)	mobilya	[mobiʎja]
escritorio (m)	masa	[masa]
silla (f)	koltuk	[koltuk]
cajonera (f)	keson	[kæson]
perchero (m) de pie	portmanto	[portmanto]
ordenador (m)	bilgisayar	[biʎgisajar]
impresora (f)	yazıcı	[jazɪdʒɪ]
fax (m)	faks	[faks]
fotocopiadora (f)	fotokopi makinesi	[fotokopi makinæsi]
papel (m)	kâğıt	[kʲaɪt]
papelería (f)	kırtasiye	[kɪrtasijæ]
alfombrilla (f) para ratón	fare altlığı	[faræ altlɪ:]
hoja (f) de papel	kağıt	[kʲaɪt]
carpeta (f)	dosya	[dosja]
catálogo (m)	katalog	[katalog]
directorio (m) telefónico	kılavuz	[kɪlavuz]
documentación (f)	belgeler	[bælgælær]
folleto (m)	broşür	[broʃyr]
prospecto (m)	beyanname	[bæjaŋamæ]
muestra (f)	numune	[numunæ]
entrenamiento (m)	eğitim toplantısı	[æitim toplantɪsɪ]
reunión (f)	toplantı	[toplantɪ]
pausa (f) de almuerzo	öğle paydosu	[øjlæ pajdosu]
hacer una copia	kopya yapmak	[kopja japmak]
hacer copias	çoğaltmak	[tʃoaltmak]
recibir un fax	faks almak	[faks almak]
enviar un fax	faks çekmek	[faks tʃækmæk]
llamar por teléfono	telefonla aramak	[tælæfonla aramak]

| responder (vi, vt) | cevap vermek | [dʒævap værmæk] |
| poner en comunicación | bağlamak | [ba:lamak] |

fijar (~ una reunión)	ayarlamak	[ajarlamak]
demostrar (vt)	göstermek	[gøstærmæk]
estar ausente	bulunmamak	[bulunmamak]
ausencia (f)	bulunmama	[bulunmama]

104. Los métodos de los negocios. Unidad 1

ocupación (f)	iş	[iʃ]
firma (f)	firma	[firma]
compañia (f)	şirket	[ʃirkæt]
corporación (f)	kurum, kuruluş	[kurum], [kuruluʃ]
empresa (f)	şirket, girişim	[ʃirkæt], [giriʃim]
agencia (f)	acente, ajans	[aʒæntæ], [aʒans]

acuerdo (m)	anlaşma	[anlaʃma]
contrato (m)	kontrat	[kontrat]
trato (m), acuerdo (m)	anlaşma	[anlaʃma]
pedido (m)	sipariş	[sipariʃ]
condición (f) del contrato	şart	[ʃart]

al por mayor (adv)	toptan	[toptan]
al por mayor (adj)	toptan olarak	[toptan olarak]
venta (f) al por mayor	toptan satış	[toptan satɪʃ]
al por menor (adj)	perakende	[pærakændæ]
venta (f) al por menor	perakende satış	[pærakændæ satɪʃ]

competidor (m)	rakip	[rakip]
competencia (f)	rekabet	[rækabæt]
competir (vi)	rekabet etmek	[rækabæt ætmæk]

| socio (m) | ortak | [ortak] |
| sociedad (f) | ortaklık | [ortaklɪk] |

crisis (m)	kriz	[kriz]
bancarrota (f)	iflâs	[ifʎas]
ir a la bancarrota	iflâs etmek	[ifʎas ætmæk]
dificultad (f)	zorluk	[zorluk]
problema (m)	problem	[problæm]
catástrofe (f)	felâket	[fæʎakæt]

economía (f)	ekonomi	[ækonomi]
económico (adj)	ekonomik	[ækonomik]
recesión (f) económica	ekonomik gerileme	[ækonomik gærilæmæ]

| meta (f) | amaç | [amatʃ] |
| objetivo (m) | görev | [gøræv] |

comerciar (vi)	ticaret yapmak	[tidʒaræt japmak]
red (f) (~ comercial)	zinciri	[zindʒiri]
existencias (f pl)	stok	[stok]
surtido (m)	çeşitlilik	[tʃæʃitlilik]

líder (m)	lider	[lidær]
grande (empresa ~)	iri	[iri]
monopolio (m)	tekel	[tækæʎ]

teoría (f)	teori	[tæori]
práctica (f)	pratik	[pratik]
experiencia (f)	tecrübe	[tædʒrybæ]
tendencia (f)	eğilim	[æilim]
desarrollo (m)	gelişme	[gæliʃmæ]

105. Los métodos de los negocios. Unidad 2

| rentabilidad (f) | kâr | [kʲar] |
| rentable (adj) | kârlı | [kʲarlı] |

delegación (f)	delegasyon	[dælægasʲon]
salario (m)	maaş	[maːʃ]
corregir (un error)	düzeltmek	[dyzæʎtmæk]
viaje (m) de negocios	iş gezisi	[iʃ gæzisi]
comisión (f)	komisyon	[komisʲon]

controlar (vt)	kontrol etmek	[kontroʎ ætmæk]
conferencia (f)	konferans	[konfærans]
licencia (f)	lisans	[lisans]
fiable (socio ~)	güvenilir	[gyvænilir]

iniciativa (f)	girişim	[girʃim]
norma (f)	norm	[norm]
circunstancia (f)	olay, durum	[olaj], [durum]
deber (m)	görev	[gøræv]

empresa (f)	şirket	[ʃirkæt]
organización (f) (proceso)	organize etme	[organizæ ætmæ]
organizado (adj)	organize edilmiş	[organizæ ædiʎmiʃ]
anulación (f)	iptal	[iptaʎ]
anular (vt)	iptal etmek	[iptaʎ ætmæk]
informe (m)	rapor	[rapor]

patente (m)	patent	[patænt]
patentar (vt)	patentini almak	[patæntini almak]
planear (vt)	planlamak	[pʎanlamak]

premio (m)	prim	[prim]
profesional (adj)	profesyonel	[profæsʲonæʎ]
procedimiento (m)	prosedür	[prosædyr]

examinar (vt)	gözden geçirmek	[gøzdæn gætʃirmæk]
cálculo (m)	hesap	[hæsap]
reputación (f)	ün, nam	[jun], [nam]
riesgo (m)	risk	[risk]

dirigir (administrar)	yönetmek	[jonætmæk]
información (f)	bilgi	[biʎgi]
propiedad (f)	mülkiyet	[myʎkijæt]

unión (f)	birlik	[birlik]
seguro (m) de vida	hayat sigortası	[hajat sigortası]
asegurar (vt)	sigorta ettirmek	[sigorta ættirmæk]
seguro (m)	sigorta	[sigorta]

subasta (f)	açık artırma	[atʃık artırma]
notificar (informar)	bildirmek	[biʎdirmæk]
gestión (f)	yönetim	[jonætim]
servicio (m)	hizmet	[hizmæt]

foro (m)	forum	[forum]
funcionar (vi)	işlemek	[iʃlæmæk]
etapa (f)	aşama	[aʃama]
jurídico (servicios ~s)	hukuki	[hukuki]
jurista (m)	hukukçu	[hukuktʃu]

106. La producción. Los trabajos

planta (f)	imalathane	[imalata:næ]
fábrica (f)	fabrika	[fabrika]
taller (m)	atölye	[atøʎæ]
planta (f) de producción	yapımevi	[japımævi]

industria (f)	sanayi	[sanai]
industrial (adj)	sanayi	[sanai]
industria (f) pesada	ağır sanayi	[aır sanai]
industria (f) ligera	hafif sanayi	[hafif sanai]

producción (f)	ürünler	[jurynlær]
producir (vt)	üretmek	[jurætmæk]
materias (f pl) primas	ham madde	[ham maddæ]

jefe (m) de brigada	ekip başı	[ækip baʃı]
brigada (f)	ekip	[ækip]
obrero (m)	işçi	[iʃtʃi]

día (m) de trabajo	iş günü	[iʃ gyny]
descanso (m)	ara	[ara]
reunión (f)	toplantı	[toplantı]
discutir (vt)	görüşmek	[gøryʃmæk]

plan (m)	plan	[pʎan]
cumplir el plan	planı gerçekleştirmek	[planı gærtʃæklæʃtirmæk]
tasa (f) de producción	istihsal normu	[istihsaʎ normu]
calidad (f)	kalite	[kalitæ]
revisión (f)	kontrol	[kontroʎ]
control (m) de calidad	kalite kontrolü	[kalitæ kontroly]

seguridad (f) de trabajo	iş güvenliği	[iʃ gyvænli:]
disciplina (f)	disiplin	[disiplin]
infracción (f)	bozma	[bozma]
violar (las reglas)	ihlal etmek	[ihlal ætmæk]
huelga (f)	grev	[græv]
huelguista (m)	grevci	[grævdʒi]

estar en huelga	grev yapmak	[græv japmak]
sindicato (m)	sendika	[sændika]

inventar (máquina, etc.)	icat etmek	[idʒat ætmæk]
invención (f)	icat	[idʒat]
investigación (f)	araştırma	[araʃtɪrma]
mejorar (vt)	iyileştirmek	[ijɪlæʃtirmæk]
tecnología (f)	teknoloji	[tæknoloʒi]
dibujo (m) técnico	teknik resim	[tæknik ræsim]

cargamento (m)	yük	[juk]
cargador (m)	yükleyici	[juklæidʒi]
cargar (camión, etc.)	yüklemek	[juklæmæk]
carga (f) (proceso)	yükleme	[juklæmæ]
descargar (vt)	boşaltmak	[boʃaltmak]
descarga (f)	boşaltma	[boʃaltma]

transporte (m)	ulaştırma	[ulaʃtɪrma]
compañía (f) de transporte	ulaştırma şirketi	[ulaʃtɪrma ʃirkæti]
transportar (vt)	taşımak	[taʃimak]

vagón (m)	yük vagonu	[juk vagonu]
cisterna (f)	sarnıç	[sarnɪʧ]
camión (m)	kamyon	[kamʲon]

máquina (f) herramienta	tezgâh	[tæzgʲah]
mecanismo (m)	mekanizma	[mækanizma]

desperdicios (m pl)	artıklar	[artɪklar]
empaquetado (m)	ambalajlama	[ambalaʒlama]
embalar (vt)	ambalajlamak	[ambaʒlamak]

107. El contrato. El acuerdo

contrato (m)	kontrat	[kontrat]
acuerdo (m)	sözleşme	[søzlæʃmæ]
anexo (m)	ek, ilave	[æk], [ilavæ]

firmar un contrato	sözleşme imzalamak	[søzlæʃmæ imzalamak]
firma (f) (nombre)	imza	[imza]
firmar (vt)	imzalamak	[imzalamak]
sello (m)	mühür	[myhyr]

objeto (m) del acuerdo	sözleşme madde	[søzlæʃmæ maddæ]
cláusula (f)	madde	[maddæ]
partes (f pl)	taraflar	[taraflar]
domicilio (m) legal	resmi adres	[ræsmi adræs]

violar el contrato	sözleşmeyi ihlal etmek	[søzlæʃmæi ihlal ætmæk]
obligación (f)	yükümlülük	[jukymlylyk]
responsabilidad (f)	sorumluluk	[sorumluluk]
fuerza mayor (f)	fors majör	[fors maʒør]
disputa (f)	tartışma	[tartɪʃma]
penalidades (f pl)	cezalar	[dʒæzalar]

108. Importación y Exportación

importación (f)	ithalat	[ithalat]
importador (m)	ithalatçı	[ithalatʃɪ]
importar (vt)	ithal etmek	[ithaʎ ætmæk]
de importación (adj)	ithal	[ithaʎ]

exportador (m)	ihracatçı	[ihradʒatʃɪ]
exportar (vt)	ihraç etmek	[ihratʃ ætmæk]

mercancía (f)	mal	[mal]
lote (m) de mercancías	parti	[parti]

peso (m)	ağırlık	[aɪrlɪk]
volumen (m)	hacim	[hadʒim]
metro (m) cúbico	metre küp	[mætræ kyp]

productor (m)	üretici	[jurætidʒi]
compañía (f) de transporte	ulaştırma şirketi	[ulaʃtɪrma ʃirkæti]
contenedor (m)	konteyner	[kontæjnær]

frontera (f)	sınır	[sɪnɪr]
aduana (f)	gümrük	[gymryk]
derechos (m pl) arancelarios	gümrük vergisi	[gymryk værgisi]
aduanero (m)	gümrükçü	[gymryktʃu]
contrabandismo (m)	kaçakçılık	[katʃaktʃɪlɪk]
contrabando (m)	kaçak mal	[katʃak mal]

109. Las finanzas

acción (f)	hisse senedi	[hissæ sænædi]
bono (m), obligación (f)	tahvil	[tahviʎ]
letra (f) de cambio	senet	[sænæt]

bolsa (f)	borsa	[borsa]
cotización (f) de valores	hisse senedi kuru	[hissæ sænædi kuru]

abaratarse (vr)	ucuzlamak	[udʒuzlamak]
encarecerse (vr)	pahalanmak	[pahalanmak]

parte (f)	pay	[paj]
interés (m) mayoritario	çoğunluk hissesi	[tʃounluk hissæsi]

inversiones (f pl)	yatırım	[jatɪrɪm]
invertir (vi, vt)	yatırım yapmak	[jatɪrɪm japmak]
porcentaje (m)	yüzde	[juzdæ]
interés (m)	faiz	[faiz]

beneficio (m)	kâr	[kʲar]
beneficioso (adj)	kârlı	[kʲarlɪ]
impuesto (m)	vergi	[værgi]
divisa (f)	döviz	[døviz]
nacional (adj)	milli	[milli]

cambio (m)	kambiyo	[kambijo]
contable (m)	muhasebeci	[muhasæbædʒi]
contaduría (f)	muhasebe	[muhasæbæ]

bancarrota (f)	batkı, iflâs	[batkı], [iflas]
quiebra (f)	batma	[batma]
ruina (f)	iflâs	[ifʌas]
arruinarse (vr)	iflâs etmek	[ifʌas ætmæk]
inflación (f)	enflasyon	[ænflasʲon]
devaluación (f)	devalüasyon	[dævalyasʲon]

capital (m)	sermaye	[særmajæ]
ingresos (m pl)	gelir	[gælir]
volumen (m) de negocios	muamele	[muamælæ]
recursos (m pl)	kaynaklar	[kajnaklar]
recursos (m pl) monetarios	finansal kaynaklar	[finansal kajnaklar]
reducir (vt)	azaltmak	[azaltmak]

110. La mercadotecnia

mercadotecnia (f)	pazarlama	[pazarlama]
mercado (m)	piyasa	[pijasa]
segmento (m) del mercado	pazar dilimi	[pazar dilimi]
producto (m)	ürün	[juryn]
mercancía (f)	mal	[mal]

marca (f) comercial	ticari marka	[tidʒari marka]
logotipo (m)	logo, işaret	[logo], [iʃaræt]
logo (m)	logo	[logo]

demanda (f)	talep	[talæp]
oferta (f)	teklif	[tæklif]
necesidad (f)	ihtiyaç	[ihtijatʃ]
consumidor (m)	tüketici	[tykætidʒi]

análisis (m)	analiz	[analiz]
analizar (vt)	analiz etmek	[analiz ætmæk]
posicionamiento (m)	konumlandırma	[konumlandırma]
posicionar (vt)	konumlandırmak	[konumlandırmak]

precio (m)	fiyat	[fijat]
política (f) de precios	fiyat politikası	[fijat politikası]
formación (m) de precios	fiyat tespiti	[fijat tæspiti]

111. La publicidad

publicidad (f)	reklam	[ræklam]
publicitar (vt)	reklam yapmak	[ræklam japmak]
presupuesto (m)	bütçe	[bytʃæ]

anuncio (m) publicitario	reklam	[ræklam]
publicidad (f) televisiva	televizyon reklamı	[tælævizʲon ræklamı]

publicidad (f) radiofónica	radyo reklamı	[radⁱo ræklamı]
publicidad (f) exterior	dış reklam	[dıʃ ræklam]

medios (m pl) de comunicación de masas	kitle iletişim	[kitlæ ilætiʃim]
periódico (m)	süreli yayın	[syræli jajın]
imagen (f)	imaj	[imaʒ]

consigna (f)	reklâm sloganı	[ræklam sloganı]
divisa (f)	slogan, parola	[slogan], [paroʎa]

campaña (f)	kampanya	[kampaɲja]
campaña (f) publicitaria	reklam kampanyası	[ræklam kampaɲjası]
auditorio (m) objetivo	hedef kitle	[hædæf kitlæ]

tarjeta (f) de visita	kartvizit	[kartvizit]
prospecto (m)	beyanname	[bæjaɲamæ]
folleto (m)	broşür	[broʃyr]
panfleto (m)	kitapçık	[kitaptʃik]
boletín (m)	bülten	[byltæn]

letrero (m) (~ luminoso)	levha	[lævha]
pancarta (f)	poster, afiş	[postær], [afiʃ]
valla (f) publicitaria	reklam panosu	[ræklam panosu]

112. La banca

banco (m)	banka	[baɲka]
sucursal (f)	banka şubesi	[baɲka ʃubæsı]

asesor (m) (~ fiscal)	danışman	[danıʃman]
gerente (m)	yönetici	[jonætidʒi]

cuenta (f)	hesap	[hæsap]
numero (m) de la cuenta	hesap numarası	[hæsap numarası]
cuenta (f) corriente	çek hesabı	[tʃæk hæsabı]
cuenta (f) de ahorros	mevduat hesabı	[mævduat hæsabı]

abrir una cuenta	hesap açmak	[hæsap atʃmak]
cerrar la cuenta	hesap kapatmak	[hæsap kapatmak]
ingresar en la cuenta	para yatırmak	[para jatırmak]
sacar de la cuenta	hesaptan çekmek	[hæsaptan tʃækmæk]

depósito (m)	mevduat	[mævduat]
hacer un depósito	depozito vermek	[dæpozito værmæk]
giro (m) bancario	havale	[havalæ]
hacer un giro	havale etmek	[havalæ ætmæk]

suma (f)	toplam	[toplam]
¿Cuánto?	Kaç?	[katʃ]

firma (f) (nombre)	imza	[imza]
firmar (vt)	imzalamak	[imzalamak]
tarjeta (f) de crédito	kredi kartı	[krædi kartı]

código (m)	kod	[kod]
número (m) de tarjeta de crédito	kredi kartı numarası	[krædi kartı numarası]
cajero (m) automático	bankamatik	[baŋkamatik]

cheque (m)	çek	[tʃæk]
sacar un cheque	çek yazmak	[tʃæk jazmak]
talonario (m)	çek defteri	[tʃæk dæftæri]

crédito (m)	kredi	[krædi]
pedir el crédito	krediye başvurmak	[krædijæ baʃvurmak]
obtener un crédito	kredi almak	[krædi almak]
conceder un crédito	kredi vermek	[krædi værmæk]
garantía (f)	garanti	[garanti]

113. El teléfono. Las conversaciones telefónicas

teléfono (m)	telefon	[tælæfon]
teléfono (m) móvil	cep telefonu	[dʒæp tælæfonu]
contestador (m)	telesekreter	[tælæsækrætær]

| llamar, telefonear | telefonla aramak | [tælæfonla aramak] |
| llamada (f) | telefon çağrısı | [tælæfon tʃaːrısı] |

marcar un número	numarayı aramak	[numarajı aramak]
¿Sí?, ¿Dígame?	Alo!	[alø]
preguntar (vt)	sormak	[sormak]
responder (vi, vt)	cevap vermek	[dʒævap værmæk]

oír (vt)	duymak	[dujmak]
bien (adv)	iyi	[ijı]
mal (adv)	kötü	[køty]
ruidos (m pl)	parazit	[parazit]

auricular (m)	telefon ahizesi	[tælæfon ahizæsi]
descolgar (el teléfono)	açmak telefonu	[atʃmak tælæfonu]
colgar el auricular	telefonu kapatmak	[tælæfonu kapatmak]

ocupado (adj)	meşgul	[mæʃguʎ]
sonar (teléfono)	çalmak	[tʃalmak]
guía (f) de teléfonos	telefon rehberi	[tælæfon ræhbæri]

local (adj)	yerli	[jærli]
de larga distancia	uzun mesafe	[uzun mæsafæ]
internacional (adj)	uluslararası	[uluslar arası]

114. El teléfono celular

teléfono (m) móvil	cep telefonu	[dʒæp tælæfonu]
pantalla (f)	ekran	[ækran]
botón (m)	düğme	[dyjmæ]
tarjeta SIM (f)	SIM kartı	[simkartı]

pila (f)	pil	[piʎ]
descargarse (vr)	bitmek	[bitmæk]
cargador (m)	şarj cihazı	[ʃarʒ dʒihazı]

menú (m)	menü	[mæny]
preferencias (f pl)	ayarlar	[ajarlar]
melodía (f)	melodi	[mælodi]
seleccionar (vt)	seçmek	[sætʃmæk]

calculadora (f)	hesaplamalar	[hæsaplamanar]
contestador (m)	telesekreter	[tælæsækrætær]
despertador (m)	çalar saat	[tʃalar sa:t]
contactos (m pl)	rehber	[ræhbær]

| mensaje (m) de texto | SMS mesajı | [æsæmæs mæsaʒi] |
| abonado (m) | abone | [abonæ] |

115. Los artículos de escritorio

| bolígrafo (m) | tükenmez kalem | [tykænmæz kalæm] |
| pluma (f) estilográfica | dolma kalem | [dolma kalæm] |

lápiz (f)	kurşun kalem	[kurʃun kalæm]
marcador (m)	fosforlu kalem	[fosforlu kalæm]
rotulador (m)	keçeli kalem	[kætʃæli kalæm]

| bloc (m) de notas | not defteri | [not dæftæri] |
| agenda (f) | ajanda | [aʒanda] |

regla (f)	cetvel	[dʒætvæʎ]
calculadora (f)	hesap makinesi	[hæsap makinæsi]
goma (f) de borrar	silgi	[siʎgi]
chincheta (f)	raptiye	[raptijæ]
clip (m)	ataş	[ataʃ]

pegamento (m)	yapıştırıcı	[japıʃtırıdʒı]
grapadora (f)	zımba	[zımba]
perforador (m)	delgeç	[dæʎgætʃ]
sacapuntas (m)	kalemtıraş	[kalæm tıraʃ]

116. Diversos tipos de documentación

informe (m)	rapor	[rapor]
acuerdo (m)	sözleşme	[søzlæʃmæ]
formulario (m) de solicitud	başvuru formu	[baʃvuru formu]
auténtico (adj)	gerçek, hakiki	[gærtʃæk], [hakiki]
tarjeta (f) de identificación	yaka kartı	[jaka kartı]
tarjeta (f) de visita	kartvizit	[kartvizit]

certificado (m)	sertifika	[særtifika]
cheque (m) bancario	çek	[tʃæk]
cuenta (f) (restaurante)	hesap	[hæsap]

constitución (f)	anayasa	[anajasa]
contrato (m)	anlaşma	[anlaʃma]
copia (f)	kopya	[kopja]
ejemplar (m)	nüsha	[nysha]

declaración (f) de aduana	gümrük beyannamesi	[gymryk bæjaŋamæsi]
documento (m)	belge	[bæʎgæ]
permiso (m) de conducir	sürücü belgesi	[syrydʒy bæʎgæsi]
anexo (m)	ek, ilave	[æk], [iʎavæ]
cuestionario (m)	anket	[aŋkæt]

carnet (m) de identidad	kimlik kartı	[kimlik kartı]
solicitud (f) de información	sorgu, soru	[sorgu], [soru]
tarjeta (f) de invitación	davetiye	[davætijæ]
factura (f)	fatura	[fatura]

ley (f)	kanun	[kanun]
carta (f)	mektup	[mæktup]
membrete (m)	antetli kağıt	[antætli kʼaıt]
lista (f) (de nombres, etc.)	liste	[listæ]
manuscrito (m)	el yazısı	[æʎ jazısı]
boletín (m)	bülten	[byltæn]
nota (f) (mensaje)	tezkere	[tæzkæræ]

pase (m) (permiso)	giriş kartı	[giriʃ kartı]
pasaporte (m)	pasaport	[pasaport]
permiso (m)	izin kağıdı	[izin kʼaıdı]
curriculum vitae (m)	özet	[øzæt]
pagaré (m)	borç senedi	[bortʃ sænædi]
recibo (m)	makbuz	[makbuz]
ticket (m) de compra	fiş	[fiʃ]
informe (m)	rapor	[rapor]

presentar (identificación)	göstermek	[gøstærmæk]
firmar (vt)	imzalamak	[imzalamak]
firma (f) (nombre)	imza	[imza]
sello (m)	mühür	[myhyr]
texto (m)	metin	[mætin]
billete (m)	bilet	[bilæt]

| tachar (vt) | çizmek | [tʃizmæk] |
| rellenar (vt) | doldurmak | [doldurmak] |

| guía (f) de embarque | irsaliye | [irsalijæ] |
| testamento (m) | vasiyetname | [vasijætnamæ] |

117. Tipos de negocios

agencia (f) de empleo	iş bulma bürosu	[iʃ bulma byrosu]
agencia (f) de información	haber ajansı	[habær aʒansı]
agencia (f) de publicidad	reklam acentesi	[ræklam adʒæntæsi]
agencia (f) de seguridad	güvenlik şirketi	[gyvænlik ʃirkæti]
almacén (m)	depo	[dæpo]
antigüedad (f)	antika	[antika]

asesoría (f) jurídica	hukuk müşaviri	[hukuk myʃaviri]
servicios (m pl) de auditoría	muhasebe denetim servisi	[muhasæbæ dænætim særvisi]
bar (m)	bar	[bar]
bebidas (f pl) alcohólicas	alkollü içecekler	[alkolly itʃædʒæklær]
bolsa (f) de comercio	borsa	[borsa]
casino (m)	kazino	[kazino]
centro (m) de negocios	iş merkezi	[iʃ mærkæzi]
fábrica (f) de cerveza	bira fabrikası	[bira fabrikası]
cine (m) (iremos al ~)	sinema	[sinæma]
climatizadores (m pl)	klimalar	[klimalar]
club (m) nocturno	gece kulübü	[gædʒæ kulyby]
comercio (m)	satış, ticaret	[satıʃ], [tidʒaræt]
productos alimenticios	gıda ürünleri	[gıda jurynlæri]
compañía (f) aérea	hava yolları şirketi	[hava jolları ʃirkæti]
construcción (f)	yapı, inşaat	[japı], [inʃa:t]
contabilidad (f)	muhasebe hizmetleri	[muhasæbæ hizmætlæri]
deporte (m)	spor	[spor]
diseño (m)	dizayn	[dizajn]
editorial (f)	yayınevi	[jajınævi]
escuela (f) de negocios	ticaret okulu	[tidʒaræt okulu]
estomatología (f)	dişçilik	[diʃtʃiklik]
farmacia (f)	eczane	[ædʒzanæ]
industria (f) farmacéutica	eczacılık	[ædʒzadʒılık]
funeraria (f)	cenaze evi	[dʒænazæ ævi]
galería (f) de arte	sanat galerisi	[sanat galærisi]
helado (m)	dondurma	[dondurma]
hotel (m)	otel	[otæʎ]
industria (f)	sanayi	[sanai]
industria (f) ligera	hafif sanayi	[hafif sanai]
inmueble (m)	emlak	[æmlak]
internet (m), red (f)	internet	[intærnæt]
inversiones (f pl)	yatırım	[jatırım]
joyería (f)	mücevherat	[mydʒævhærat]
joyero (m)	mücevherci	[mydʒævhærʒi]
lavandería (f)	çamaşırhane	[tʃamaʃırhanæ]
librería (f)	kitabevi	[kitabævi]
medicina (f)	tıp	[tıp]
muebles (m pl)	mobilya	[mobiʎja]
museo (m)	müze	[myzæ]
negocio (m) bancario	bankacılık	[baŋkadʒılık]
periódico (m)	gazete	[gazætæ]
petróleo (m)	petrol	[pætrol]
piscina (f)	havuz	[havuz]
poligrafía (f)	basımcılık	[basımdʒılık]
publicidad (f)	reklam	[ræklam]
radio (f)	radyo	[radʲo]

recojo (m) de basura	atık toplama	[atık toplama]
restaurante (m)	restoran	[ræstoran]
revista (f)	dergi	[dærgi]
ropa (f), vestido (m)	elbise	[æʌbisæ]

salón (m) de belleza	güzellik salonu	[gyzællik salonu]
seguro (m)	sigorta	[sigorta]
servicio (m) de entrega	kurye acentesi	[kurʲæ adʒæntæsi]
servicios (m pl) financieros	mali hizmetler	[mali hizmætlær]
supermercado (m)	süpermarket	[sypærmarkæt]

taller (m)	atölye	[atøʌʲæ]
teatro (m)	tiyatro	[tijatro]
televisión (f)	televizyon	[tælævizʲon]
tienda (f)	mağaza, dükkan	[ma:za], [dykkan]
tintorería (f)	kuru temizleme	[kuru tæmizlæmæ]
servicios de transporte	taşımacılık	[taʃımadʒılık]
turismo (m)	turizm	[turizm]

venta (f) por catálogo	postayla satış	[postajla satıʃ]
veterinario (m)	veteriner	[vætærinær]
consultoría (f)	danışmanlık	[danıʃmanlık]

El trabajo. Los negocios. Unidad 2

118. El espectáculo. La exhibición

exposición, feria (f)	fuar	[fuar]
feria (f) comercial	ticari gösteri	[tidʒari gøstæri]
participación (f)	katılım	[katılım]
participar (vi)	katılmak	[katılmak]
participante (m)	katılımcı	[katılımdʒı]
director (m)	müdür	[mydyr]
dirección (f)	müdürlük	[mydyrlyk]
organizador (m)	düzenleyici	[dyzænlæjıdʒi]
organizar (vt)	düzenlemek	[dyzænlæmæk]
solicitud (f) de participación	katılım formu	[katılım formu]
rellenar (vt)	doldurmak	[doldurmak]
detalles (m pl)	detaylar	[dætajlar]
información (f)	bilgi	[biʌgi]
precio (m)	fiyat	[fijat]
incluso	dahil	[dahiʌ]
incluir (vt)	dahil etmek	[dahiʌ ætmæk]
pagar (vi, vt)	ödemek	[ødæmæk]
cuota (f) de registro	kayıt ücreti	[kajıt judʒræti]
entrada (f)	giriş	[giriʃ]
pabellón (m)	pavyon	[pavʲon]
registrar (vt)	kaydetmek	[kajdætmæk]
tarjeta (f) de identificación	yaka kartı	[jaka kartı]
stand (m)	fuar standı	[fuar standı]
reservar (vt)	rezerve etmek	[ræzærvæ ætmæk]
vitrina (f)	vitrin	[vitrin]
lámpara (f)	spot	[spot]
diseño (m)	dizayn	[dizajn]
poner (colocar)	yerleştirmek	[jærlæʃtirmæk]
distribuidor (m)	distribütör	[distribytør]
proveedor (m)	üstenci	[justændʒi]
país (m)	ülke	[juʌkæ]
extranjero (adj)	yabancı	[jabandʒı]
producto (m)	ürün	[juryn]
asociación (f)	cemiyet	[dʒæmijæt]
sala (f) de conferencias	konferans salonu	[konfærans salonu]
congreso (m)	kongre	[koŋræ]

concurso (m)	yarışma	[jarıʃma]
visitante (m)	ziyaretçi	[zijarætʃi]
visitar (vt)	ziyaret etmek	[zijaræt ætmæk]
cliente (m)	müşteri	[myʃtæri]

119. Los medios masivos

periódico (m)	gazete	[gazætæ]
revista (f)	dergi	[dærgi]
prensa (f)	basın	[basin]
radio (f)	radyo	[radˑo]
estación (f) de radio	radyo istasyonu	[radjo istasjonu]
televisión (f)	televizyon	[tælæviz'on]

presentador (m)	sunucu	[sunudʒu]
presentador (m) de noticias	spiker	[spikær]
comentarista (m)	yorumcu	[jorumdʒu]

periodista (m)	gazeteci	[gazætædʒi]
corresponsal (m)	muhabir	[muhabir]
corresponsal (m) fotográfico	foto muhabiri	[foto muhabirliː]
reportero (m)	muhabir	[muhabir]

redactor (m)	editör	[æditør]
redactor jefe (m)	baş editör	[baʃ æditør]
suscribirse (vr)	abone olmak	[abonæ olmak]
suscripción (f)	abonelik	[abonælik]
suscriptor (m)	abone	[abonæ]
leer (vi, vt)	okumak	[okumak]
lector (m)	okur	[okur]

tirada (f)	tiraj	[tiraʒ]
mensual (adj)	aylık	[ajlık]
semanal (adj)	haftalık	[haftalık]
número (m)	numara	[numara]
nuevo (~ número)	son	[son]

titular (m)	başlık	[baʃlık]
noticia (f)	kısa makale	[kısa makalæ]
columna (f)	köşe yazısı	[køʃæ jazısı]
artículo (m)	makale	[makalæ]
página (f)	sayfa	[sajfa]

reportaje (m)	röportaj	[røportaʒ]
evento (m)	olay	[olaj]
sensación (f)	sansasyon	[sansas'on]
escándalo (m)	skandal	[skandal]
escandaloso (adj)	rezil, utanılacak	[ræziʎ], [utanıladʒak]
gran (~ escándalo)	büyük	[byjuk]

emisión (f)	yayın	[jajın]
entrevista (f)	mülakat	[myʎakat]
transmisión (f) en vivo	canlı yayın	[dʒanlı jajın]
canal (m)	kanal	[kanal]

107

120. La agricultura

agricultura (f)	tarım	[tarım]
campesino (m)	köylü	[køjly]
campesina (f)	köylü kadın	[køjly kadın]
granjero (m)	çiftçi	[ʧiftʃi]
tractor (m)	traktör	[traktør]
cosechadora (f)	biçerdöver	[biʧærdøvær]
arado (m)	saban	[saban]
arar (vi, vt)	sürmek	[syrmæk]
labrado (m)	sürülmüş tarla	[syrylmyʃ tarla]
surco (m)	saban izi	[saban izi]
sembrar (vi, vt)	ekmek	[ækmæk]
sembradora (f)	ekme makinesi	[ækmæ makinæsi]
siembra (f)	ekme	[ækmæ]
guadaña (f)	tırpan	[tırpan]
segar (vi, vt)	tırpanlamak	[tırpanlamak]
pala (f)	kürek	[kyræk]
layar (vt)	kazmak	[kazmak]
azada (f)	çapa	[ʧapa]
sachar, escardar	çapalamak	[ʧapalamak]
mala hierba (f)	yabani ot	[jabani ot]
regadera (f)	bahçe kovası	[bahʧæ kovası]
regar (plantas)	sulamak	[sulamak]
riego (m)	sulama	[sulama]
horquilla (f)	dirgen	[dirgæn]
rastrillo (m)	tırmık	[tırmık]
fertilizante (m)	gübre	[gybræ]
abonar (vt)	gübrelemek	[gybrælæmæk]
estiércol (m)	gübre	[gybræ]
campo (m)	tarla	[tarla]
prado (m)	çayırlık	[ʧajırlık]
huerta (f)	sebze bahçesi	[sæbzæ bahʧæsi]
jardín (m)	meyve bahçesi	[mæjvæ bahʧæsi]
pacer (vt)	otlamak	[otlamak]
pastor (m)	çoban	[ʧoban]
pastadero (m)	otlak	[otlak]
ganadería (f)	hayvancılık	[hajvandʒılık]
cría (f) de ovejas	koyun yetiştirme	[kojun jætiʃtirmæ]
plantación (f)	plantasyon	[plantasʲon]
hilera (f) (~ de cebollas)	tahta	[tahta]
invernadero (m)	sera	[særa]

sequía (f)	kuraklık	[kuraklık]
seco, árido (adj)	kurak	[kurak]

cereales (m pl)	tahıllar	[tahıllar]
recolectar (vt)	toplamak	[toplamak]

molinero (m)	değirmenci	[dæirmændʒi]
molino (m)	değirmen	[dæirmæn]
moler (vt)	öğütmek	[øjutmæk]
harina (f)	un	[un]
paja (f)	saman	[saman]

121. La construcción. Los métodos de construcción

obra (f)	inşaat alanı	[inʃaːt alanı]
construir (vt)	inşa etmek	[inʃa ætmæk]
albañil (m)	inşaat işçisi	[inʃaːt iʃtʃisı]

proyecto (m)	proje	[proʒæ]
arquitecto (m)	mimar	[mimar]
obrero (m)	işçi	[iʃtʃi]

cimientos (m pl)	temel	[tæmæʎ]
techo (m)	çatı	[tʃatı]
pila (f) de cimentación	kazık	[kazık]
muro (m)	duvar	[duvar]

armadura (f)	beton demiri	[bæton dæmiri]
andamio (m)	yapı iskelesi	[japı iskælæsi]

hormigón (m)	beton	[bæton]
granito (m)	granit	[granit]

piedra (f)	taş	[taʃ]
ladrillo (m)	tuğla	[tuːla]

arena (f)	kum	[kum]
cemento (m)	çimento	[tʃimænto]
estuco (m)	sıva	[sıva]
estucar (vt)	sıvalamak	[sıvalamak]

pintura (f)	boya	[boja]
pintar (las paredes)	boyamak	[bojamak]
barril (m)	varil	[varil]

grúa (f)	vinç	[vintʃ]
levantar (vt)	kaldırmak	[kaldırmak]
bajar (vt)	indirmek	[indirmæk]

bulldózer (m)	buldozer	[buʎdozær]
excavadora (f)	ekskavatör	[ækskavatør]
cuchara (f)	kepçe	[kæptʃæ]
cavar (vt)	kazmak	[kazmak]
casco (m)	baret, kask	[baræt], [kask]

122. La ciencia. La investigación. Los científicos

ciencia (f)	bilim	[bilim]
científico (adj)	bilimsel, ilmi	[bilimsæʎ], [iʎmi]
científico (m)	bilim adamı	[bilim adamı]
teoría (f)	teori	[tæori]

axioma (m)	aksiyom	[aksijom]
análisis (m)	analiz	[analiz]
analizar (vt)	analiz etmek	[analiz ætmæk]
argumento (m)	kanıt	[kanıt]
sustancia (f) (materia)	madde	[maddæ]

hipótesis (f)	hipotez	[hipotæz]
dilema (m)	ikilem	[ikilæm]
tesis (f) de grado	tez	[tæz]
dogma (m)	dogma	[dogma]

doctrina (f)	doktrin	[doktrin]
investigación (f)	araştırma	[araʃtırma]
investigar (vt)	araştırmak	[araʃtırmak]
prueba (f)	deneme	[dænæmæ]
laboratorio (m)	laboratuvar	[laboratuvar]

método (m)	metot	[mætot]
molécula (f)	molekül	[molækyʎ]
seguimiento (m)	gözleme	[gøzlæmæ]
descubrimiento (m)	buluş	[buluʃ]

postulado (m)	varsayım	[varsajım]
principio (m)	prensip	[prænsip]
pronóstico (m)	tahmin	[tahmin]
pronosticar (vt)	tahmin etmek	[tahmin ætmæk]

síntesis (f)	sentez	[sæntæz]
tendencia (f)	eğilim	[æilim]
teorema (m)	teorem	[tæoræm]

enseñanzas (f pl)	ilke, öğreti	[iʎkæ], [øæræti]
hecho (m)	gerçek	[gærtʃæk]
expedición (f)	bilimsel gezisi	[bilimzæl gæzisi]
experimento (m)	deney	[dænæj]

académico (m)	akademisyen	[akadæmisʲæn]
bachiller (m)	bakalorya	[bakalorja]
doctorado (m)	doktor	[doktor]
docente (m)	doçent	[dotʃænt]
Master (m) (~ en Letras)	master	[mastær]
profesor (m)	profesör	[profæsør]

Las profesiones y los oficios

123. La búsqueda de trabajo. El despido del trabajo

trabajo (m)	iş	[iʃ]
personal (m)	personel	[pærsonæʎ]
carrera (f)	kariyer	[karʲær]
perspectiva (f)	istikbal	[istikbaʎ]
maestría (f)	ustalık	[ustalık]
selección (f)	seçme	[sætʃmæ]
agencia (f) de empleo	iş bulma bürosu	[iʃ bulma byrosu]
curriculum vitae (m)	özet	[øzæt]
entrevista (f)	mülakat	[myʎakat]
vacancia (f)	açık yer	[atʃık jær]
salario (m)	maaş	[maːʃ]
salario (m) fijo	sabit maaş	[sabit maːʃ]
remuneración (f)	ödeme	[ødæmæ]
puesto (m) (trabajo)	görev, iş	[gøræv], [iʃ]
deber (m)	görev	[gøræv]
gama (f) de deberes	görev listesi	[gøræv listæsi]
ocupado (adj)	meşgul	[mæʃguʎ]
despedir (vt)	işten çıkarmak	[iʃtæn tʃıkarmak]
despido (m)	işten çıkarma	[iʃtæn tʃıkarma]
desempleo (m)	işsizlik	[iʃsizlik]
desempleado (m)	işsiz	[iʃsiz]
jubilación (f)	emekli maaşı	[æmækli maːʃı]
jubilarse	emekli olmak	[æmækli olmak]

124. Los negociantes

director (m)	müdür	[mydyr]
gerente (m)	yönetici	[jonætidʒi]
jefe (m)	yönetmen	[jonætmæn]
superior (m)	şef	[ʃæf]
superiores (m pl)	şefler	[ʃæflær]
presidente (m)	başkan	[baʃkan]
presidente (m) (de compañía)	başkan	[baʃkan]
adjunto (m)	yardımcı	[jardımdʒı]
asistente (m)	asistan	[asistan]
secretario, -a (m, f)	sekreter	[sækrætær]

secretario (m) particular	özel sekreter	[øzæl sækrætær]
hombre (m) de negocios	iş adamı	[iʃ adamı]
emprendedor (m)	girişimci	[giriʃimdʒi]
fundador (m)	kurucu	[kurudʒu]
fundar (vt)	kurmak	[kurmak]

institutor (m)	müessis	[myæssis]
compañero (m)	ortak	[ortak]
accionista (m)	hissedar	[hissædar]

millonario (m)	milyoner	[miʎ'onær]
multimillonario (m)	milyarder	[miʎjardær]
propietario (m)	sahip	[sahip]
terrateniente (m)	toprak sahibi	[toprak sahibi]

cliente (m)	müşteri	[myʃtæri]
cliente (m) habitual	devamlı müşteri	[dævamlı myʃtæri]
comprador (m)	alıcı, müşteri	[alıdʒı], [myʃtæri]
visitante (m)	ziyaretçi	[zijarætʃi]

profesional (m)	profesyonel	[profæs'onæʎ]
experto (m)	eksper	[ækspær]
especialista (m)	uzman	[uzman]

banquero (m)	bankacı	[baŋkadʒı]
broker (m)	borsa simsarı	[borsa sımsarı]

cajero (m)	kasiyer	[kasijær]
contable (m)	muhasebeci	[muhasæbædʒi]
guardia (m) de seguridad	güvenlik görevlisi	[gyvænlik gørævlisı]

inversionista (m)	yatırımcı	[jatırımdʒı]
deudor (m)	borçlu	[bortʃlu]
acreedor (m)	alacaklı	[aladʒaklı]
prestatario (m)	ödünç alan	[ødyntʃ alan]

importador (m)	ithalatçı	[ithalatʃı]
exportador (m)	ihracatçı	[ihradʒatʃı]

productor (m)	üretici	[jurætidʒi]
distribuidor (m)	distribütör	[distribytør]
intermediario (m)	aracı	[aradʒı]

asesor (m) (~ fiscal)	danışman	[danıʃman]
representante (m)	temsilci	[tæmsiʎdʒi]
agente (m)	acente, ajan	[adʒæntæ], [aʒan]
agente (m) de seguros	sigorta acentesi	[sigorta adʒæntæsi]

125. Los trabajos de servicio

cocinero (m)	aşçı	[aʃtʃı]
jefe (m) de cocina	aşçıbaşı	[aʃtʃıbaʃı]
panadero (m)	fırıncı	[fırındʒı]
barman (m)	barmen	[barmæn]

camarero (m)	garson	[garson]
camarera (f)	kadın garson	[kadın garson]

abogado (m)	avukat	[avukat]
jurista (m)	hukukçu	[hukuktʃu]
notario (m)	noter	[notær]

electricista (m)	elektrikçi	[ælæktriktʃi]
fontanero (m)	tesisatçı	[tæsisatʃı]
carpintero (m)	dülger	[dylgær]

masajista (m)	masör	[masør]
masajista (f)	masör	[masør]
médico (m)	doktor, hekim	[doktor], [hækim]

taxista (m)	taksici	[taksidʒi]
chófer (m)	şoför	[ʃofør]
repartidor (m)	kurye	[kurʲæ]

camarera (f)	hizmetçi	[hizmætʃi]
guardia (m) de seguridad	güvenlik görevlisi	[gyvænlik gørævlisı]
azafata (f)	hostes	[hostæs]

profesor (m) (~ de baile, etc.)	öğretmen	[øjrætmæn]
bibliotecario (m)	kütüphane memuru	[kytyphanæ mæmuru]
traductor (m)	çevirmen	[tʃævirmæn]
intérprete (m)	tercüman	[tærdʒyman]
guía (m)	rehber	[ræhbær]

peluquero (m)	kuaför	[kuaför]
cartero (m)	postacı	[postadʒı]
vendedor (m)	satıcı	[satıdʒı]

jardinero (m)	bahçıvan	[bahtʃıvan]
servidor (m)	hizmetçi	[hizmætʃi]
criada (f)	kadın hizmetçi	[kadın hizmætʃi]
mujer (f) de la limpieza	temizlikçi	[tæmizliktʃi]

126. La profesión militar y los rangos

soldado (m) raso	er	[ær]
sargento (m)	çavuş	[tʃavuʃ]
teniente (m)	teğmen	[tæːmæn]
capitán (m)	yüzbaşı	[juzbaʃi]

mayor (m)	binbaşı	[binbaʃı]
coronel (m)	albay	[albaj]
general (m)	general	[gænæraʎ]
mariscal (m)	mareşal	[maræʃaʎ]
almirante (m)	amiral	[amiraʎ]

militar (m)	askeri	[askæri]
soldado (m)	asker	[askær]
oficial (m)	subay	[subaj]

comandante (m)	komutan	[komutan]
guardafronteras (m)	sınır muhafızı	[sınır muhafızı]
radio-operador (m)	telsiz operatörü	[tælsiz opæratøry]
explorador (m)	keşif eri	[kæʃif æri]
zapador (m)	istihkam eri	[istihkam æri]
tirador (m)	atıcı	[atıdʒı]
navegador (m)	seyrüseferci	[sæjrysæfærdʒi]

127. Los oficiales. Los sacerdotes

| rey (m) | kral | [kral] |
| reina (f) | kraliçe | [kralitʃæ] |

| príncipe (m) | prens | [præns] |
| princesa (f) | prenses | [prænsæs] |

| zar (m) | çar | [tʃar] |
| zarina (f) | çariçe | [tʃaritʃæ] |

presidente (m)	başkan	[baʃkan]
ministro (m)	bakan	[bakan]
primer ministro (m)	başbakan	[baʃbakan]
senador (m)	senatör	[sænatør]

diplomático (m)	diplomat	[diplomat]
cónsul (m)	konsolos	[konsolos]
embajador (m)	büyükelçi	[byjukæʌtʃi]
consejero (m)	danışman	[danıʃman]

funcionario (m)	memur	[mæmur]
prefecto (m)	belediye başkanı	[bælædijæ baʃkanı]
alcalde (m)	belediye başkanı	[bælædijæ baʃkanı]

| juez (m) | yargıç | [jargıtʃ] |
| fiscal (m) | savcı | [savdʒı] |

misionero (m)	misyoner	[misʲonær]
monje (m)	keşiş	[kæʃiʃ]
abad (m)	başrahip	[baʃrahip]
rabino (m)	haham	[haham]

visir (m)	vezir	[væzir]
sha (m), shah (m)	şah	[ʃah]
jeque (m)	şeyh	[ʃæjh]

128. Las profesiones agrícolas

apicultor (m)	arıcı	[arıdʒı]
pastor (m)	çoban	[tʃoban]
agrónomo (m)	tarım uzmanı	[tarım uzmanı]
ganadero (m)	hayvan besleyicisi	[hajvan bæslæjıdʒisi]
veterinario (m)	veteriner	[vætærinær]

granjero (m)	çiftçi	[tʃiftʃi]
vinicultor (m)	şarap üreticisi	[ʃarap jurætidʒisi]
zoólogo (m)	zoolog	[zo:log]
cowboy (m)	kovboy	[kovboj]

129. Las profesiones artísticas

| actor (m) | aktör | [aktør] |
| actriz (f) | aktris | [aktris] |

| cantante (m) | şarkıcı | [ʃarkɪdʒɪ] |
| cantante (f) | şarkıcı | [ʃarkɪdʒɪ] |

| bailarín (m) | dansçı | [danstʃɪ] |
| bailarina (f) | dansöz | [dansøz] |

| artista (m) | sanatçı | [sanatʃɪ] |
| artista (f) | sanatçı | [sanatʃɪ] |

músico (m)	müzisyen	[myzisʲæn]
pianista (m)	piyanocu	[pijanodʒu]
guitarrista (m)	gitarcı	[gitaradʒɪ]

director (m) de orquesta	orkestra şefi	[okræstra ʃæfi]
compositor (m)	besteci	[bæstædʒi]
empresario (m)	emprezaryo	[æmpræzarʲo]

director (m) de cine	yönetmen	[jonætmæn]
productor (m)	yapımcı	[japɪmdʒɪ]
guionista (m)	senaryo yazarı	[sænarʲo jazarɪ]
crítico (m)	eleştirmen	[ælæʃtirmæn]

escritor (m)	yazar	[jazar]
poeta (m)	şair	[ʃair]
escultor (m)	heykelci	[hæjkældʒi]
pintor (m)	ressam	[ræssam]

malabarista (m)	hokkabaz	[hokkabaz]
payaso (m)	palyaço	[paʎjatʃo]
acróbata (m)	cambaz	[dʒambaz]
ilusionista (m)	sihirbaz	[sihirbaz]

130. Profesiones diversas

médico (m)	doktor, hekim	[doktor], [hækim]
enfermera (f)	hemşire	[hæmʃiræ]
psiquiatra (m)	psikiyatr	[psikijatr]
estomatólogo (m)	dişçi	[diʃtʃi]
cirujano (m)	cerrah	[dʒærrah]

| astronauta (m) | astronot | [astronot] |
| astrónomo (m) | astronom | [astronom] |

piloto (m)	pilot	[pilot]
conductor (m) (chófer)	şoför	[ʃofør]
maquinista (m)	makinist	[makinist]
mecánico (m)	mekanik	[mækanik]

minero (m)	maden işçisi	[madæn iʃtʃisi]
obrero (m)	işçi	[iʃtʃi]
cerrajero (m)	tesisatçı	[tæsisatʃı]
carpintero (m)	marangoz	[maraŋoz]
tornero (m)	tornacı	[tornadʒı]
albañil (m)	inşaat işçisi	[inʃaːt iʃtʃisı]
soldador (m)	kaynakçı	[kajnaktʃı]

profesor (m) (título)	profesör	[profæsør]
arquitecto (m)	mimar	[mimar]
historiador (m)	tarihçi	[tarihtʃi]
científico (m)	bilim adamı	[bilim adamı]
físico (m)	fizik bilgini	[fizik biʎgini]
químico (m)	kimyacı	[kimjadʒı]

arqueólogo (m)	arkeolog	[arkæolog]
geólogo (m)	jeolog	[ʒæolog]
investigador (m)	araştırmacı	[araʃtırmadʒı]

| niñera (f) | çocuk bakıcısı | [tʃodʒuk bakıdʒısı] |
| pedagogo (m) | öğretmen | [øjrætmæn] |

redactor (m)	editör	[æditør]
redactor jefe (m)	baş editör	[baʃ æditør]
corresponsal (m)	muhabir	[muhabir]
mecanógrafa (f)	daktilocu	[daktilodʒu]

diseñador (m)	dizayncı	[dizajndʒi]
especialista (m) en ordenadores	bilgisayarcı	[biʎgisajardʒı]
programador (m)	programcı	[programdʒı]
ingeniero (m)	mühendis	[myhændis]

marino (m)	denizci	[dænizdʒi]
marinero (m)	tayfa	[tajfa]
socorrista (m)	cankurtaran	[dʒaŋkurtaran]

bombero (m)	itfaiyeci	[itfajædʒi]
policía (m)	erkek polis	[ærkæk polis]
vigilante (m) nocturno	bekçi	[bæktʃi]
detective (m)	hafiye	[hafijæ]

aduanero (m)	gümrükçü	[gymryktʃu]
guardaespaldas (m)	koruma görevlisi	[koruma gørævlis]
guardia (m) de prisiones	gardiyan	[gardijan]
inspector (m)	müfettiş	[myfættiʃ]

deportista (m)	sporcu	[spordʒu]
entrenador (m)	antrenör	[antrænør]
carnicero (m)	kasap	[kasap]
zapatero (m)	ayakkabıcı	[ajakkabıdʒı]

| comerciante (m) | tüccar | [tydʒar] |
| cargador (m) | yükleyici | [juklæidʒi] |

| diseñador (m) de modas | modelci | [modæʎdʒi] |
| modelo (f) | manken | [maŋkæn] |

131. Los trabajos. El estatus social

| escolar (m) | erkek öğrenci | [ærkæk ø:rændʒi] |
| estudiante (m) | öğrenci | [øjrændʒi] |

filósofo (m)	felsefeci	[fæʎsæfædʒi]
economista (m)	iktisatçı	[iktisatʃı]
inventor (m)	mucit	[mudʒit]

desempleado (m)	işsiz	[iʃsiz]
jubilado (m)	emekli	[æmækli]
espía (m)	ajan, casus	[aʒan], [dʒasus]

prisionero (m)	tutuklu	[tutuklu]
huelguista (m)	grevci	[grævdʒi]
burócrata (m)	bürokrat	[byrokrat]
viajero (m)	gezgin	[gæzgin]

| homosexual (m) | homoseksüel | [homosæksyæʎ] |
| pirata (m) informático | hekır | [hækır] |

bandido (m)	haydut	[hajdut]
sicario (m)	kiralık katil	[kiralık katiʎ]
drogadicto (m)	uyuşturucu bağımlısı	[ujuʃturudʒu baımlısı]
narcotraficante (m)	uyuşturucu taciri	[ujuʃturudʒu tadʒiri]
prostituta (f)	fahişe	[fahiʃæ]
chulo (m), proxeneta (m)	kadın tüccarı	[kadın tydʒarı]

brujo (m)	büyücü	[byjudʒy]
bruja (f)	büyücü kadın	[byjudʒy kadın]
pirata (m)	korsan	[korsan]
esclavo (m)	köle	[kølæ]
samurai (m)	samuray	[samuraj]
salvaje (m)	vahşi	[vahʃi]

Los deportes

132. Tipos de deportes. Deportistas

deportista (m)	sporcu	[spordʒu]
tipo (m) de deporte	spor çeşidi	[spor ʧæʃidi]
baloncesto (m)	basketbol	[baskætbol]
baloncestista (m)	basketbolcu	[baskætboldʒu]
béisbol (m)	beyzbol	[bæjzbol]
beisbolista (m)	beyzbolcu	[bæjzboldʒu]
fútbol (m)	futbol	[futbol]
futbolista (m)	futbolcu	[futboldʒu]
portero (m)	kaleci	[kalædʒi]
hockey (m)	hokey	[hokæj]
jugador (m) de hockey	hokeyci	[hokæjdʒi]
voleibol (m)	voleybol	[volæjbol]
voleibolista (m)	voleybolcu	[volæjboldʒu]
boxeo (m)	boks	[boks]
boxeador (m)	boksör	[boksør]
lucha (f)	güreş	[gyræʃ]
luchador (m)	güreşçi	[gyræʃʧi]
kárate (m)	karate	[karatæ]
karateka (m)	karateci	[karatædʒi]
judo (m)	judo	[ʒydo]
judoka (m)	judocu	[ʒydodʒu]
tenis (m)	tenis	[tænis]
tenista (m)	tenisçi	[tænisʧi]
natación (f)	yüzme	[juzmæ]
nadador (m)	yüzücü	[juzydʒy]
esgrima (f)	eskrim	[æskrim]
esgrimidor (m)	eskrimci	[æskrimdʒi]
ajedrez (m)	satranç	[satranʧ]
ajedrecista (m)	satranç oyuncusu	[satranʧ ojundʒusu]
alpinismo (m)	dağcılık	[da:dʒɯlɯk]
alpinista (m)	dağcı, alpinist	[da:dʒɯ], [alpinist]
carrera (f)	koşu	[koʃu]

corredor (m)	koşucu	[koʃudʒu]
atletismo (m)	atletizm	[atlætizm]
atleta (m)	atlet	[atlæt]

| deporte (m) hípico | atlı spor | [atlı spor] |
| jinete (m) | binici | [binidʒi] |

patinaje (m) artístico	artistik patinaj	[artistik patinaʒ]
patinador (m)	artistik patinajcı	[artistik patinaʒdʒi]
patinadora (f)	artistik patinajcı	[artistik patinaʒdʒi]

levantamiento (m) de pesas	ağırlık kaldırma	[aırlık kaldırma]
carreras (f pl) de coches	araba yarışı	[araba jarıʃı]
piloto (m) de carreras	yarışçı	[jarıʃtʃı]

| ciclismo (m) | bisiklet sporu | [bisiklæt sporu] |
| ciclista (m) | bisikletçi | [bisiklætʃi] |

salto (m) de longitud	uzun atlama	[uzun atlama]
salto (m) con pértiga	sırıkla atlama	[sırıkla atlama]
saltador (m)	atlayıcı	[atlajıdʒı]

133. Tipos de deportes. Miscelánea

fútbol (m) americano	Amerikan futbolu	[amærikan futbolu]
bádminton (m)	badminton	[badminton]
biatlón (m)	biatlon	[biatlon]
billar (m)	bilardo	[biʎardo]

bobsleigh (m)	bobsley, yarış kızağı	[bobslæj], [jarıʃ kızaı]
culturismo (m)	vücut geliştirme	[vydʒut gæliʃtirmæ]
waterpolo (m)	su topu	[su topu]
balonmano (m)	hentbol	[hæntbol]
golf (m)	golf	[goʎf]

remo (m)	kürek sporu	[kyræk sporu]
buceo (m)	dalgıçlık	[dalgıtʃlık]
esquí (m) de fondo	kros kayağı	[kros kajaı]
tenis (m) de mesa	masa tenisi	[masa tænisi]

vela (f)	yelken sporu	[jælkæn sporu]
rally (m)	ralli	[ralli]
rugby (m)	ragbi, rugby	[ragbi]
snowboarding (m)	snowboard	[snoubord]
tiro (m) con arco	okçuluk	[oktʃuluk]

134. El gimnasio

barra (f) de pesas	halter	[haltær]
pesas (f pl)	dambillar	[dambillar]
aparato (m) de ejercicios	spor aleti	[spor alæti]
bicicleta (f) estática	egzersiz bisikleti	[ægzærsiz bisiklæti]

cinta (f) de correr	koşu bandı	[koʃu bandı]
barra (f) fija	barfiks	[barfiks]
barras (f pl) paralelas	barparalel	[barparalæʎ]
potro (m)	at	[at]
colchoneta (f)	mat	[mat]
aeróbica (f)	aerobik	[aærobik]
yoga (m)	yoga	[joga]

135. El hóckey

hockey (m)	hokey	[hokæj]
jugador (m) de hockey	hokeyci	[hokæjdʒi]
jugar al hockey	hokey oynamak	[hokæj ojnamak]
hielo (m)	buz	[buz]
disco (m)	top	[top]
palo (m) de hockey	hokey sopası	[hokæj sopası]
patines (m pl)	paten	[patæn]
muro (m)	kenar	[kænar]
tiro (m)	atış	[atıʃ]
portero (m)	kaleci	[kalædʒi]
gol (m)	gol	[gol]
marcar un gol	gol atmak	[gol atmak]
período (m)	devre	[dævræ]
banquillo (m) de reserva	yedek kulübesi	[jædæk kulybæsi]

136. El fútbol

fútbol (m)	futbol	[futbol]
futbolista (m)	futbolcu	[futboldʒu]
jugar al fútbol	futbol oynamak	[futbol ojnamak]
liga (f) superior	üst lig	[just lig]
club (m) de fútbol	futbol kulübü	[futbol kylyby]
entrenador (m)	antrenör	[antrænør]
propietario (m)	sahip	[sahip]
equipo (m)	takım	[takım]
capitán (m) del equipo	takım kaptanı	[takım kaptanı]
jugador (m)	oyuncu	[ojundʒu]
reserva (m)	yedek oyuncu	[jædæk ojundʒu]
delantero (m)	forvet	[forvæt]
delantero centro (m)	santrafor	[santrafor]
goleador (m)	golcü	[goldʒy]
defensa (m)	müdafi	[mydafi]
medio (m)	orta saha oyuncusu	[orta saha ojundʒusu]
match (m)	maç	[matʃ]

encontrarse (vr)	karşılaşmak	[karʃılaʃmak]
final (m)	final	[final]
semifinal (f)	yarı final	[jarı final]
campeonato (m)	şampiyona	[ʃampiona]

tiempo (m)	yarı	[jarı]
primer tiempo (m)	birinci periyod	[birindʒi pæriod]
descanso (m)	ara	[ara]

puerta (f)	kale	[kalæ]
portero (m)	kaleci	[kalædʒi]
poste (m)	yan direk	[jan diræk]
larguero (m)	üst direk	[just diræk]
red (f)	file	[filæ]
recibir un gol	gol yemek	[gol jæmæk]

balón (m)	top	[top]
pase (m)	pas	[pas]
tiro (m)	vuruş	[vuruʃ]
lanzar un tiro	vuruş yapmak	[vuruʃ japmak]
tiro (m) de castigo	ceza vuruşu	[dʒæza vuruʃu]
saque (m) de esquina	köşe vuruşu	[køʃæ vuruʃu]

ataque (m)	atak, hücum	[atak], [hudʒym]
contraataque (m)	kontratak	[kontratak]
combinación (f)	kombinasyon	[kombinasʲon]

árbitro (m)	hakem	[hakæm]
silbar (vi)	düdük çalmak	[dydyk tʃalmak]
silbato (m)	düdük	[dydyk]
infracción (f)	ihlal	[ihlal]
cometer una infracción	ihlal etmek	[ihlal ætmæk]
expulsar del campo	oyundan atmak	[ojundan atmak]

tarjeta (f) amarilla	sarı kart	[sarı kart]
tarjeta (f) roja	kırmızı kart	[kırmızı kart]
descalificación (f)	diskalifiye	[diskalifijæ]
descalificar (vt)	diskalifiye etmek	[diskalifijæ ætmæk]

penalti (m)	penaltı	[pænaltı]
barrera (f)	baraj	[baraʒ]
meter un gol	atmak	[atmak]
gol (m)	gol	[gol]
marcar un gol	gol atmak	[gol atmak]

reemplazo (m)	değişiklik	[dæiʃiklik]
reemplazar (vt)	değiştirmek	[dæiʃtirmæk]
reglas (f pl)	kurallar	[kurallar]
táctica (f)	taktik	[taktik]

estadio (m)	stadyum	[stadjym]
gradería (f)	tribün	[tribyn]
hincha (m)	fan, taraftar	[fan], [taraftar]
gritar (vi)	bağırmak	[baırmak]
tablero (m)	tabela	[tabæʎa]
tanteo (m)	skor	[skor]

derrota (f)	yenilgi	[jæniʌgi]
perder (vi)	kaybetmek	[kajbætmæk]
empate (m)	beraberlik	[bærabærlik]
empatar (vi)	berabere kalmak	[bærabæræ kalmak]

victoria (f)	zafer	[zafær]
ganar (vi)	yenmek	[jænmæk]
campeón (m)	şampiyon	[ʃampion]
mejor (adj)	en iyi	[æn ijı]
felicitar (vt)	tebrik etmek	[tæbrik ætmæk]

comentarista (m)	yorumcu	[jorumdʒu]
comentar (vt)	yorum yapmak	[jorum japmak]
transmisión (f)	yayın	[jajın]

137. El esquí

esquís (m pl)	kayak	[kajak]
esquiar (vi)	kayak yapmak	[kajak japmak]
estación (f) de esquí	kayak merkezi	[kajak mærkæzi]
telesquí (m)	kayak teleferiği	[kajak tælæfæri:]

bastones (m pl)	kayak sopaları	[kajak sopaları]
cuesta (f)	yamaç	[jamatʃ]
eslalon (m)	slalom	[slalom]

138. El tenis. El golf

golf (m)	golf	[goʌf]
club (m) de golf	golf kulübü	[goʌf kulyby]
jugador (m) de golf	golf oyuncusu	[goʌf ojundʒusu]

hoyo (m)	çukur	[tʃukur]
palo (m)	golf sopası	[goʌf sopası]
carro (m) de golf	golf arabası	[goʌf arabası]

tenis (m)	tenis	[tænis]
cancha (f) de tenis	tenis kortu	[tænis kortu]
saque (m)	servis	[særvis]
sacar (servir)	servis yapmak	[særvis japmak]
raqueta (f)	raket	[rakæt]
red (f)	file	[filæ]
pelota (f)	top	[top]

139. El ajedrez

ajedrez (m)	satranç	[satrantʃ]
piezas (f pl)	satranç taşları	[satrantʃ taʃları]
ajedrecista (m)	satranç oyuncusu	[satrantʃ ojundʒusu]
tablero (m) de ajedrez	satranç tahtası	[satrantʃ tahtası]

pieza (f)	satranç taşı	[satrantʃ taʃı]
blancas (f pl)	beyazlar	[bæjazlar]
negras (f pl)	siyahlar	[sijahlar]

peón (m)	piyon	[pijon]
alfil (m)	fil	[fiʎ]
caballo (m)	at	[at]
torre (f)	kale	[kalæ]
reina (f)	vezir	[væzir]
rey (m)	şah	[ʃah]

jugada (f)	hamle	[hamlæ]
jugar (mover una pieza)	hamle yapmak	[hamlæ japmak]
sacrificar (vt)	feda etmek	[fæda ætmæk]
enroque (m)	rok yapma	[rok japma]
jaque (m)	şah	[ʃah]
mate (m)	mat	[mat]

torneo (m) de ajedrez	satranç turnuvası	[satrantʃ turnuvası]
gran maestro (m)	büyük üstat	[byjuk justat]
combinación (f)	kombinasyon	[kombinasʲon]
partida (f)	parti	[parti]
damas (f pl)	dama	[dama]

140. El boxeo

boxeo (m)	boks	[boks]
combate (m) (~ de boxeo)	boks maçı	[boks matʃi]
pelea (f) de boxeo	boks maçı	[boks matʃi]
asalto (m)	raunt	[raunt]

| cuadrilátero (m) | ring | [riŋ] |
| gong (m) | gong | [goŋ] |

golpe (m)	yumruk	[jumruk]
knockdown (m)	knockdown	[nokdaun]
nocaut (m)	nakavt	[nakavt]
noquear (vt)	nakavt etmek	[nakavt ætmæk]

| guante (m) de boxeo | boks eldiveni | [boks æʎdivæni] |
| árbitro (m) | hakem | [hakæm] |

peso (m) ligero	hafif sıklet	[hafif sıklæt]
peso (m) medio	orta sıklet	[orta sıklæt]
peso (m) pesado	ağır sıklet	[aır sıklæt]

141. Los deportes. Miscelánea

Juegos (m pl) Olímpicos	Olimpiyat Oyunları	[olimpijat ojunları]
vencedor (m)	galip, kazanan	[galip], [kazanan]
vencer (vi)	yenmek	[jænmæk]
ganar (vi)	kazanmak	[kazanmak]

| líder (m) | birinci | [birindʒi] |
| llevar la delantera | birinci olmak | [birindʒi olmak] |

primer puesto (m)	birincilik	[birindʒilik]
segundo puesto (m)	ikincilik	[ikindʒilik]
tercer puesto (m)	üçüncülük	[utʃundʒylyk]

medalla (f)	madalya	[madaʎja]
trofeo (m)	ganimet	[ganimæt]
copa (f) (trofeo)	kupa	[kupa]
premio (m)	ödül	[ødyʎ]
premio (m) principal	büyük ödülü	[byjuk ødyly]

| record (m) | rekor | [rækor] |
| establecer un record | rekor kırmak | [rækor kırmak] |

| final (m) | final | [final] |
| de final (adj) | final | [final] |

| campeón (m) | şampiyon | [ʃampion] |
| campeonato (m) | şampiyona | [ʃampiona] |

estadio (m)	stadyum	[stadjym]
gradería (f)	tribün	[tribyn]
hincha (m)	fan, taraftar	[fan], [taraftar]
adversario (m)	rakip	[rakip]

| arrancadero (m) | start | [start] |
| línea (f) de meta | finiş | [finiʃ] |

| derrota (f) | yenilgi | [jæniʎgi] |
| perder (vi) | kaybetmek | [kajbætmæk] |

árbitro (m)	hakem	[hakæm]
jurado (m)	jüri	[ʒyri]
cuenta (f)	skor	[skor]
empate (m)	beraberlik	[bærabærlik]
empatar (vi)	berabere kalmak	[bærabæræ kalmak]
punto (m)	sayı	[sajı]
resultado (m)	sonuç	[sonutʃ]

| tiempo (m) | devre | [dævræ] |
| descanso (m) | ara | [ara] |

droga (f), doping (m)	doping	[dopiŋ]
penalizar (vt)	ceza vermek	[dʒæza værmæk]
descalificar (vt)	diskalifiye etmek	[diskalifijæ ætmæk]

aparato (m)	alet	[alæt]
jabalina (f)	cirit	[dʒirit]
peso (m) (lanzamiento de ~)	gülle	[gyllæ]
bola (f) (billar, etc.)	top	[top]

objetivo (m)	hedef	[hædæf]
blanco (m)	hedef	[hædæf]
tirar (vi)	ateş etmek	[atæʃ ætmæk]

preciso (~ disparo)	tam	[tam]
entrenador (m)	antrenör	[antrænør]
entrenar (vt)	çalıştırmak	[tʃalɪʃtɪrmak]
entrenarse (vr)	antrenman yapmak	[antrænman japmak]
entrenamiento (m)	antrenman	[idman], [antrænman]
gimnasio (m)	spor salonu	[spor salonu]
ejercicio (m)	egzersiz	[ægzærsiz]
calentamiento (m)	ısınma	[ɪsɪnma]

La educación

142. La escuela

| escuela (f) | okul | [okul] |
| director (m) de escuela | okul müdürü | [okul mydyry] |

alumno (m)	öğrenci	[øjrænʤi]
alumna (f)	öğrenci	[øjrænʤi]
escolar (m)	erkek öğrenci	[ærkæk øːrænʤi]
escolar (f)	kız öğrenci	[kɪz øjrænʤi]

enseñar (vt)	öğretmek	[øjrætmæk]
aprender (ingles, etc.)	öğrenmek	[øjrænmæk]
aprender de memoria	ezberlemek	[æzbærlæmæk]

| aprender (a leer, etc.) | öğrenmek | [øjrænmæk] |
| estar en la escuela | okula gitmek | [okula gitmæk] |

| alfabeto (m) | alfabe | [aʎfabæ] |
| materia (f) | ders | [dærs] |

clase (f), aula (f)	sınıf	[sɪnɪf]
lección (f)	ders	[dærs]
recreo (m)	teneffüs	[tænæffys]
campana (f)	zil	[ziʎ]
pupitre (m)	okul sırası	[okul sɪrası]
pizarra (f)	kara tahta	[kara tahta]

nota (f)	not	[not]
buena nota (f)	iyi not	[ijɪ not]
mala nota (f)	kötü not	[køty not]
poner una nota	not vermek	[not værmæk]

falta (f)	hata	[hata]
hacer faltas	hata yapmak	[hata japmak]
corregir (un error)	düzeltmek	[dyzæʎtmæk]
chuleta (f)	kopya	[kopja]

| deberes (m pl) de casa | ev ödevi | [æv ødævi] |
| ejercicio (m) | egzersiz | [ægzærsiz] |

| estar presente | bulunmak | [bulunmak] |
| estar ausente | bulunmamak | [bulunmamak] |

castigar (vt)	cezalandırmak	[ʤæzalandɪrmak]
castigo (m)	ceza	[ʤæza]
conducta (f)	davranış	[davranɪʃ]
libreta (f) de notas	karne	[karnæ]
lápiz (f)	kurşun kalem	[kurʃun kalæm]

goma (f) de borrar	silgi	[siʌgi]
tiza (f)	tebeşir	[tæbæʃir]
cartuchera (f)	kalemlik	[kalæmlik]

mochila (f)	çanta	[ʧanta]
bolígrafo (m)	tükenmez kalem	[tykænmæz kalæm]
cuaderno (m)	defter	[dæftær]
manual (m)	ders kitabı	[dærs kitabı]
compás (m)	pergel	[pærgæʌ]

| trazar (vi, vt) | çizmek | [ʧizmæk] |
| dibujo (m) técnico | teknik resim | [tæknik ræsim] |

poema (m), poesía (f)	şiir	[ʃi:r]
de memoria (adv)	ezbere	[æzbæræ]
aprender de memoria	ezberlemek	[æzbærlæmæk]

| vacaciones (f pl) | okul tatili | [okul tatili] |
| estar de vacaciones | tatilde olmak | [tatiʌdæ olmak] |

prueba (f) escrita	sınav	[sınaf]
composición (f)	kompozisyon	[kompozisʲon]
dictado (m)	dikte	[diktæ]
examen (m)	sınav	[sınaf]
hacer un examen	sınav olmak	[sınav olmak]
experimento (m)	deney	[dænæj]

143. Los institutos. La Universidad

academia (f)	akademi	[akadæmi]
universidad (f)	üniversite	[juniværsitæ]
facultad (f)	fakülte	[fakyʌtæ]

estudiante (m)	öğrenci	[øjrænʤi]
estudiante (f)	öğrenci	[øjrænʤi]
profesor (m)	öğretmen	[øjrætmæn]
aula (f)	dersane	[dærsanæ]
graduado (m)	mezun	[mæzun]
diploma (m)	diploma	[diploma]
tesis (f) de grado	tez	[tæz]
estudio (m)	inceleme	[inʤælæmæ]
laboratorio (m)	laboratuvar	[laboratuvar]

clase (f)	ders	[dærs]
compañero (m) de curso	sınıf arkadaşı	[sınıf arkadaʃı]
beca (f)	burs	[burs]
grado (m) académico	akademik derece	[akadæmik dæræʤæ]

144. Las ciencias. Las disciplinas

| matemáticas (f pl) | matematik | [matæmatik] |
| álgebra (f) | cebir | [ʤæbir] |

geometría (f)	geometri	[gæomætri]
astronomía (f)	astronomi	[astronomi]
biología (f)	biyoloji	[bioloʒi]
geografía (f)	coğrafya	[dʒorafja]
geología (f)	jeoloji	[ʒæoloʒi]
historia (f)	tarih	[tarih]

medicina (f)	tıp	[tıp]
pedagogía (f)	pedagoji	[pædagoʒi]
derecho (m)	hukuk	[hukuk]

física (f)	fizik	[fizik]
química (f)	kimya	[kimja]
filosofía (f)	felsefe	[fæʌsæfæ]
psicología (f)	psikoloji	[psikoloʒi]

145. Los sistemas de escritura. La ortografía

gramática (f)	gramer	[gramær]
vocabulario (m)	kelime hazinesi	[kælimæ hazinæsi]
fonética (f)	fonetik	[fonætik]

sustantivo (m)	isim	[isim]
adjetivo (m)	sıfat	[sıfat]
verbo (m)	fiil	[fi:ʌ]
adverbio (m)	zarf	[zarf]

pronombre (m)	zamir	[zamir]
interjección (f)	ünlem	[junlæm]
preposición (f)	edat, ilgeç	[ædat], [ilgætʃ]

raíz (f), radical (m)	kelime kökü	[kælimæ køky]
desinencia (f)	sonek	[sonæk]
prefijo (m)	ön ek	[øn æk]
sílaba (f)	hece	[hædʒæ]
sufijo (m)	son ek	[son æk]

| acento (m) | vurgu | [vurgu] |
| apóstrofo (m) | apostrof | [apostrof] |

punto (m)	nokta	[nokta]
coma (f)	virgül	[virgyʌ]
punto y coma	noktalı virgül	[noktalı virgyʌ]
dos puntos (m pl)	iki nokta	[iki nokta]
puntos (m pl) suspensivos	üç nokta	[jutʃ nokta]

| signo (m) de interrogación | soru işareti | [soru iʃaræti] |
| signo (m) de admiración | ünlem işareti | [junlæm iʃaræti] |

comillas (f pl)	tırnak	[tırnak]
entre comillas	tırnak içinde	[tırnak itʃindæ]
paréntesis (m)	parantez	[parantæz]
entre paréntesis	parantez içinde	[parantæz itʃindæ]
guión (m)	kısa çizgi	[kısa tʃizgi]

| raya (f) | tire | [tiræ] |
| blanco (m) | boşluk, ara | [boʃluk], [ara] |

| letra (f) | harf | [harf] |
| letra (f) mayúscula | büyük harf | [byjuk harf] |

| vocal (f) | ünlü, sesli | [junly], [sæsli] |
| consonante (m) | ünsüz, sessiz | [junsyz], [sæssiz] |

oración (f)	cümle	[dʒymlæ]
sujeto (m)	özne	[øznæ]
predicado (m)	yüklem	[juklæm]

línea (f)	satır	[satır]
en una nueva línea	yeni satırdan	[jæni satırdan]
párrafo (m)	paragraf	[paragraf]

palabra (f)	söz, kelime	[søz], [kælimæ]
combinación (f) de palabras	kelime grubu	[kælimæ grubu]
expresión (f)	deyim, ifade	[dæim], [ifadæ]
sinónimo (m)	eşanlamlı sözcük	[æʃanlamlı søzdʒyk]
antónimo (m)	karşıt anlamlı sözcük	[karʃıt anlamlı søzʒyk]

regla (f)	kural	[kural]
excepción (f)	istisna	[istisna]
correcto (adj)	doğru	[do:ru]

conjugación (f)	fiil çekimi	[fi:l tʃækimi]
declinación (f)	isim çekimi	[isim tʃækimi]
caso (m)	hal	[haʎ]
pregunta (f)	soru	[soru]
subrayar (vt)	altını çizmek	[altını tʃizmæk]
línea (f) de puntos	noktalar	[noktalar]

146. Los idiomas extranjeros

lengua (f)	dil	[diʎ]
lengua (f) extranjera	yabancı dil	[jabandʒı diʎ]
estudiar (vt)	öğrenim görmek	[øjrænim gørmæk]
aprender (ingles, etc.)	öğrenmek	[øjrænmæk]

leer (vi, vt)	okumak	[okumak]
hablar (vi, vt)	konuşmak	[konuʃmak]
comprender (vt)	anlamak	[anlamak]
escribir (vt)	yazmak	[jazmak]

rápidamente (adv)	çabuk	[tʃabuk]
lentamente (adv)	yavaş	[javaʃ]
con fluidez (adv)	akıcı bir şekilde	[akıdʒı bir ʃækiʎdæ]

reglas (f pl)	kurallar	[kurallar]
gramática (f)	gramer	[gramær]
vocabulario (m)	kelime hazinesi	[kælimæ hazinæsi]
fonética (f)	fonetik	[fonætik]

129

manual (m)	ders kitabı	[dærs kitabı]
diccionario (m)	sözlük	[søzlyk]
manual (m) autodidáctico	öz eğitim rehberi	[øz æitim ræhbæri]
guía (f) de conversación	konuşma kılavuzu	[konuʃma kılavuzu]

casete (m)	kaset	[kasæt]
videocasete (f)	videokaset	[vidæokasæt]
CD (m)	CD	[sidi]
DVD (m)	DVD	[dividi]

alfabeto (m)	alfabe	[aʎfabæ]
deletrear (vt)	hecelemek	[hædʒælæmæk]
pronunciación (f)	telaffuz	[tælaffyz]

acento (m)	aksan	[aksan]
con acento	aksan ile	[aksan ilæ]
sin acento	aksansız	[aksansız]

palabra (f)	kelime	[kælimæ]
significado (m)	mana	[mana]

cursos (m pl)	kurslar	[kurslar]
inscribirse (vr)	yazılmak	[jazılmak]
profesor (m) (~ de inglés)	öğretmen	[øjrætmæn]

traducción (f) (proceso)	çeviri	[ʧæviri]
traducción (f) (texto)	tercüme	[tærdʒymæ]
traductor (m)	çevirmen	[ʧævirmæn]
intérprete (m)	tercüman	[tærdʒyman]

políglota (m)	birçok dil bilen	[birˈʧok diʎ bilæn]
memoria (f)	hafıza	[hafıza]

147. Los personajes de los cuentos de hadas

Papá Noel (m)	Noel Baba	[noæʎ baba]
sirena (f)	denizkızı	[dænizkızı]

mago (m)	sihirbaz	[sihirbaz]
maga (f)	peri	[sihirbaz]
mágico (adj)	sihirli	[sihirli]
varita (f) mágica	sihirli değnek	[sihirli dæ:næk]

cuento (m) de hadas	masal	[masal]
milagro (m)	harika	[harika]

enano (m)	cüce	[dʒydʒæ]
transformarse en ...	... dönüşmek	[dønyʃmæk]

espíritu (m) (fantasma)	hayalet	[hajalæt]
fantasma (m)	hortlak	[hortlak]
monstruo (m)	canavar	[dʒanavar]
dragón (m)	ejderha	[æʒdærha]
gigante (m)	dev	[dæv]

148. Los signos de zodiaco

Aries (m)	Koç	[kotʃ]
Tauro (m)	Boğa	[boa]
Géminis (m pl)	İkizler	[ikizlær]
Cáncer (m)	Yengeç	[jæŋætʃ]
Leo (m)	Aslan	[aslan]
Virgo (m)	Başak	[baʃak]
Libra (f)	Terazi	[tærazi]
Escorpio (m)	Akrep	[akræp]
Sagitario (m)	Yay	[jaj]
Capricornio (m)	Oğlak	[oːlak]
Acuario (m)	Kova	[kova]
Piscis (m pl)	Balık	[balık]
carácter (m)	karakter	[karaktær]
rasgos (m pl) de carácter	karakter özellikleri	[karaktær øzælliklæri]
conducta (f)	davranış	[davranıʃ]
decir la buenaventura	fal bakmak	[fal bakmak]
adivinadora (f)	falcı	[faldʒı]
horóscopo (m)	yıldız falı	[jıldız falı]

El arte

149. El teatro

teatro (m)	tiyatro	[tijatro]
ópera (f)	opera	[opæra]
opereta (f)	operet	[opæræt]
ballet (m)	bale	[balæ]

cartelera (f)	afiş	[afiʃ]
compañía (f) de teatro	trup	[trup]
gira (f) artística	turne	[turnæ]
hacer una gira artística	turneye çıkmak	[turnæjæ tʃɪkmak]
ensayar (vi, vt)	prova yapmak	[prova japmak]
ensayo (m)	prova	[prova]
repertorio (m)	repertuvar	[ræpærtuvar]

representación (f)	temsil	[tæmsiʎ]
espectáculo (m)	gösteri	[gøstæri]
pieza (f) de teatro	tiyatro oyunu	[tijatro ojunu]

billet (m)	bilet	[bilæt]
taquilla (f)	bilet gişesi	[bilæt giʃæsi]
vestíbulo (m)	hol	[hol]
guardarropa (f)	vestiyer	[væstijær]
ficha (f) de guardarropa	vestiyer numarası	[væstijær numarasɪ]
gemelos (m pl)	dürbün	[dyrbyn]
acomodador (m)	yer gösterici	[jær gøstæridʒi]

patio (m) de butacas	parter	[partær]
balconcillo (m)	balkon	[balkon]
entresuelo (m)	birinci balkon	[birindʒi balkon]
palco (m)	loca	[lodʒa]
fila (f)	sıra	[sɪra]
asiento (m)	yer	[jær]

público (m)	izleyiciler	[izlæjɪdʒilær]
espectador (m)	izleyici	[izlæjɪdʒi]
aplaudir (vi, vt)	alkışlamak	[alkɪʃlamak]
aplausos (m pl)	alkış	[alkɪʃ]
ovación (f)	şiddetli alkışlar	[ʃiddætli alkɪʃlar]

escenario (m)	sahne	[sahnæ]
telón (m)	perde	[pærdæ]
decoración (f)	sahne dekoru	[sahnæ dækoru]
bastidores (m pl)	kulis	[kulis]

escena (f)	sahne	[sahnæ]
acto (m)	perde	[pærdæ]
entreacto (m)	perde arası	[pærdæ arasɪ]

150. El cine

actor (m)	aktör	[aktør]
actriz (f)	aktris	[aktris]
cine (m) (industria)	sinema	[sinæma]
película (f)	film	[film]
episodio (m)	bölüm, kısım	[bølym], [kısım]
película (f) policíaca	dedektif filmi	[dædæktif filmi]
película (f) de acción	aksiyon filmi	[aksijon filmi]
película (f) de aventura	macera filmi	[madʒæra filmi]
película (f) de ciencia ficción	bilim kurgu filmi	[bilim kurgu filmi]
película (f) de horror	korku filmi	[korku fiʎmi]
película (f) cómica	komedi filmi	[komædi fiʎmi]
melodrama (m)	melodram	[mælodram]
drama (m)	dram	[dram]
película (f) de ficción	kurgusal film	[kurgusaʎ film]
documental (m)	belgesel film	[bæʎgæsæʎ film]
dibujos (m pl) animados	çizgi film	[ʧizgi film]
cine (m) mudo	sessiz film	[sæssiz film]
papel (m)	rol	[roʎ]
papel (m) principal	başrol	[baʃrol]
interpretar (vt)	oynamak	[ojnamak]
estrella (f) de cine	sinema yıldızı	[sinæma jıldızı]
conocido (adj)	meşhur	[mæʃhur]
famoso (adj)	ünlü	[junly]
popular (adj)	popüler	[popylær]
guión (m) de cine	senaryo	[sænarʲo]
guionista (m)	senaryo yazarı	[sænarʲo jazarı]
director (m) de cine	yönetmen	[jonætmæn]
productor (m)	yapımcı	[japımdʒı]
asistente (m)	asistan	[asistan]
operador (m)	kameraman	[kamæraman]
doble (m) de riesgo	dublör	[dublør]
filmar una película	film çekmek	[film ʧækmæk]
audición (f)	oyuncu seçmesi	[ojundʒu sæʧmæsi]
rodaje (m)	çekimler	[ʧækimlær]
equipo (m) de rodaje	çekim ekibi	[ʧækim ækibi]
plató (m) de rodaje	plato	[plato]
cámara (f)	film kamerası	[filim kamærası]
cine (m) (iremos al ~)	sinema	[sinæma]
pantalla (f)	ekran	[ækran]
mostrar la película	film göstermek	[film gøstærmæk]
pista (f) sonora	ses yolu	[sæs jolu]
efectos (m pl) especiales	özel efektler	[øzæʎ æfæktlær]
subtítulos (m pl)	altyazı	[altʲazı]

| créditos (m pl) | filmin tanıtma yazıları | [filmin tanıtma jazıları] |
| traducción (f) | çeviri | [ʧæviri] |

151. La pintura

arte (m)	sanat	[sanat]
bellas artes (f pl)	güzel sanatlar	[gyzæʎ sanatlar]
galería (f) de arte	sanat galerisi	[sanat galærisi]
exposición (f) de arte	resim sergisi	[ræsim særgisi]

pintura (f)	ressamlık	[ræssamlık]
gráfica (f)	grafik sanatı	[grafik sanatı]
abstraccionismo (m)	soyut sanat	[sojut sanat]
impresionismo (m)	izlenimcilik	[izlænimdʒilik]

pintura (f)	tablo, resim	[tablo], [ræsim]
dibujo (m)	resim	[ræsim]
pancarta (f)	poster, afiş	[postær], [afiʃ]

ilustración (f)	çizim, resim	[ʧizim], [ræsim]
miniatura (f)	minyatür	[miɲatyr]
copia (f)	kopya	[kopja]
reproducción (f)	reprodüksiyon	[ræprodyksijon]

mosaico (m)	mozaik	[mozaik]
vidriera (f)	vitray	[vitraj]
fresco (m)	fresk	[fræsk]
grabado (m)	gravür	[gravyr]

busto (m)	büst	[byst]
escultura (f)	heykel	[hæjkæʎ]
estatua (f)	yontu	[jontu]
yeso (m)	alçı, sıva	[alʧı], [sıva]
en yeso (adj)	alçıdan	[alʧıdan]

retrato (m)	portre	[portræ]
autorretrato (m)	kendi portresi	[kændi portræsi]
paisaje (m)	peyzaj	[pæjzaʒ]
naturaleza (f) muerta	natürmort	[natyrmort]
caricatura (f)	karikatür	[karikatyr]
boceto (m)	taslak	[taslak]

pintura (f)	boya	[boja]
acuarela (f)	suluboya	[suluboja]
óleo (m)	yağlı boya	[ja:lı boja]
lápiz (f)	kurşun kalem	[kurʃun kalæm]
tinta (f) china	çini mürekkebi	[ʧini myrækkæbi]
carboncillo (m)	kömür	[kømyr]

| dibujar (vi, vt) | resim çizmek | [ræsim ʧizmæk] |
| pintar (vi, vt) | resim yapmak | [ræsim japmak] |

| posar (vi) | poz vermek | [poz værmæk] |
| modelo (m) | model | [modæʎ] |

modelo (f)	model	[modæʎ]
pintor (m)	ressam	[ræssam]
obra (f) de arte	eser	[æsær]
obra (f) maestra	şaheser	[ʃahæsær]
estudio (m) (de un artista)	atölye	[atøʎ'æ]

lienzo (m)	keten bezi	[kætæn bæzi]
caballete (m)	sehpa	[sæhpa]
paleta (f)	palet	[palæt]

marco (m)	çerçeve	[tʃærtʃævæ]
restauración (f)	restorasyon	[ræstorasʲon]
restaurar (vt)	restore etmek	[ræstoræ ætmæk]

152. La literatura y la poesía

literatura (f)	edebiyat	[ædæbijat]
autor (m) (escritor)	yazar	[jazar]
seudónimo (m)	takma ad	[takma ad]

libro (m)	kitap	[kitap]
tomo (m)	cilt	[dʒiʎt]
tabla (f) de contenidos	içindekiler listesi	[itʃindækilær listæsi]
página (f)	sayfa	[sajfa]
héroe (m) principal	ana karakter	[ana karaktær]
autógrafo (m)	imza	[imza]

relato (m) corto	öykü	[øjky]
cuento (m)	uzun öykü	[uzun øjky]
novela (f)	roman	[roman]
obra (f) literaria	eser	[æsær]
fábula (f)	fabl	[fabl]
novela (f) policíaca	polisiye roman	[polisʲæ roman]

verso (m)	şiir	[ʃi:r]
poesía (f)	şiirler	[ʃi:rlær]
poema (f)	uzun şiir	[uzun ʃi:r]
poeta (m)	şair	[ʃair]

bellas letras (f pl)	edebiyat	[ædæbijat]
ciencia ficción (f)	bilim kurgu	[bilim kurgu]
aventuras (f pl)	maceralar	[madʒæralar]
literatura (f) didáctica	eğitim edebiyatı	[æitim ædæbijatı]
literatura (f) infantil	çocuk edebiyatı	[tʃodʒuk ædæbijatı]

153. El circo

circo (m)	sirk	[sirk]
programa (m)	program	[program]
representación (f)	gösteri	[gøstæri]
número (m)	oyun	[ojun]
arena (f)	arena	[aræna]

| pantomima (f) | pantomim | [pantomim] |
| payaso (m) | palyaço | [paʎjatʃo] |

acróbata (m)	cambaz	[ʤambaz]
acrobacia (f)	akrobasi	[akrobasi]
gimnasta (m)	jimnastikçi	[ʒimnastiktʃi]
gimnasia (f)	jimnastik	[ʒimnastik]
salto (m)	perende	[pærændæ]

forzudo (m)	atlet	[atlæt]
domador (m)	hayvan terbiyecisi	[hajvan tærbijæʤisi]
caballista (m)	binici	[biniʤi]
asistente (m)	asistan	[asistan]

truco (m)	akrobasi	[akrobasi]
truco (m) de magia	hokkabazlık	[hokkabazlɯk]
ilusionista (m)	sihirbaz	[sihirbaz]

malabarista (m)	hokkabaz	[hokkabaz]
hacer malabarismos	hokkabazlık yapmak	[hokkabazlɯk japmak]
amaestrador (m)	terbiyeci	[tærbijæʤi]
amaestramiento (m)	terbiye	[tærbijæ]
amaestrar (vt)	terbiye etmek	[tærbijæ ætmæk]

154. La música. La música popular

música (f)	müzik	[myzik]
músico (m)	müzisyen	[myzisʲæn]
instrumento (m) musical	müzik aleti	[myzik alæti]
tocar ...	... çalmak	[tʃalmak]

guitarra (f)	gitar	[gitar]
violín (m)	keman	[kæman]
violonchelo (m)	viyolonsel	[violonsæl]
contrabajo (m)	kontrabas	[kontrabas]
arpa (f)	arp	[arp]

piano (m)	piyano	[pijano]
piano (m) de cola	kuyruklu piyano	[kujruklu pijano]
órgano (m)	organ	[organ]

instrumentos (m pl) de viento	nefesli çalgılar	[næfæsli tʃalgɯlar]
oboe (m)	obua	[obua]
saxofón (m)	saksofon	[saksofon]
clarinete (m)	klarnet	[klarnæt]
flauta (f)	flüt	[flyt]
trompeta (f)	trompet	[trompæt]

| acordeón (m) | akordeon | [akordæon] |
| tambor (m) | davul | [davul] |

dúo (m)	düet, düo	[dyæt], [dyo]
trío (m)	trio	[trio]
cuarteto (m)	kuartet, dörtlü	[kuartæt], [dørtly]

coro (m)	koro	[koro]
orquesta (f)	orkestra	[orkæstra]
música (f) pop	pop müzik	[pop myzik]
música (f) rock	rock müzik	[rok myzik]
grupo (m) de rock	rock grubu	[rok grubu]
jazz (m)	caz	[ʤaz]
ídolo (m)	idol	[idol]
admirador (m)	hayran	[hajran]
concierto (m)	konser	[konsær]
sinfonía (f)	senfoni	[sænfoni]
composición (f)	beste	[bæstæ]
escribir (vt)	bestelemek	[bæstælæmæk]
canto (m)	şarkı söyleme	[ʃarkı søjlæmæ]
canción (f)	şarkı	[ʃarkı]
melodía (f)	melodi	[mælodi]
ritmo (m)	ritm	[ritm]
blues (m)	caz	[ʤaz]
notas (f pl)	ciltlenmemiş notalar	[ʤiltlænmæmiʃ notalar]
batuta (f)	orkestra şefinin çubuğu	[orkæstra ʃefinin ʧubu:]
arco (m)	keman yayı	[kæman jajı]
cuerda (f)	tel	[tæʎ]
estuche (m)	kutu	[kutu]

Los restaurantes. El entretenimiento. El viaje

155. El viaje. Viajar

turismo (m)	turizm	[turizm]
turista (m)	turist	[turist]
viaje (m)	seyahat	[sæjahat]
aventura (f)	macera	[madʒæra]
viaje (m)	gezi	[gæzi]
vacaciones (f pl)	izin	[izin]
estar de vacaciones	izinli olmak	[izinli olmak]
descanso (m)	istirahat	[istirahat]
tren (m)	tren	[træn]
en tren	trenle	[trænlæ]
avión (m)	uçak	[utʃak]
en avión	uçakla	[utʃakla]
en coche	arabayla	[arabajla]
en barco	gemide	[gæmidæ]
equipaje (m)	bagaj	[bagaʒ]
maleta (f)	bavul	[bavul]
carrito (m) de equipaje	bagaj arabası	[bagaʒ arabası]
pasaporte (m)	pasaport	[pasaport]
visado (m)	vize	[vizæ]
billete (m)	bilet	[bilæt]
billete (m) de avión	uçak bileti	[utʃak bilæti]
guía (f) (libro)	rehber	[ræhbær]
mapa (m)	harita	[harita]
área (m) (~ rural)	alan	[alan]
lugar (m)	yer	[jær]
exotismo (m)	egzotik	[ækzotik]
exótico (adj)	egzotik	[ækzotik]
asombroso (adj)	şaşırtıcı	[ʃaʃırtıdʒı]
grupo (m)	grup	[grup]
excursión (f)	gezi	[gæzi]
guía (m) (persona)	rehber	[ræhbær]

156. El hotel

hotel (m)	otel	[otæʎ]
motel (m)	motel	[motæʎ]
de tres estrellas	üç yıldızlı	[jutʃ jıldızlı]

| de cinco estrellas | beş yıldızlı | [bæʃ jıldızlı] |
| hospedarse (vr) | kalmak | [kalmak] |

habitación (f)	oda	[oda]
habitación (f) individual	tek kişilik oda	[tæk kiʃilik oda]
habitación (f) doble	iki kişilik oda	[iki kiʃilik oda]
reservar una habitación	oda ayırtmak	[oda aırtmak]

| media pensión (f) | yarım pansiyon | [jarım pansⁱon] |
| pensión (f) completa | tam pansiyon | [tam pansⁱon] |

con baño	banyolu	[baɲjolu]
con ducha	duşlu	[duʃlu]
televisión (f) satélite	uydu televizyonu	[ujdu tælævizⁱonu]
climatizador (m)	klima	[klima]
toalla (f)	havlu	[havlu]
llave (f)	anahtar	[anahtar]

administrador (m)	idareci	[idarædʒi]
camarera (f)	hizmetçi	[hizmætʃi]
maletero (m)	hamal	[hamal]
portero (m)	kapıcı	[kapıdʒı]

restaurante (m)	restoran	[ræstoran]
bar (m)	bar	[bar]
desayuno (m)	kahvaltı	[kahvaltı]
cena (f)	akşam yemeği	[akʃam jæmæi]
buffet (m) libre	açık büfe	[atʃık byfæ]

| vestíbulo (m) | lobi | [lobi] |
| ascensor (m) | asansör | [asansør] |

| NO MOLESTAR | RAHATSIZ ETMEYIN | [rahatsız ætmæjın] |
| PROHIBIDO FUMAR | SİGARA İÇİLMEZ | [sigara itʃiʎmæz] |

157. Los libros. La lectura

libro (m)	kitap	[kitap]
autor (m)	müellif	[myællif]
escritor (m)	yazar	[jazar]
escribir (~ un libro)	yazmak	[jazmak]

lector (m)	okur	[okur]
leer (vi, vt)	okumak	[okumak]
lectura (f)	okuma	[okuma]

| en silencio | içinden | [itʃindæn] |
| en voz alta | sesli | [sæsli] |

editar (vt)	yayımlamak	[jajımlamak]
edición (f) (~ de libros)	yayım	[jajım]
editor (m)	yayımcı	[jajımdʒı]
editorial (f)	yayınevi	[jajınævi]
salir (libro)	çıkmak	[tʃıkmak]

salida (f) (de un libro)	yayınlanma	[jajınlanma]
tirada (f)	tiraj	[tiraʒ]
librería (f)	kitabevi	[kitabævi]
biblioteca (f)	kütüphane	[kytyphanæ]
cuento (m)	uzun öykü	[uzun øjky]
relato (m) corto	öykü	[øjky]
novela (f)	roman	[roman]
novela (f) policíaca	polisiye roman	[polisʲæ roman]
memorias (f pl)	anılar	[anılar]
leyenda (f)	efsane	[æfsanæ]
mito (m)	mit	[mit]
versos (m pl)	şiir	[ʃi:r]
autobiografía (f)	otobiyografi	[otobijografi]
obras (f pl) escogidas	seçkin eserler	[sætʃkin æsærlær]
ciencia ficción (f)	bilim kurgu	[bilim kurgu]
título (m)	isim	[isim]
introducción (f)	giriş	[giriʃ]
portada (f)	başlık sayfası	[baʃlık sajfası]
capítulo (m)	bölüm	[bølym]
extracto (m)	parça	[partʃa]
episodio (m)	kısım	[kısım]
sujeto (m)	konu, tema	[konu], [tæma]
contenido (m)	içindekiler	[itʃindækilær]
tabla (f) de contenidos	içindekiler listesi	[itʃindækilær listæsi]
héroe (m) principal	ana karakter	[ana karaktær]
tomo (m)	cilt	[dʒiʎt]
cubierta (f)	kapak	[kapak]
encuadernado (m)	cilt	[dʒiʎt]
marcador (m) de libro	kitap ayracı	[kitap ajradʒı]
página (f)	sayfa	[sajfa]
hojear (vt)	göz atmak	[gøz atmak]
márgenes (m pl)	kenar boşluğu	[kænar boʃlu:]
anotación (f)	not	[not]
nota (f) a pie de página	dipnot	[dipnot]
texto (m)	metin	[mætin]
fuente (f)	yazı tipi	[jazı tipi]
errata (f)	baskı hatası	[baskı hatası]
traducción (f)	çeviri	[tʃæviri]
traducir (vt)	çevirmek	[tʃævirmæk]
original (m)	asıl, orijinal	[asıl], [oriʒinal]
famoso (adj)	ünlü	[junly]
desconocido (adj)	meçhul	[metʃhuʎ]
interesante (adj)	ilginç	[iʎgintʃ]
best-seller (m)	çok satılan kitap	[tʃok satılan kitap]

diccionario (m)	sözlük	[søzlyk]
manual (m)	ders kitabı	[dærs kitabı]
enciclopedia (f)	ansiklopedi	[ansiklopædi]

158. La caza. La pesca

caza (f)	av	[av]
cazar (vi, vt)	avlamak	[avlamak]
cazador (m)	avcı	[avdʒı]

tirar (vi)	ateş etmek	[atæʃ ætmæk]
fusil (m)	tüfek	[tyfæk]
cartucho (m)	fişek	[fiʃæk]
perdigón (m)	saçma	[satʃma]

cepo (m)	kapan	[kapan]
trampa (f)	tuzak	[tuzak]
poner una trampa	tuzak kurmak	[tuzak kurmak]
cazador (m) furtivo	kaçak avcı	[katʃak avdʒı]
caza (f) menor	av hayvanları	[av hajvanları]
perro (m) de caza	av köpeği	[av køpæi]
safari (m)	safari	[safari]
animal (m) disecado	doldurulmuş hayvan	[doldurulmuʃ hajvan]

pescador (m)	balıkçı	[balıktʃı]
pesca (f)	balık avı	[balık avı]
pescar (vi)	balık tutmak	[balık tutmak]
caña (f) de pescar	olta	[olta]
sedal (m)	olta ipi	[olta ipi]
anzuelo (m)	olta iğnesi	[olta i:næsi]
flotador (m)	olta mantarı	[olta mantarı]
cebo (m)	yem	[jæm]

lanzar el anzuelo	olta atmak	[olta atmak]
picar (vt)	oltaya vurmak	[oltaja vurmak]
pesca (f) (lo pescado)	tutulan balık miktarı	[tutulan balık miktarı]
agujero (m) en el hielo	buzda açılmış oyuk	[buzda atʃilmıʃ ojuk]

red (f)	ağ	[a:]
barca (f)	kayık	[kajık]
pescar con la red	ağ ile yakalamak	[a: ilæ jakalamak]
tirar la red	ağ atmak	[a: atmak]
sacar la red	ağı çıkarmak	[a:ı tʃıkarmak]

ballenero (m) (persona)	balina avcısı	[balina avdʒısı]
ballenero (m) (barco)	balina gemisi	[balina gæmisi]
arpón (m)	zıpkın	[zıpkın]

159. Los juegos. El billar

| billar (m) | bilardo | [biʎardo] |
| sala (f) de billar | bilardo salonu | [biʎardo salonu] |

bola (f) de billar	bilardo topu	[biʎardo topu]
entronerar la bola	topu cebe sokmak	[topu ʤæbæ sokmak]
taco (m)	isteka	[istæka]
tronera (f)	cep	[ʤæp]

160. Los juegos. Las cartas

cuadrados (m pl)	karo	[karo]
picas (f pl)	maça	[matʃa]
corazones (m pl)	kupa	[kupa]
tréboles (m pl)	sinek	[sinæk]

as (m)	bey	[bæj]
rey (m)	kral	[kral]
dama (f)	kız	[kız]
sota (f)	vale	[valæ]

carta (f)	kâğıt, iskambil kâğıdı	[kʲaıt], [iskambiʎ kaıdı]
cartas (f pl)	iskambil	[iskambiʎ]
triunfo (m)	koz	[koz]
baraja (f)	deste	[dæstæ]

dar (las cartas)	dağıtmak	[daıtmak]
barajar (vt)	karıştırmak	[karıʃtırmak]
jugada (f)	el	[æʎ]
fullero (m)	hilebaz	[hilæbaz]

161. El casino. La ruleta

casino (m)	kazino	[kazino]
ruleta (f)	rulet	[rulæt]
puesta (f)	miza	[miza]
apostar (vt)	bahse girmek	[bahsæ girmæk]

rojo (m)	kırmızı	[kırmızı]
negro (m)	siyah	[sijah]
apostar al rojo	kırmızıya oynamak	[kırmızıja ojnamak]
apostar al negro	siyaha oynamak	[sijaha ojnamak]

crupier (m, f)	krupiye	[krupijæ]
girar la ruleta	rulet tekerleğini döndürmek	[rulæt tækærlæini døndyrmæk]
reglas (f pl) de juego	oyun kuralları	[ojun kuralları]
ficha (f)	fiş	[fiʃ]

ganar (vi, vt)	kazanmak	[kazanmak]
ganancia (f)	kazanç	[kazantʃ]

perder (vi)	kaybetmek	[kajbætmæk]
pérdida (f)	kayıp	[kajıp]
jugador (m)	oyuncu	[ojunʤu]
black jack (m)	yirmi bir oyunu	[jırmi birʲ ojunu]

| juego (m) de dados | barbut | [barbut] |
| tragaperras (f) | oyun makinesi | [ojun makinæsi] |

162. El descanso. Los juegos. Miscelánea

pasear (vi)	gezmek	[gæzmæk]
paseo (m) (caminata)	gezi	[gæzi]
paseo (m) (en coche)	yol gezisi	[jol gæzisi]
aventura (f)	macera	[madʒæra]
picnic (m)	piknik	[piknik]

juego (m)	oyun	[ojun]
jugador (m)	oyuncu	[ojundʒu]
partido (m)	parti	[parti]

coleccionista (m)	koleksiyoncu	[kolæksʲondʒu]
coleccionar (vt)	toplamak	[toplamak]
colección (f)	koleksiyon	[kolæksʲon]

crucigrama (m)	bulmaca	[bulmadʒa]
hipódromo (m)	hipodrom	[hipodrom]
discoteca (f)	disko	[disko]

| sauna (f) | sauna | [sauna] |
| lotería (f) | piyango | [pijaŋo] |

marcha (f)	kamp yapma	[kamp japma]
campo (m)	kamp	[kamp]
tienda (f) de campaña	çadır	[tʃadır]
brújula (f)	pusula	[pusula]
campista (m)	kampçı	[kamptʃı]

ver (la televisión)	izlemek	[izlæmæk]
telespectador (m)	izleyici	[izlæjıdʒi]
programa (m) de televisión	televizyon programı	[tælævizʲon programı]

163. La fotografía

| cámara (f) fotográfica | fotoğraf makinesi | [fotoraf makinæsi] |
| fotografía (f) (una foto) | foto | [foto] |

fotógrafo (m)	fotoğrafçı	[fotoraftʃi]
estudio (m) fotográfico	fotoğraf stüdyosu	[fotoraf stydʲosu]
álbum (m) de fotos	fotoğraf albümü	[fotoraf aʎbymy]

objetivo (m)	objektif	[obʒæktif]
teleobjetivo (m)	teleobjektif	[tælæobʒæktif]
filtro (m)	filtre	[fiʎtræ]
lente (m)	lens	[læns]

| óptica (f) | optik | [optik] |
| diafragma (m) | diyafram | [diafram] |

143

tiempo (m) de exposición	poz	[poz]
visor (m)	vizör	[vizør]

cámara (f) digital	dijital fotoğraf makinesi	[diʒital fotoraf makinæsi]
trípode (m)	üçayak	[jutʃajak]
flash (m)	flâş	[fʎaʃ]

fotografiar (vt)	fotoğraf çekmek	[fotoraf tʃækmæk]
hacer fotos	resim çekmek	[ræsim tʃækmæk]
fotografiarse (vr)	fotoğraf çektirmek	[fotoraf tʃæktirmæk]

foco (m)	odak	[odak]
enfocar (vt)	odaklamak	[odaklamak]
nítido (adj)	net	[næt]
nitidez (f)	netlik	[nætlik]

contraste (m)	kontrast	[kontrast]
contrastante (adj)	kontrastlı	[kontrastlı]

foto (f)	resim	[ræsim]
negativo (m)	negatif	[nægatif]
película (f) fotográfica	film	[film]
fotograma (m)	görüntü	[gørynty]
imprimir (vt)	basmak	[basmak]

164. La playa. La natación

playa (f)	plaj	[pʎaʒ]
arena (f)	kum	[kum]
desierto (playa ~a)	tenha	[tænha]

bronceado (m)	bronzlaşmış ten	[bronzlaʃmıʃ tæn]
broncearse (vr)	bronzlaşmak	[bronzlaʃmak]
bronceado (adj)	bronzlaşmış	[bronzlaʃmıʃ]
protector (m) solar	güneş kremi	[gynæʃ kræmi]

bikini (m)	bikini	[bikini]
traje (m) de baño	mayo	[majo]
bañador (m)	erkek mayosu	[ærkæk majosu]

piscina (f)	havuz	[havuz]
nadar (vi)	yüzmek	[juzmæk]
ducha (f)	duş	[duʃ]
cambiarse (vr)	değişmek	[dæiʃmæk]
toalla (f)	havlu	[havlu]

barca (f)	kayık	[kajık]
lancha (f) motora	sürat teknesi	[syrat tæknæsi]

esquís (m pl) acuáticos	su kayağı	[su kajaı]
bicicleta (f) acuática	su bisikleti	[su bisiklæti]
surf (m)	sörfçülük	[sørftʃulyk]
surfista (m)	sörfçü	[sørftʃu]
equipo (m) de buceo	skuba, oksijen tüpü	[skuba], [oksiʒæn typy]

aletas (f pl)	paletler	[palætlær]
máscara (f) de buceo	maske	[maskæ]
buceador (m)	dalgıç	[dalgɪtʃ]
bucear (vi)	dalmak	[dalmak]
bajo el agua (adv)	su altı	[su altı]
sombrilla (f)	güneş şemsiyesi	[gynæʃ ʃæmsijæsi]
tumbona (f)	şezlong	[ʃæzloŋ]
gafas (f pl) de sol	güneş gözlüğü	[gynæʃ gøzlyju]
colchoneta (f) inflable	şişme yatak	[ʃiʃmæ jatak]
jugar (divertirse)	oynamak	[ojnamak]
bañarse (vr)	suya girmek	[suja girmæk]
pelota (f) de playa	top	[top]
inflar (vt)	hava basmak	[hava basmak]
inflable (colchoneta ~)	şişme	[ʃiʃmæ]
ola (f)	dalga	[dalga]
boya (f)	şamandıra	[ʃamandıra]
ahogarse (vr)	suda boğulmak	[suda boulmak]
salvar (vt)	kurtarmak	[kurtarmak]
chaleco (m) salvavidas	can yeleği	[dʒan jælæi]
observar (vt)	gözlemlemek	[gøzlæmlæmæk]
socorrista (m)	cankurtaran	[dʒaŋkurtaran]

EL EQUIPO TÉCNICO. EL TRANSPORTE

El equipo técnico

165. El computador

ordenador (m)	bilgisayar	[biʌgisajar]
ordenador (m) portátil	dizüstü bilgisayar	[dizysty bilgisajar]
encender (vt)	açmak	[atʃmak]
apagar (vt)	kapatmak	[kapatmak]
teclado (m)	klavye	[klavʲæ]
tecla (f)	tuş	[tuʃ]
ratón (m)	fare	[faræ]
alfombrilla (f) para ratón	fare altlığı	[faræ altlı:]
botón (m)	tuş	[tuʃ]
cursor (m)	fare imleci	[faræ imlædʒi]
monitor (m)	monitör	[monitør]
pantalla (f)	ekran	[ækran]
disco (m) duro	sabit disk	[sabit disk]
volumen (m) de disco duro	sabit disk hacmi	[sabit disk hadʒmi]
memoria (f)	bellek	[bællæk]
memoria (f) operativa	RAM belleği	[ram bællæi]
archivo, fichero (m)	dosya	[dosja]
carpeta (f)	klasör	[klasør]
abrir (vt)	açmak	[atʃmak]
cerrar (vt)	kapatmak	[kapatmak]
guardar (un archivo)	kaydetmek	[kajdætmæk]
borrar (vt)	silmek	[siʌmæk]
copiar (vt)	kopyalamak	[kopjalamak]
ordenar (vt) (~ de A a Z, etc.)	sıralamak	[sıralamak]
copiar (vt)	kopyalamak	[kopjalamak]
programa (m)	program	[program]
software (m)	yazılım	[jazılım]
programador (m)	programcı	[programdʒı]
programar (vt)	program yapmak	[program japmak]
pirata (m) informático	hekır	[hækır]
contraseña (f)	parola	[parola]
virus (m)	virüs	[virys]
detectar (vt)	tespit etmek, bulmak	[tæspit ætmæk], [bulmak]
octeto (m)	bayt	[bajt]

megaocteto (m)	megabayt	[mægabajt]
datos (m pl)	veri, data	[væri], [data]
base (f) de datos	veritabanı	[væritabanı]

cable (m)	kablo	[kablo]
desconectar (vt)	bağlantıyı kesmek	[ba:lantıi kæsmæk]
conectar (vt)	bağlamak	[ba:lamak]

166. El internet. El correo electrónico

internet (m), red (f)	internet	[intærnæt]
navegador (m)	gözatıcı	[gøzatidʒı]
buscador (m)	arama motoru	[arama motoru]
proveedor (m)	Internet sağlayıcı	[intærnæt sa:laidʒi]

webmaster (m)	Web master	[væb mastær]
sitio (m) web	internet sitesi	[intærnæt sitæsi]
página (f) web	internet sayfası	[intærnæt sajfası]

dirección (f)	adres	[adræs]
libro (m) de direcciones	adres defteri	[adræs dæftæri]

buzón (m)	posta kutusu	[posta kutusu]
correo (m)	posta	[posta]

mensaje (m)	mesaj	[mæsaʒ]
expedidor (m)	gönderen	[gøndæræn]
enviar (vt)	göndermek	[gøndærmæk]
envío (m)	gönderme	[gøndærmæ]

destinatario (m)	alıcı	[alıdʒı]
recibir (vt)	almak	[almak]

correspondencia (f)	yazışma	[jazıʃma]
escribirse con ...	yazışmak	[jazıʃmak]

archivo, fichero (m)	dosya	[dosja]
descargar (vt)	indirmek	[indirmæk]
crear (vt)	oluşturmak	[oluʃturmak]
borrar (vt)	silmek	[siʎmæk]
borrado (adj)	silinmiş	[silinmiʃ]

conexión (f) (ADSL, etc.)	bağlantı	[ba:lantı]
velocidad (f)	hız	[hız]
módem (m)	modem	[modæm]

acceso (m)	erişim	[æriʃim]
puerto (m)	port, giriş yeri	[port], [giriʃ jæri]

conexión (f) (establecer la ~)	bağlantı	[ba:lantı]
conectarse a ...	... bağlanmak	[ba:lanmak]

seleccionar (vt)	seçmek	[sætʃmæk]
buscar (vt)	aramak	[aramak]

167. La electricidad

electricidad (f)	elektrik	[ælæktrik]
eléctrico (adj)	elektrik, elektrikli	[ælæktrik], [ælæktrikli]
central (f) eléctrica	elektrik istasyonu	[ælæktrik istas'onu]
energía (f)	enerji	[ænærʒi]
energía (f) eléctrica	elektrik enerjisi	[ælæktrik ænærʒisi]
bombilla (f)	ampul	[ampuʎ]
linterna (f)	fener	[fænær]
farola (f)	sokak lambası	[sokak lambası]
luz (f)	ışık	[ıʃık]
encender (vt)	açmak	[atʃmak]
apagar (vt)	kapatmak	[kapatmak]
apagar la luz	ışıkları kapatmak	[ıʃıkları kapatmak]
quemarse (vr)	yanıp bitmek	[janip bitmæk]
circuito (m) corto	kısa devre	[kısa dævræ]
ruptura (f)	kopuk tel	[kopuk tæl]
contacto (m)	kontak	[kontak]
interruptor (m)	elektrik düğmesi	[ælæktrik dyjmæsi]
enchufe (m)	priz	[priz]
clavija (f)	fiş	[fiʃ]
alargador (m)	uzatma kablosu	[uzatma kablosu]
fusible (m)	sigorta	[sigorta]
hilo (m)	tel	[tæʎ]
instalación (f) eléctrica	elektrik hatları	[ælæktrik hatları]
amperio (m)	amper	[ampær]
amperaje (m)	akim yeginligi	[akim jæginligi]
voltio (m)	volt	[voʎt]
voltaje (m)	gerilim	[gærilim]
aparato (m) eléctrico	elektrikli alet	[ælæktrikli alæt]
indicador (m)	indikatör	[indikatør]
electricista (m)	elektrikçi	[ælæktriktʃi]
soldar (vt)	lehimlemek	[læhimlæmæk]
soldador (m)	lehim aleti	[læhim alætı]
corriente (f)	akım, cereyan	[akım], [dʒæræjan]

168. Las herramientas

instrumento (m)	alet	[alæt]
instrumentos (m pl)	aletler	[alætlær]
maquinaria (f)	ekipman	[ækipman]
martillo (m)	çekiç	[tʃækitʃ]
destornillador (m)	tornavida	[tornavida]
hacha (f)	balta	[balta]

sierra (f)	testere	[tæstæræ]
serrar (vt)	testere ile kesmek	[tæstæræ ilæ kæsmæk]
cepillo (m)	rende	[rændæ]
cepillar (vt)	rendelemek	[rændælæmæk]
soldador (m)	lehim aleti	[læhim alætı]
soldar (vt)	lehimlemek	[læhimlæmæk]

lima (f)	eğe	[æjæ]
tenazas (f pl)	kerpeten	[kærpætæn]
alicates (m pl)	pense	[pænsæ]
escoplo (m)	keski	[kæski]

broca (f)	matkap ucu	[matkap udʒu]
taladro (m)	elektrikli matkap	[ælæktrikli matkap]
taladrar (vi, vt)	delmek	[dæʌmæk]

cuchillo (m)	bıçak	[bıtʃak]
navaja (f)	çakı	[tʃakı]
plegable (adj)	katlanır	[katlanır]
filo (m)	ağız	[aız]

agudo (adj)	sivri, keskin	[sivri], [kæskin]
embotado (adj)	kör	[kør]
embotarse (vr)	körleşmek	[kørlæʃmæk]
afilar (vt)	keskinleştirmek	[kæskinlæʃtirmæk]

perno (m)	cıvata	[dʒıvata]
tuerca (f)	somun	[somun]
filete (m)	vida dişi	[vida diʃi]
tornillo (m)	vida	[vida]

clavo (m)	çivi	[tʃivi]
cabeza (f) del clavo	çivi başı	[tʃivi baʃı]

regla (f)	cetvel	[dʒætvæʌ]
cinta (f) métrica	şerit metre	[ʃærit mætræ]
nivel (m) de burbuja	su terazisi	[su tærazisi]
lupa (f)	büyüteç	[byjutætʃ]

aparato (m) de medida	ölçme aleti	[øʌtʃmæ alæti]
medir (vt)	ölçmek	[øʌtʃmæk]
escala (f) (~ métrica)	skala, ölçek	[skala], [øʌtʃæk]
lectura (f)	gösterge değeri	[gøstærgæ dæ:ri]

compresor (m)	kompresör	[kompræsør]
microscopio (m)	mikroskop	[mikroskop]

bomba (f) (~ de agua)	pompa	[pompa]
robot (m)	robot	[robot]
láser (m)	lazer	[lazær]

llave (f) de tuerca	somun anahtarı	[somun anahtarı]
cinta (f) adhesiva	koli bantı	[koli bantı]
pegamento (m)	yapıştırıcı	[japıʃtırıdʒı]
papel (m) de lija	zımpara	[zımpara]
resorte (m)	yay	[jaj]

| imán (m) | mıknatıs | [mıknatıs] |
| guantes (m pl) | eldiven | [æʎdivæn] |

cuerda (f)	ip	[ip]
cordón (m)	kordon, ip	[kordon], [ip]
hilo (m) (~ eléctrico)	tel	[tæʎ]
cable (m)	kablo	[kablo]

almádana (f)	varyos	[varʲos]
barra (f)	levye	[lævʲæ]
escalera (f) portátil	merdiven	[mærdivæn]
escalera (f) de tijera	dayama merdiven	[dajama mærdivæn]

atornillar (vt)	sıkıştırmak	[sıkıʃtırmak]
destornillar (vt)	sökmek	[søkmæk]
apretar (vt)	sıkıştırmak	[sıkıʃtırmak]
pegar (vt)	yapıştırmak	[japıʃtırmak]
cortar (vt)	kesmek	[kæsmæk]

fallo (m)	arıza	[arıza]
reparación (f)	tamirat	[tamirat]
reparar (vt)	tamir etmek	[tamir ætmæk]
regular, ajustar (vt)	ayarlamak	[ajarlamak]

verificar (vt)	kontrol etmek	[kontroʎ ætmæk]
control (m)	kontrol, deneme	[kontroʎ], [dænæmæ]
lectura (f) (~ del contador)	gösterge değeri	[gøstærgæ dæ:ri]

| fiable (máquina) | sağlam | [sa:lam] |
| complicado (adj) | karmaşık | [karmaʃık] |

oxidarse (vr)	paslanmak	[paslanmak]
oxidado (adj)	paslanmış	[paslanmıʃ]
óxido (m)	pas	[pas]

El transporte

169. El avión

avión (m)	uçak	[utʃak]
billete (m) de avión	uçak bileti	[utʃak bilæti]
compañía (f) aérea	hava yolları şirketi	[hava jolları ʃirkæti]
aeropuerto (m)	havaalanı	[havaːlanı]
supersónico (adj)	sesüstü	[sæsysty]
comandante (m)	kaptan pilot	[kaptan pilot]
tripulación (f)	ekip	[ækip]
piloto (m)	pilot	[pilot]
azafata (f)	hostes	[hostæs]
navegador (m)	seyrüseferci	[sæjrysæfærdʒi]
alas (f pl)	kanatlar	[kanatlar]
cola (f)	kuyruk	[kujruk]
cabina (f)	kabin	[kabin]
motor (m)	motor	[motor]
tren (m) de aterrizaje	iniş takımı	[iniʃ takımı]
turbina (f)	türbin	[tyrbin]
hélice (f)	pervane	[pærvanæ]
caja (f) negra	kara kutu	[kara kutu]
timón (m)	kumanda kolu	[kumanda kolu]
combustible (m)	yakıt	[jakıt]
instructivo (m) de seguridad	güvenlik kartı	[gyvænlik kartı]
respirador (m) de oxígeno	oksijen maskesi	[oksiʒæn maskæsi]
uniforme (m)	üniforma	[juniforma]
chaleco (m) salvavidas	can yeleği	[dʒan jælæi]
paracaídas (m)	paraşüt	[paraʃyt]
despegue (m)	kalkış	[kalkıʃ]
despegar (vi)	kalkmak	[kalkmak]
pista (f) de despegue	kalkış pisti	[kalkıʃ pisti]
visibilidad (f)	görüş	[gøryʃ]
vuelo (m) (~ de pájaro)	uçuş	[utʃuʃ]
altura (f)	yükseklik	[juksæklik]
pozo (m) de aire	hava boşluğu	[hava boʃluː]
asiento (m)	yer	[jær]
auriculares (m pl)	kulaklık	[kulaklık]
mesita (f) plegable	katlanır tepsi	[katlanır tæpsi]
ventana (f)	pencere	[pændʒæræ]
pasillo (m)	koridor	[koridor]

170. El tren

tren (m)	tren	[træn]
tren (m) eléctrico	elektrikli tren	[ælæktrikli træn]
tren (m) rápido	hızlı tren	[hızlı træn]
locomotora (f) diésel	dizel lokomotifi	[dizæʎ lokomotifi]
tren (m) de vapor	lokomotif	[lokomotif]
coche (m)	vagon	[vagon]
coche (m) restaurante	vagon restoran	[vagon ræstoran]
rieles (m pl)	ray	[raj]
ferrocarril (m)	demir yolu	[dæmir jolu]
traviesa (f)	travers	[traværs]
plataforma (f)	peron	[pæron]
vía (f)	yol	[jol]
semáforo (m)	semafor	[sæmafor]
estación (f)	istasyon	[istasʲon]
maquinista (m)	makinist	[makinist]
maletero (m)	hamal	[hamal]
mozo (m) del vagón	kondüktör	[kondyktør]
pasajero (m)	yolcu	[joldʒu]
revisor (m)	kondüktör	[kondyktør]
corredor (m)	koridor	[koridor]
freno (m) de urgencia	imdat freni	[imdat fræni]
compartimiento (m)	kompartıman	[kompartıman]
litera (f)	yatak	[jatak]
litera (f) de arriba	üst yatak	[just jatak]
litera (f) de abajo	alt yatak	[alt jatak]
ropa (f) de cama	yatak takımı	[jatak takımı]
billete (m)	bilet	[bilæt]
horario (m)	tarife	[tarifæ]
pantalla (f) de información	sefer tarifesi	[sæfær tarifæsi]
partir (vi)	kalkmak	[kalkmak]
partida (f) (del tren)	kalkış	[kalkıʃ]
llegar (tren)	varmak	[varmak]
llegada (f)	varış	[varıʃ]
llegar en tren	trenle gelmek	[trænlæ gæʎmæk]
tomar el tren	trene binmek	[trænæ binmæk]
bajar del tren	trenden inmek	[trændæn inmæk]
tren (m) de vapor	lokomotif	[lokomotif]
fogonero (m)	ocakçı	[odʒaktʃı]
hogar (m)	ocak	[odʒak]
carbón (m)	kömür	[kømyr]

171. El barco

buque (m)	gemi	[gæmi]
navío (m)	tekne	[tæknæ]
buque (m) de vapor	vapur	[vapur]
motonave (m)	dizel motorlu gemi	[dizæʎ motorlu gæmi]
trasatlántico (m)	büyük gemi	[byjuk gæmi]
crucero (m)	kruvazör	[kruvazør]
yate (m)	yat	[jat]
remolcador (m)	römorkör	[rømorkør]
barcaza (f)	yük dubası	[juk dubası]
ferry (m)	feribot	[færibot]
velero (m)	yelkenli gemi	[jælkænli gæmi]
bergantín (m)	gulet	[gulæt]
rompehielos (m)	buzkıran	[buzkıran]
submarino (m)	denizaltı	[dænizaltı]
bote (m) de remo	kayık	[kajık]
bote (m)	filika	[filika]
bote (m) salvavidas	cankurtaran filikası	[dʒaŋkurtaran filikası]
lancha (f) motora	sürat teknesi	[syrat tæknæsi]
capitán (m)	kaptan	[kaptan]
marinero (m)	tayfa	[tajfa]
marino (m)	denizci	[dænizdʒi]
tripulación (f)	mürettebat	[myrættæbat]
contramaestre (m)	lostromo	[lostromo]
grumete (m)	miço	[mitʃo]
cocinero (m) de a bordo	gemi aşçısı	[gæmi aʃtʃısı]
médico (m) del buque	gemi doktoru	[gæmi doktoru]
cubierta (f)	güverte	[gyværtæ]
mástil (m)	direk	[diræk]
vela (f)	yelken	[jæʎkæn]
bodega (f)	ambar	[ambar]
proa (f)	geminin baş tarafı	[gæminin baʃ tarafı]
popa (f)	kıç	[kıtʃ]
remo (m)	kürek	[kyræk]
hélice (f)	pervane	[pærvanæ]
camarote (m)	kamara	[kamara]
sala (f) de oficiales	subay yemek salonu	[subaj jæmæk salonu]
sala (f) de máquinas	makine dairesi	[makinæ dairæsi]
puente (m) de mando	kaptan köprüsü	[kaptan køprysy]
sala (f) de radio	telsiz odası	[tælsiz odası]
onda (f)	dalga	[dalga]
cuaderno (m) de bitácora	gemi jurnali	[gæmi ʒurnalı]
anteojo (m)	tek dürbün	[tæk dyrbyn]
campana (f)	çan	[tʃan]

bandera (f)	bayrak	[bajrak]
cabo (m) (maroma)	halat	[halat]
nudo (m)	düğüm	[dyjum]

| pasamano (m) | vardavela | [vardavæla] |
| pasarela (f) | iskele | [iskælæ] |

ancla (f)	çapa, demir	[ʧapa], [dæmir]
levar ancla	demir almak	[dæmir almak]
echar ancla	demir atmak	[dæmir atmak]
cadena (f) del ancla	çapa zinciri	[ʧapa zindʒiri]

puerto (m)	liman	[liman]
embarcadero (m)	iskele, rıhtım	[iskælæ], [rihtim]
amarrar (vt)	yanaşmak	[janaʃmak]
desamarrar (vt)	iskeleden ayrılmak	[iskælædæn ajrılmak]

viaje (m)	seyahat	[sæjahat]
crucero (m) (viaje)	gemi turu	[gæmi turu]
derrota (f) (rumbo)	seyir	[sæjır]
itinerario (m)	rota	[rota]

canal (m) navegable	seyir koridoru	[sæjır koridoru]
bajío (m)	sığlık	[sı:lık]
encallar (vi)	karaya oturmak	[karaja oturmak]

tempestad (f)	fırtına	[fırtına]
señal (f)	sinyal	[siɲjaʎ]
hundirse (vr)	batmak	[batmak]
SOS	SOS	[æs o æs]
aro (m) salvavidas	can simidi	[dʒan simidi]

172. El aeropuerto

aeropuerto (m)	havaalanı	[hava:lanı]
avión (m)	uçak	[uʧak]
compañía (f) aérea	hava yolları şirketi	[hava jolları ʃirkæti]
controlador (m) aéreo	hava trafik kontrolörü	[hava trafik kontroløry]

despegue (m)	kalkış	[kalkıʃ]
llegada (f)	varış	[varıʃ]
llegar (en avión)	varmak	[varmak]

| hora (f) de salida | kalkış saati | [kalkıʃ sa:ti] |
| hora (f) de llegada | iniş saati | [iniʃ sa:ti] |

| retrasarse (vr) | gecikmek | [gædʒikmæk] |
| retraso (m) de vuelo | gecikme | [gædʒikmæ] |

pantalla (f) de información	bilgi panosu	[biʎgi panosu]
información (f)	danışma	[danıʃma]
anunciar (vt)	anons etmek	[anons ætmæk]
vuelo (m)	uçuş, sefer	[uʧuʃ], [sæfær]
aduana (f)	gümrük	[gymryk]

aduanero (m)	gümrükçü	[gymryktʃu]
declaración (f) de aduana	gümrük beyannamesi	[gymryk bæjaŋamæsi]
rellenar la declaración	beyanname doldurmak	[bæjaŋamæ doldurmak]
control (m) de pasaportes	pasaport kontrol	[pasaport kontroʎ]

equipaje (m)	bagaj	[bagaʒ]
equipaje (m) de mano	el bagajı	[æʎ bagaʒı]
objetos perdidos (oficina)	kayıp eşya bürosu	[kajıp æʃja byrosu]
carrito (m) de equipaje	bagaj arabası	[bagaʒ arabası]

aterrizaje (m)	iniş	[iniʃ]
pista (f) de aterrizaje	iniş pisti	[iniʃ pisti]
aterrizar (vi)	inmek	[inmæk]
escaleras (f pl) (de avión)	uçak merdiveni	[utʃak mærdivæni]

facturación (f) (check-in)	check-in	[tʃækin]
mostrador (m) de facturación	kontuar check-in	[kontuar tʃækin]
hacer el check-in	check-in yapmak	[tʃækin japmak]
tarjeta (f) de embarque	biniş kartı	[biniʃ kartı]
puerta (f) de embarque	çıkış kapısı	[tʃıkıʃ kapısı]

tránsito (m)	transit	[transit]
esperar (aguardar)	beklemek	[bæklæmæk]
zona (f) de preembarque	bekleme salonu	[bæklæmæ salonu]
despedir (vt)	yolcu etmek	[joldʒu ætmæk]
despedirse (vr)	vedalaşmak	[vædalaʃmak]

173. La bicicleta. La motocicleta

bicicleta (f)	bisiklet	[bisiklæt]
scooter (f)	scooter	[skutær]
motocicleta (f)	motosiklet	[motosiklæt]

ir en bicicleta	bisikletle gitmek	[bisiklætlæ gitmæk]
manillar (m)	gidon	[gidon]
pedal (m)	pedal	[pædaʎ]
frenos (m pl)	fren, frenler	[fræn], [frænlær]
sillín (m)	bisiklet selesi	[bisiklæt sælæsi]

bomba (f)	pompa	[pompa]
portaequipajes (m)	bisiklet bagajı	[bisiklæt bagaʒi]
linterna (f)	ön lamba	[øn lamba]
casco (m)	kask	[kask]

rueda (f)	tekerlek	[tækærlæk]
guardabarros (m)	çamurluk	[tʃamurluk]
llanta (f)	jant	[ʒant]
rayo (m)	jant teli	[ʒant tæli]

Los coches

174. Tipos de carros

coche (m)	araba	[araba]
coche (m) deportivo	spor araba	[spor araba]
limusina (f)	limuzin	[limuzin]
todoterreno (m)	arazi aracı	[arazi aradʒi]
cabriolé (m)	üstü açılabilir araba	[justy atʃilabilir araba]
microbús (m)	minibüs	[minibys]
ambulancia (f)	ambulans	[ambulans]
quitanieves (m)	kar temizleme aracı	[kar tæmizlæmæ aradʒi]
camión (m)	kamyon	[kamʲon]
camión (m) cisterna	akaryakıt tankeri	[akarjakıt taŋkæri]
camioneta (f)	kamyonet	[kamʲonæt]
remolcador (m)	tır çekici	[tir tʃækidʒi]
remolque (m)	römork	[rømork]
confortable (adj)	konforlu	[konforlu]
de ocasión (adj)	kullanılmış	[kullanılmıʃ]

175. Los carros. Taller de pintura

capó (m)	kaporta	[kaporta]
guardabarros (m)	çamurluk	[tʃamurluk]
techo (m)	çatı	[tʃatı]
parabrisas (m)	ön cam	[øn dʒam]
espejo (m) retrovisor	dikiz aynası	[dikiz ajnası]
limpiador (m)	ön cam yıkayıcı	[øn dʒam jıkajıdʒi]
limpiaparabrisas (m)	silecek	[silædʒæk]
ventana (f) lateral	yan camisi	[jan dʒamisi]
elevalunas (m)	cam krikosu	[dʒam krikosu]
antena (f)	anten	[antæn]
techo (m) solar	açılır tavan	[atʃilır tavan]
parachoques (m)	tampon	[tampon]
maletero (m)	bagaj	[bagaʒ]
puerta (f)	kapı	[kapı]
tirador (m) de puerta	kapı kolu	[kapı kolu]
cerradura (f)	kilit	[kilit]
matrícula (f)	plaka	[plaka]
silenciador (m)	susturucu	[susturudʒu]

| tanque (m) de gasolina | benzin deposu | [bænzin dæposu] |
| tubo (m) de escape | egzoz borusu | [ægzoz borusu] |

acelerador (m)	gaz	[gaz]
pedal (m)	pedal	[pædaʎ]
pedal (m) de acelerador	gaz pedalı	[gaz pædalı]

freno (m)	fren	[fræn]
pedal (m) de freno	fren pedalı	[fræn pædalı]
frenar (vi)	yavaşlamak	[javaʃlamak]
freno (m) de mano	el freni	[æʎ fræni]

embrague (m)	debriyaj	[dæbrijaʒ]
pedal (m) de embrague	debriyaj pedalı	[dæbrijaʒ pædalı]
disco (m) de embrague	debriyaj diski	[dæbrijaʒ diski]
amortiguador (m)	amortisör	[amortisør]

rueda (f)	tekerlek	[tækærlæk]
rueda (f) de repuesto	istepne	[istæpnæ]
tapacubo (m)	jant kapağı	[ʒant kapaı]

ruedas (f pl) motrices	çalıştırma dişlisi	[tʃalıʃtırma diʃlisi]
de tracción delantera	önden çekişli	[øndæn tʃækiʃli]
de tracción trasera	arkadan çekişli	[arkadan tʃækiʃli]
de tracción integral	dört çeker	[dørt tʃækær]

caja (f) de cambios	vites kutusu	[vitæs kutusu]
automático (adj)	otomatik	[otomatik]
mecánico (adj)	mekanik	[mækanik]
palanca (f) de cambios	vites kolu	[vitæs kolu]

| faro (m) delantero | far | [far] |
| faros (m pl) | farlar | [farlar] |

luz (f) de cruce	kısa huzmeli	[kısa huzmæli]
luz (f) de carretera	uzun huzmeli farlar	[uzun hyzmæli farlar]
luz (f) de freno	fren lambası	[fræn lambası]

luz (f) de posición	park lambası	[park lambası]
luces (f pl) de emergencia	tehlike uyarı ışığı	[tæhlikæ ujarı iʃı:]
luces (f pl) antiniebla	sis lambaları	[sis lambaları]
intermitente (m)	dönüş sinyali	[dønyʃ siɲjali]
luz (f) de marcha atrás	geri vites lambası	[gæri vitæs lambası]

176. Los carros. El compartimento de pasajeros

habitáculo (m)	arabanın içi	[arabanın itʃi]
de cuero (adj)	deri	[dæri]
de felpa (adj)	velur	[vælyr]
revestimiento (m)	iç döşeme	[itʃ døʃæmæ]

instrumento (m)	gösterge	[gøstærgæ]
salpicadero (m)	gösterge paneli	[gøstærgæ panæli]
velocímetro (m)	hız göstergesi	[hız gøstærgæsi]

aguja (f)	ibre	[ibræ]
cuentakilómetros (m)	kilometre sayacı	[kilomætræ sajadʒı]
indicador (m)	sensör	[sænsør]
nivel (m)	seviye	[sævijæ]
testigo (m) (~ luminoso)	gösterge lambası	[gøstærgæ lambası]

volante (m)	direksiyon	[diræksⁱon]
bocina (f)	klakson sesi	[klakson sæsi]
botón (m)	düğme	[dyjmæ]
interruptor (m)	şalteri	[ʃaltæri]

asiento (m)	koltuk	[koltuk]
respaldo (m)	arka koltuk	[arka koltuk]
reposacabezas (m)	koltuk başlığı	[koltuk baʃlı:]
cinturón (m) de seguridad	emniyet kemeri	[æmnijæt kæmæri]
abrocharse el cinturón	emniyet kemeri takmak	[æmnijæt kæmæri takmak]
reglaje (m)	ayarlama	[ajarlama]

| bolsa (f) de aire (airbag) | hava yastığı, airbag | [hava jastı:], [aırbag] |
| climatizador (m) | klima | [klima] |

radio (f)	radyo	[radⁱo]
lector (m) de CD	CD çalar	[sidi tʃalar]
encender (vt)	açmak	[atʃmak]
antena (f)	anten	[antæn]
guantera (f)	torpido gözü	[torpido gøzly]
cenicero (m)	küllük	[kyllyk]

177. Los carros. El motor

motor (m)	motor, makina	[motor], [makina]
diesel (adj)	dizel	[dizæl]
a gasolina (adj)	benzinli	[bænzinlı]

volumen (m) del motor	motor hacmi	[motor hadʒmi]
potencia (f)	güç	[gytʃ]
caballo (m) de fuerza	beygir gücü	[bæjgir gydʒy]
pistón (m)	piston	[piston]
cilindro (m)	silindir	[silindir]
válvula (f)	supap	[supap]

inyector (m)	enjektör	[ænʒæktør]
generador (m)	jeneratör	[ʒænæratør]
carburador (m)	karbüratör	[karbyratør]
aceite (m) de motor	motor yağı	[motor jaı]

radiador (m)	radyatör	[radjatør]
liquido (m) refrigerante	soğutucu sıvı	[soutudʒu sıvı]
ventilador (m)	soğutma fanı	[soutma fanı]

batería (f)	akü	[aky]
estárter (m)	marş, starter	[marʃ], [startær]
encendido (m)	ateşleme	[atæʃlæmæ]
bujía (f) de ignición	ateşleme bujisi	[atæʃlæmæ buʒisi]

terminal (f)	kutup, terminal	[kytyp], [tærminal]
terminal (f) positiva	artı kutup	[artı kutup]
terminal (f) negativa	eksi kutup	[æksi kutup]
fusible (m)	sigorta	[sigorta]

filtro (m) de aire	hava filtresi	[hava fiʌtræsi]
filtro (m) de aceite	yağ filtresi	[ja: fiʌtræsi]
filtro (m) de combustible	yakıt filtresi	[jakıt fiʌtræsi]

178. Los carros. Los choques. La reparación

accidente (m)	kaza	[kaza]
accidente (m) de tráfico	trafik kazası	[trafik kazası]
chocar contra ...	bindirmek	[bindirmæk]
tener un accidente	kaza yapmak	[kaza japmak]
daño (m)	hasar	[hasar]
intacto (adj)	sağlam	[sa:lam]

pana (f)	arıza	[arıza]
averiarse (vr)	arıza yapmak	[arıza japmak]
remolque (m) (cuerda)	çekme halatı	[tʃækmæ halatı]

pinchazo (m)	delik	[dælik]
desinflarse (vr)	sönmek	[sønmæk]
inflar (vt)	hava basmak	[hava basmak]
presión (f)	basınç	[basıntʃ]
verificar (vt)	kontrol etmek	[kontroʌ ætmæk]

reparación (f)	tamirat	[tamirat]
taller (m)	tamirhane	[tamirhanæ]
parte (f) de repuesto	yedek parça	[jædæk partʃa]
parte (f)	parça	[partʃa]

perno (m)	cıvata	[dʒıvata]
tornillo (m)	vida	[vida]
tuerca (f)	somun	[somun]
arandela (f)	pul	[pul]
rodamiento (m)	rulman	[rulman]

tubo (m)	hortum, boru	[hortum], [boru]
junta (f)	conta	[dʒonta]
hilo (m)	tel	[tæʌ]

gato (m)	kriko	[kriko]
llave (f) de tuerca	somun anahtarı	[somun anahtarı]
martillo (m)	çekiç	[tʃækitʃ]
bomba (f)	pompa	[pompa]
destornillador (m)	tornavida	[tornavida]

| extintor (m) | yangın tüpü | [jaŋın typy] |
| triángulo (m) de avería | üçgen reflektör | [jutʃgæn ræflæktor] |

| calarse (vr) | durmak | [durmak] |
| parada (f) (del motor) | arızalanıp stop etme | [arızalanıp stop ætmæ] |

159

estar averiado	bozuk olmak	[bozuk olmak]
recalentarse (vr)	aşırı ısınmak	[aʃırı isınmak]
estar atascado	tıkanmak	[tıkanmak]
congelarse (vr)	donmak	[donmak]
reventar (vi)	patlamak	[patlamak]

presión (f)	basınç	[basıntʃ]
nivel (m)	seviye	[sævijæ]
flojo (correa ~a)	gevşek	[gævʃæk]

abolladura (f)	ezik, vuruk	[æzik], [vuruk]
ruido (m) (en el motor)	gürültü	[gyrylty]
grieta (f)	çatlak	[tʃatlak]
rozadura (f)	çizik	[tʃizik]

179. Los carros. La calle

camino (m)	yol	[jol]
autovía (f)	otoban	[otoban]
carretera (f)	şose	[ʃosæ]
dirección (f)	istikamet	[istikamæt]
distancia (f)	mesafe	[mæsafæ]

puente (m)	köprü	[køpry]
aparcamiento (m)	park yeri	[park jæri]
plaza (f)	meydan	[mæjdan]
intercambiador (m)	kavşak	[kavʃak]
túnel (m)	tünel	[tynæʎ]

gasolinera (f)	yakıt istasyonu	[jakıt istasʲonu]
aparcamiento (m)	otopark	[otopark]
surtidor (m)	benzin pompası	[bænzin pompası]
taller (m)	tamirhane	[tamirhanæ]
cargar gasolina	depoyu doldurmak	[dæpoju doldurmak]
combustible (m)	yakıt	[jakıt]
bidón (m) de gasolina	benzin bidonu	[bænzin bidonu]

asfalto (m)	asfalt	[asfaʎt]
señalización (f) vial	yol çizgileri	[jol tʃizgilæri]
bordillo (m)	bordür	[bordyr]
barrera (f) de seguridad	otoyol korkuluk	[otojol korkylyk]
cuneta (f)	hendek	[hændæk]
borde (m) de la carretera	yol kenarı	[jol kænarı]
farola (f)	direk	[diræk]

conducir (vi, vt)	sürmek	[syrmæk]
girar (~ a la izquierda)	dönmek	[dønmæk]
dar la vuelta en U	U dönüşü yapmak	[u dønyʃy japmak]
marcha (f) atrás	geri vites	[gæri vitæs]

tocar la bocina	korna çalmak	[korna tʃalmak]
bocinazo (m)	korna sesi	[korna sæsi]
atascarse (vr)	saplanmak	[saplanmak]
patinar (vi)	patinaj yapmak	[patinaʒ japmak]

parar (el motor)	motoru durdurmak	[motoru durdurmak]
velocidad (f)	hız	[hız]
exceder la velocidad	hız limitini aşmak	[hız limitini aʃmak]
multar (vt)	ceza kesmek	[dʒæza kæsmæk]
semáforo (m)	trafik ışıkları	[trafik iʃıkları]
permiso (m) de conducir	ehliyet	[æhlijæt]

paso (m) a nivel	hemzemin geçit	[hæmzæmin gæʧit]
cruce (m)	kavşak	[kavʃak]
paso (m) de peatones	yaya geçidi	[jaja gæʧidi]
curva (f)	viraj	[viraʒ]
zona (f) de peatones	yaya bölgesi	[jaja bølgæsi]

180. Las señales de tráfico

reglas (f pl) de tránsito	trafik kuralları	[trafik kuralları]
señal (m) de tráfico	işaret	[iʃaræt]
adelantamiento (m)	geçme	[gæʧmæ]
curva (f)	viraj	[viraʒ]
vuelta (f) en U	u dönüşü	[u dønyʃy]
rotonda (f)	döner kavşak	[dønær kavʃak]

prohibido el paso	taşıt giremez	[taʃıt giræmæz]
circulación prohibida	taşıt trafiğine kapalı	[taʃıt trafi:næ kapalı]
prohibido adelantar	öndeki taşıtı geçmek yasaktır	[øndæki taʃıtı gæʧmæk jasaktır]
prohibido aparcar	parketmek yasaktır	[parkætmæk jasaktır]
prohibido parar	duraklamak yasaktır	[duraklamak jasaktır]

curva (f) peligrosa	tehlikeli viraj	[tæhlikæli viraʒ]
bajada con fuerte pendiente	dik yokuş	[dik jokuʃ]
sentido (m) único	tek yönlü yol	[tæk jonly jol]
paso (m) de peatones	yaya geçidi	[jaja gæʧidi]
pavimento (m) deslizante	kaygan yol	[kajgan jol]
ceda el paso	yol ver	[jol vær]

LA GENTE. ACONTECIMIENTOS DE LA VIDA

Acontecimentos de la vida

181. Los días festivos. Los eventos

fiesta (f)	bayram	[bajram]
fiesta (f) nacional	ulusal bayram	[ulusal bajram]
día (m) de fiesta	bayram günü	[bajram gyny]
festejar (vt)	onurlandırmak	[onurlandırmak]
evento (m)	olay	[olaj]
medida (f)	olay	[olaj]
banquete (m)	ziyafet	[zijafæt]
recepción (f)	kabul töreni	[kabul tøræni]
festín (m)	şölen	[ʃolæn]
aniversario (m)	yıldönümü	[jıldønymy]
jubileo (m)	jübile	[ʒybilæ]
celebrar (vt)	kutlamak	[kutlamak]
Año (m) Nuevo	Yıl başı	[jıl baʃı]
¡Feliz Año Nuevo!	Mutlu yıllar!	[mutlu jıllar]
Navidad (f)	Noel	[noæʎ]
¡Feliz Navidad!	Mutlu Noeller!	[mutlu noællær]
árbol (m) de Navidad	Yılbaşı ağacı	[jılbaʃı a:dʒı]
fuegos (m pl) artificiales	havai fişek	[havai fiʃæk]
boda (f)	düğün	[dyjun]
novio (m)	nişanlı	[niʃanlı]
novia (f)	gelin	[gælin]
invitar (vt)	davet etmek	[davæt ætmæk]
tarjeta (f) de invitación	davetiye	[davætijæ]
invitado (m)	davetli	[davætli]
visitar (vt) (a los amigos)	ziyaret etmek	[zijaræt ætmæk]
recibir a los invitados	misafirleri karşılamak	[misafirlæri karʃılamak]
regalo (m)	hediye	[hædijæ]
regalar (vt)	vermek	[værmæk]
recibir regalos	hediye almak	[hædijæ almak]
ramo (m) de flores	demet	[dæmæt]
felicitación (f)	tebrikler	[tæbriklær]
felicitar (vt)	tebrik etmek	[tæbrik ætmæk]
tarjeta (f) de felicitación	tebrik kartı	[tæbrik kartı]
enviar una tarjeta	tebrik kartı göndermek	[tæbrik kartı gøndærmæk]

recibir una tarjeta	tebrik kartı almak	[tæbrik kartı almak]
brindis (m)	kadeh kaldırma	[kadæh kaldırma]
ofrecer (~ una copa)	ikram etmek	[ikram ætmæk]
champaña (f)	şampanya	[ʃampaɲja]

divertirse (vr)	eğlenmek	[æ:lænmæk]
diversión (f)	neşe	[næʃæ]
alegría (f) (emoción)	neşe, sevinç	[næʃæ], [sævintʃ]

| baile (m) | dans | [dans] |
| bailar (vi, vt) | dans etmek | [dans ætmæk] |

| vals (m) | vals | [vaʎs] |
| tango (m) | tango | [taŋo] |

182. Los funerales. El entierro

cementerio (m)	mezarlık	[mæzarlık]
tumba (f)	mezar	[mæzar]
lápida (f)	mezar taşı	[mæzar taʃı]
verja (f)	çit	[tʃit]
capilla (f)	ibadet yeri	[ibadæt jæri]

muerte (f)	ölüm	[ølym]
morir (vi)	ölmek	[øʎmæk]
difunto (m)	ölü	[øly]
luto (m)	yas	[jas]

enterrar (vt)	gömmek	[gømmæk]
funeraria (f)	cenaze evi	[dʒænazæ ævi]
entierro (m)	cenaze	[dʒænazæ]

corona (f) funeraria	çelenk	[tʃælæŋk]
ataúd (m)	tabut	[tabut]
coche (m) fúnebre	cenaze arabası	[dʒænazæ arabası]
mortaja (f)	kefen	[kæfæn]

| urna (f) funeraria | ölü küllerinin saklandığı kap | [øly kyllærin saklandı: kap] |
| crematorio (m) | krematoryum | [kræmatorʲum] |

necrología (f)	anma yazısı	[anma jazısı]
llorar (vi)	ağlamak	[a:lamak]
sollozar (vi)	hıçkırarak ağlamak	[hıtʃkırarak a:lamak]

183. La guerra. Los soldados

sección (f)	takım	[takım]
compañía (f)	bölük	[bølyk]
regimiento (m)	alay	[alaj]
ejército (m)	ordu	[ordu]
división (f)	tümen	[tymæn]

destacamento (m)	müfreze	[myfræzæ]
hueste (f)	ordu	[ordu]
soldado (m)	asker	[askær]
oficial (m)	subay	[subaj]
soldado (m) raso	er	[ær]
sargento (m)	çavuş	[tʃavuʃ]
teniente (m)	teğmen	[tæːmæn]
capitán (m)	yüzbaşı	[juzbaʃɪ]
mayor (m)	binbaşı	[binbaʃɪ]
coronel (m)	albay	[albaj]
general (m)	general	[gænæraʎ]
marino (m)	denizci	[dænizdʒi]
capitán (m)	yüzbaşı	[juzbaʃɪ]
contramaestre (m)	lostromo	[lostromo]
artillero (m)	topçu askeri	[toptʃu askæri]
piloto (m)	pilot	[pilot]
navegador (m)	seyrüseferci	[sæjrysæfærdʒi]
mecánico (m)	mekanik teknisyen	[mækanik tæknisʲæn]
zapador (m)	istihkam eri	[istihkam æri]
paracaidista (m)	paraşütçü	[paraʃytʃy]
explorador (m)	keşif eri	[kæʃif æri]
francotirador (m)	keskin nişancı	[kæskin niʃandʒɪ]
patrulla (f)	devriye	[dævrijæ]
patrullar (vi, vt)	devriye gezmek	[dævrijæ gæzmæk]
centinela (m)	nöbetçi	[nøbætʃi]
guerrero (m)	savaşçı	[savaʃtʃɪ]
héroe (m)	kahraman	[kahraman]
heroína (f)	kadın kahraman	[kadın kahraman]
patriota (m)	vatansever	[vatansævær]
traidor (m)	hain	[hain]
desertor (m)	asker kaçağı	[askær katʃaɪ]
desertar (vi)	askerlikten kaçmak	[askærliktan katʃmak]
mercenario (m)	paralı asker	[paralı askær]
recluta (m)	acemi er	[adʒæmi ær]
voluntario (m)	gönüllü	[gønylly]
muerto (m)	ölü	[øly]
herido (m)	yaralı	[jaralı]
prisionero (m)	savaş esiri	[savaʃ æsiri]

184. La guerra. Las maniobras militares. Unidad 1

guerra (f)	savaş	[savaʃ]
estar en guerra	savaşmak	[savaʃmak]
guerra (f) civil	iç savaş	[itʃ savaʃ]

pérfidamente (adv)	haince	[haindʒæ]
declaración (f) de guerra	savaş ilanı	[savaʃ iʎanı]
declarar (~ la guerra)	ilan etmek	[iʎan ætmæk]
agresión (f)	saldırı	[saldırı]
atacar (~ a un país)	saldırmak	[saldırmak]
invadir (vt)	işgal etmek	[iʃgaʎ ætmæk]
invasor (m)	işgalci	[iʃgaʎdʒi]
conquistador (m)	fatih	[fatih]
defensa (f)	savunma	[savunma]
defender (vt)	savunmak	[savunmak]
defenderse (vr)	kendini savunmak	[kændini savunmak]
enemigo (m), adversario (m)	düşman	[dyʃman]
enemigo (adj)	düşman	[dyʃman]
estrategia (f)	strateji	[stratæʒi]
táctica (f)	taktik	[taktik]
orden (f)	emir	[æmir]
comando (m)	komut	[komut]
ordenar (vt)	emretmek	[æmrætmæk]
misión (f)	görev	[gøræv]
secreto (adj)	gizli	[gizli]
batalla (f)	muharebe	[muharæbæ]
combate (m)	savaş	[savaʃ]
ataque (m)	saldırı	[saldırı]
asalto (m)	hücum	[hydʒum]
tomar por asalto	hücum etmek	[hydʒum ætmæk]
asedio (m), sitio (m)	kuşatma	[kuʃatma]
ofensiva (f)	taarruz	[ta:rruz]
tomar la ofensiva	taarruz etmek	[ta:rruz ætmæk]
retirada (f)	çekilme	[tʃækiʎmæ]
retirarse (vr)	çekilmek	[tʃækiʎmæk]
envolvimiento (m)	çembere alma	[tʃæmbæræ alma]
cercar (vt)	çember içine almak	[tʃæmbær itʃinæ almak]
bombardeo (m)	bombardıman	[bombardıman]
lanzar una bomba	bomba atmak	[bomba atmak]
bombear (vt)	bombalamak	[bombalamak]
explosión (f)	patlama	[patlama]
tiro (m), disparo (m)	atış	[atıʃ]
disparar (vi)	atış yapmak	[atıʃ japmak]
tiroteo (m)	ateşleme	[atæʃlæmæ]
apuntar a …	… nişan almak	[niʃan almak]
encarar (apuntar)	doğrultmak	[do:rultmak]
alcanzar (el objetivo)	isabet etmek	[isabæt ætmæk]
hundir (vt)	batırmak	[batırmak]

brecha (f) (~ en el casco)	delik	[dælik]
hundirse (vr)	batmak	[batmak]

frente (m)	cephe	[dʒæphæ]
retaguardia (f)	cephe gerisi	[dʒæphæ gærisi]
evacuación (f)	tahliye	[tahlijæ]
evacuar (vt)	tahliye etmek	[tahlijæ ætmæk]

trinchera (f)	siper	[sipær]
alambre (m) de púas	dikenli tel	[dikænli tæʎ]
barrera (f) (~ antitanque)	bariyer	[barijær]
torre (f) de vigilancia	kule	[kulæ]

hospital (m)	askeri hastane	[askæri hastanæ]
herir (vt)	yaralamak	[jaralamak]
herida (f)	yara	[jara]
herido (m)	yaralı	[jaralı]
recibir una herida	yara almak	[jara almak]
grave (herida)	ciddi	[dʒiddi]

185. La guerra. Las maniobras militares. Unidad 2

cautiverio (m)	esaret	[æsaræt]
capturar (vt)	esir almak	[æsir almak]
estar en cautiverio	esir olmak	[æsir olmak]
caer prisionero	esir düşmek	[æsir dyʃmæk]

campo (m) de concentración	toplanma kampı	[toplanma kampı]
prisionero (m)	savaş esiri	[savaʃ æsiri]
escapar (de cautiverio)	kaçmak	[katʃmak]

traicionar (vt)	ihanet etmek	[ihanæt ætmæk]
traidor (m)	ihanet eden	[ihanæt ædæn]
traición (f)	ihanet	[ihanæt]

fusilar (vt)	kurşuna dizmek	[kurʃuna dizmæk]
fusilamiento (m)	idam	[idam]

equipo (m) (uniforme, etc.)	askeri elbise	[askæri æʎbisæ]
hombrera (f)	apolet	[apolæt]
máscara (f) antigás	gaz maskesi	[gaz maskæsi]

radio transmisor (m)	telsiz	[tæʎsiz]
cifra (f) (código)	şifre	[ʃifræ]
conspiración (f)	gizlilik	[gizlilik]
contraseña (f)	parola	[parola]

mina (f) terrestre	mayın	[majın]
minar (poner minas)	mayınlamak	[majınlamak]
campo (m) minado	mayın tarlası	[majın tarlası]

alarma (f) aérea	hava tehlike işareti	[hava tæhlikæ iʃaræti]
alarma (f)	alarm	[aʎarm]
señal (f)	işaret	[iʃaræt]

cohete (m) de señales	işaret fişeği	[iʃaræt fiʃæi]
estado (m) mayor	karargah	[karargah]
reconocimiento (m)	keşif	[kæʃif]
situación (f)	durum	[durum]
informe (m)	rapor	[rapor]
emboscada (f)	pusu	[pusu]
refuerzo (m)	takviye	[takvijæ]
blanco (m)	hedef	[hædæf]
terreno (m) de prueba	poligon	[poligon]
maniobras (f pl)	manevralar	[manævralar]
pánico (m)	panik	[panik]
devastación (f)	yıkım	[jɪkɪm]
destrucciones (f pl)	harabe	[harabæ]
destruir (vt)	yıkmak	[jɪkmak]
sobrevivir (vi, vt)	hayatta kalmak	[hajatta kalmak]
desarmar (vt)	silahsızlandırmak	[siʎah sızlandırmak]
manejar (un arma)	kullanmak	[kullanmak]
¡Firmes!	Hazır ol!	[hazır ol]
¡Descanso!	Rahat!	[rahat]
hazaña (f)	kahramanlık	[kahramanlık]
juramento (m)	yemin	[jæmin]
jurar (vt)	yemin etmek	[jæmin ætmæk]
condecoración (f)	ödül	[ødyʎ]
condecorar (vt)	ödül vermek	[ødyʎ værmæk]
medalla (f)	madalya	[madaʎja]
orden (f) (~ de Merito)	nişan	[niʃan]
victoria (f)	zafer	[zafær]
derrota (f)	yenilgi	[jæniʎgi]
armisticio (m)	ateşkes	[atæʃkæs]
bandera (f)	bayrak	[bajrak]
gloria (f)	şan	[ʃan]
desfile (m) militar	geçit töreni	[gætʃit tøræni]
marchar (desfilar)	yürümek	[jurymæk]

186. Las armas

arma (f)	silahlar	[silahlar]
arma (f) de fuego	ateşli silah	[atæʃli siʎah]
arma (f) blanca	çelik kılıç	[tʃælik kılıtʃ]
arma (f) química	kimyasal silah	[kimjasal siʎah]
nuclear (adj)	nükleer	[nyklæjær]
arma (f) nuclear	nükleer silah	[nyklæjær siʎah]
bomba (f)	bomba	[bomba]
bomba (f) atómica	atom bombası	[atom bombası]

pistola (f)	tabanca	[tabandʒa]
fusil (m)	tüfek	[tyfæk]
metralleta (f)	hafif makineli tüfek	[hafif makinæli tyfæk]
ametralladora (f)	makineli tüfek	[makinæli tyfæk]
boca (f)	namlu ağzı	[namlu a:zı]
cañón (m) (del arma)	namlu	[namlu]
calibre (m)	çap	[tʃap]
gatillo (m)	tetik	[tætik]
alza (f)	nişangah	[niʃaŋah]
cargador (m)	şarjör	[ʃarʒør]
culata (f)	dipçik	[diptʃik]
granada (f) de mano	el bombası	[æʎ bombası]
explosivo (m)	patlayıcı	[patlajıdʒı]
bala (f)	kurşun	[kurʃun]
cartucho (m)	fişek	[fiʃæk]
carga (f)	şarj	[ʃarʒ]
pertrechos (m pl)	cephane	[dʒæphanæ]
bombardero (m)	bombardıman uçağı	[bombardıman utʃaı]
avión (m) de caza	avcı uçağı	[avdʒı utʃaı]
helicóptero (m)	helikopter	[hælikoptær]
antiaéreo (m)	uçaksavar	[utʃaksavar]
tanque (m)	tank	[taŋk]
cañón (m) (de un tanque)	tank topu	[taŋk topu]
artillería (f)	topçu	[toptʃu]
dirigir (un misil, etc.)	doğrultmak	[do:rultmak]
obús (m)	mermi	[mærmi]
bomba (f) de mortero	havan mermisi	[havan mærmisı]
mortero (m)	havan topu	[havan topu]
trozo (m) de obús	kıymık	[kıjmık]
submarino (m)	denizaltı	[dænizaltı]
torpedo (m)	torpil	[torpiʎ]
misil (m)	füze	[fyzæ]
cargar (pistola)	doldurmak	[doldurmak]
tirar (vi)	ateş etmek	[atæʃ ætmæk]
apuntar a …	… nişan almak	[niʃan almak]
bayoneta (f)	süngü	[synju]
espada (f) (duelo a ~)	epe	[æpæ]
sable (m)	kılıç	[kılıtʃ]
lanza (f)	mızrak	[mızrak]
arco (m)	yay	[jaj]
flecha (f)	ok	[ok]
mosquete (m)	misket tüfeği	[miskæt tyfæi]
ballesta (f)	tatar yayı	[tatar jajı]

187. Los pueblos antiguos

primitivo (adj)	ilkel	[iʌkæl]
prehistórico (adj)	tarih öncesi	[tarih øndʒæsi]
antiguo (adj)	antik, eski	[antik], [æski]
Edad (f) de Piedra	Taş Çağı	[taʃ tʃaɪ]
Edad (f) de Bronce	Bronz Çağı	[bronz tʃaɪ]
Edad (f) de Hielo	Buzul Çağı	[buzuʌ tʃaɪ]
tribu (f)	kabile	[kabilæ]
caníbal (m)	yamyam	[jam jam]
cazador (m)	avcı	[avdʒɪ]
cazar (vi, vt)	avlamak	[avlamak]
mamut (m)	mamut	[mamut]
caverna (f)	mağara	[ma:ra]
fuego (m)	ateş	[atæʃ]
hoguera (f)	kamp ateşi	[kamp atæʃi]
pintura (f) rupestre	kaya resmi	[kaja ræsmi]
útil (m)	aletler	[alætlær]
lanza (f)	mızrak	[mɪzrak]
hacha (f) de piedra	taş balta	[taʃ balta]
estar en guerra	savaşmak	[savaʃmak]
domesticar (vt)	evcilleştirmek	[ævdʒillæʃtirmæk]
ídolo (m)	put	[put]
adorar (vt)	tapmak	[tapmak]
superstición (f)	batıl inanç	[batɪl inantʃ]
evolución (f)	evrim	[ævrim]
desarrollo (m)	gelişme	[gæliʃmæ]
desaparición (f)	kaybolma, yok olma	[kajbolma], [jok olma]
adaptarse (vr)	adapte olmak	[adaptæ olmak]
arqueología (f)	arkeoloji	[arkæoloʒi]
arqueólogo (m)	arkeolog	[arkæolog]
arqueológico (adj)	arkeolojik	[arkæoloʒik]
sitio (m) de excavación	kazı yeri	[kazɪ jæri]
excavaciones (f pl)	kazı	[kazɪ]
hallazgo (m)	buluntu	[buluntu]
fragmento (m)	parça	[partʃa]

188. La edad media

pueblo (m)	millet, halk	[millæt], [halk]
pueblos (m pl)	milletler	[millætlær]
tribu (f)	kabile	[kabilæ]
tribus (f pl)	kabileler	[kabilælær]
bárbaros (m pl)	barbarlar	[barbarlar]
galos (m pl)	Galyalılar	[gaʌjalɪlar]

godos (m pl)	Gotlar	[gotlar]
eslavos (m pl)	Slavlar	[slavlar]
vikingos (m pl)	Vikingler	[vikiŋlær]

| romanos (m pl) | Romalılar | [romalılar] |
| romano (adj) | Romen | [romæn] |

bizantinos (m pl)	Bizanslılar	[bizanslılar]
Bizancio (m)	Bizans	[bizans]
bizantino (adj)	Bizanslı	[bizanslı]

emperador (m)	imparator	[imparator]
jefe (m)	lider	[lidær]
poderoso (adj)	kudretli	[kudrætli]
rey (m)	kral	[kral]
gobernador (m)	ülkenin yöneticisi	[juʌkænin jonætidʒisi]

caballero (m)	şövalye	[ʃovaʎæ]
caballeresco (adj)	şövalye	[ʃovaʎæ]
señor (m) feudal	derebeyi	[dæræbæjı]
feudal (adj)	feodal	[fæodal]
vasallo (m)	vasal	[vasal]

duque (m)	dük	[dyk]
conde (m)	kont	[kont]
barón (m)	baron	[baron]
obispo (m)	piskopos	[piskopos]

armadura (f)	zırh	[zırh]
escudo (m)	kalkan	[kalkan]
espada (f) (danza de ~s)	kılıç	[kılıtʃ]
visera (f)	vizör	[vizør]
cota (f) de malla	zincir zırh	[zindʒir zırh]

| cruzada (f) | haçlı seferi | [hatʃlı sæfæri] |
| cruzado (m) | haçlı | [hatʃlı] |

territorio (m)	toprak	[toprak]
atacar (~ a un país)	saldırmak	[saldırmak]
conquistar (vt)	fethetmek	[fæthætmæk]
ocupar (invadir)	işgal etmek	[iʃgaʌ ætmæk]

asedio (m), sitio (m)	kuşatma	[kuʃatma]
sitiado (adj)	kuşatılmış	[kuʃatılmıʃ]
asediar, sitiar (vt)	kuşatmak	[kuʃatmak]

| inquisición (f) | engizisyon | [æŋizis'on] |
| inquisidor (m) | engizisyon mahkemesi üyesi | [æŋizis'on mahkæmæsi jujæsi] |

tortura (f)	işkence	[iʃkændʒæ]
cruel (adj)	amansız	[amansız]
hereje (m)	kâfir	[k'afir]
herejía (f)	sapkınlık	[sapkınlık]

| navegación (f) marítima | denizcilik | [dænizdʒilik] |
| pirata (m) | korsan | [korsan] |

piratería (f)	korsanlık	[korsanlık]
abordaje (m)	mürettebatın yerini alması	[myrættæbatın jærini alması]
botín (m)	ganimet	[ganimæt]
tesoros (m pl)	hazine	[hazinæ]

descubrimiento (m)	keşif	[kæʃif]
descubrir (tierras nuevas)	keşfetmek	[kæʃfætmæk]
expedición (f)	bilimsel gezisi	[bilimzæl gæzisi]

mosquetero (m)	silahşor	[silahʃor]
cardenal (m)	kardinal	[kardinal]
heráldica (f)	armacılık	[armadʒılık]
heráldico (adj)	hanedan armasına ait	[hanædan armasına ait]

189. El líder. El jefe. Las autoridades

rey (m)	kral	[kral]
reina (f)	kraliçe	[kralitʃæ]
real (adj)	kraliyet	[kralijæt]
reino (m)	krallık	[krallık]

| príncipe (m) | prens | [præns] |
| princesa (f) | prenses | [prænsæs] |

presidente (m)	başkan	[baʃkan]
vicepresidente (m)	ikinci başkan	[ikindʒi baʃkan]
senador (m)	senatör	[sænatør]

monarca (m)	hükümdar	[hykymdar]
gobernador (m)	ülkenin yöneticisi	[juʎkænin jonætidʒisi]
dictador (m)	diktatör	[diktatør]
tirano (m)	tiran	[tiran]
magnate (m)	magnat	[magnat]

director (m)	müdür	[mydyr]
jefe (m)	şef	[ʃæf]
gerente (m)	yönetici	[jonætidʒi]
amo (m)	patron	[patron]
dueño (m)	sahip	[sahip]

jefe (m), líder (m)	lider	[lidær]
jefe (m) (~ de delegación)	başkan	[baʃkan]
autoridades (f pl)	yetkililer	[jætkililær]
superiores (m pl)	şefler	[ʃæflær]

gobernador (m)	vali	[vali]
cónsul (m)	konsolos	[konsolos]
diplomático (m)	diplomat	[diplomat]
alcalde (m)	belediye başkanı	[bælædijæ baʃkanı]
sheriff (m)	şerif	[ʃærif]

| emperador (m) | imparator | [imparator] |
| zar (m) | çar | [tʃar] |

| faraón (m) | firavun | [firavun] |
| kan (m) | han | [han] |

190. La calle. El camino. Las direcciones

| camino (m) | yol | [jol] |
| vía (f) | yön | [jon] |

carretera (f)	şose	[ʃosæ]
autovía (f)	otoban	[otoban]
camino (m) nacional	eyaletler arası	[æjalætlær arası]

| camino (m) principal | ana yol | [ana jol] |
| camino (m) de tierra | toprak yol | [toprak jol] |

| sendero (m) | patika | [patika] |
| senda (f) | keçi yolu | [kætʃi jolu] |

¿Dónde?	Nerede?	[nærædæ]
¿A dónde?	Nereye?	[næræjæ]
¿De dónde?	Nereden?	[nærædæn]

| dirección (f) | istikamet | [istikamæt] |
| mostrar (~ el camino) | göstermek | [gøstærmæk] |

a la izquierda (girar ~)	sola	[sola]
a la derecha (girar)	sağa	[sa:]
todo recto (adv)	dosdoğru	[dosdo:ru]
atrás (adv)	geri	[gæri]

curva (f)	viraj	[viraʒ]
girar (~ a la izquierda)	dönmek	[dønmæk]
dar la vuelta en U	U dönüşü yapmak	[u dønyʃy japmak]

| divisarse (vr) | görünmek | [gørynmæk] |
| aparecer (vi) | gözükmek | [gøzykmæk] |

alto (m)	mola	[mola]
descansar (vi)	istirahat etmek	[istirahat ætmæk]
reposo (m)	istirahat	[istirahat]

perderse (vr)	yolunu kaybetmek	[jolunu kajbætmæk]
llevar a ... (el camino)	... gitmek	[gitmæk]
llegar a ...	... varmak	[varmak]
tramo (m) (~ del camino)	yolun bir parçası	[jolun bir partʃası]

asfalto (m)	asfalt	[asfaʎt]
bordillo (m)	bordür	[bordyr]
cuneta (f)	hendek	[hændæk]
pozo (m) de alcantarillado	rögar	[røgar]
borde (m) de la carretera	yol kenarı	[jol kænarı]
bache (m)	çukur	[tʃukur]
ir (a pie)	yürümek, gitmek	[jurymæk], [gitmæk]
adelantar (vt)	sollamak	[sollamak]

paso (m)	adım	[adım]
a pie	yürüyerek	[juryjæræk]

bloquear (vt)	engellemek	[æŋællæmæk]
barrera (f) (~ automática)	kollu bariyer	[kollu barijær]
callejón (m) sin salida	çıkmaz sokak	[ʧıkmaz sokak]

191. Violar la ley. Los criminales. Unidad 1

bandido (m)	haydut	[hajdut]
crimen (m)	suç	[suʧ]
criminal (m)	suçlu	[suʧlu]

ladrón (m)	hırsız	[hırsız]
robar (vt)	hırsızlık yapmak	[hırsızlık japmak]
robo (m) (actividad)	hırsızlık	[hırsızlık]
robo (m) (hurto)	çalma, soyma	[ʧalma], [sojma]

secuestrar (vt)	kaçırmak	[kaʧirmak]
secuestro (m)	adam kaçırma	[adam kaʧirma]
secuestrador (m)	adam kaçıran	[adam kaʧiran]

rescate (m)	fidye	[fidʲæ]
exigir un rescate	fidye istemek	[fidʲæ istæmæk]

robar (vt)	soymak	[sojmak]
atracador (m)	soyguncu	[sojgunʤu]

extorsionar (vt)	şantaj yapmak	[ʃantaʒ japmak]
extorsionista (m)	şantajcı	[ʃantaʒʤı]
extorsión (f)	şantaj	[ʃantaʒ]

matar, asesinar (vt)	öldürmek	[øldyrmæk]
asesinato (m)	öldürme	[øldyrmæ]
asesino (m)	katil	[katiʎ]

tiro (m), disparo (m)	atış	[atıʃ]
disparar (vi)	atış yapmak	[atıʃ japmak]
matar (a tiros)	vurmak	[vurmak]
tirar (vi)	ateş etmek	[atæʃ ætmæk]
tiroteo (m)	ateş etme	[atæʃ ætmæ]

incidente (m)	olay	[olaj]
pelea (f)	kavga	[kavga]
¡Socorro!	İmdat!	[imdat]
víctima (f)	kurban	[kurban]

perjudicar (vt)	zarar vermek	[zarar værmæk]
daño (m)	zarar	[zarar]
cadáver (m)	ceset	[ʤæsæt]
grave (un delito ~)	ağır	[aır]

atacar (vt)	saldırmak	[saldırmak]
pegar (golpear)	vurmak	[vurmak]

apporear (vt)	dövmek	[døvmæk]
quitar (robar)	zorla almak	[zorla almak]
acuchillar (vt)	bıçakla öldürmek	[bɪtʃakla øʎdyrmæk]
mutilar (vt)	sakatlamak	[sakatlamak]
herir (vt)	yaralamak	[jaralamak]

chantaje (m)	şantaj	[ʃantaʒ]
hacer chantaje	şantaj yapmak	[ʃantaʒ japmak]
chantajista (m)	şantajcı	[ʃantaʒdʒɪ]

extorsión (f)	haraç	[haratʃ]
extorsionador (m)	haraççı	[haratʃi]
gángster (m)	gangster	[gaŋstær]
mafia (f)	mafya	[mafja]

carterista (m)	yankesici	[jaŋkæsidʒi]
ladrón (m) de viviendas	hırsız	[hɪrsɪz]
contrabandismo (m)	kaçakçılık	[katʃaktʃɪlɪk]
contrabandista (m)	kaçakçı	[katʃaktʃɪ]

falsificación (f)	taklit	[taklit]
falsificar (vt)	taklit etmek	[taklit ætmæk]
falso (falsificado)	sahte	[sahtæ]

192. Violar la ley. Los criminales. Unidad 2

violación (f)	ırza geçme	[ɪrza gætʃmæ]
violar (vt)	ırzına geçmek	[ɪrzɪna gætʃmæk]
violador (m)	zorba	[zorba]
maníaco (m)	manyak	[maɲjak]

prostituta (f)	hayat kadını	[hajat kadɪnɪ]
prostitución (f)	hayat kadınlığı	[hajat kadɪnlɪ:]
chulo (m), proxeneta (m)	kadın tüccarı	[kadɪn tydʒarɪ]

| drogadicto (m) | uyuşturucu bağımlısı | [ujuʃturudʒu baɪmlɪsɪ] |
| narcotraficante (m) | uyuşturucu taciri | [ujuʃturudʒu tadʒiri] |

hacer explotar	patlatmak	[patlamak]
explosión (f)	patlama	[patlama]
incendiar (vt)	yangın çıkarmak	[jaŋɪn tʃɪkarmak]
incendiario (m)	kundakçı	[kundaktʃɪ]

terrorismo (m)	terörizm	[tærørizm]
terrorista (m)	terörist	[tærørist]
rehén (m)	tutak, rehine	[tutak], [ræhinæ]

estafar (vt)	dolandırmak	[dolandɪrmak]
estafa (f)	dolandırma	[dolandɪrma]
estafador (m)	dolandırıcı	[dolandɪrɪdʒɪ]

sobornar (vt)	rüşvet vermek	[ryʃvæt værmæk]
soborno (m) (delito)	rüşvet verme	[ryʃvæt værmæ]
soborno (m) (dinero, etc.)	rüşvet	[ryʃvæt]

veneno (m)	zehir	[zæhir]
envenenar (vt)	zehirlemek	[zæhirlæmæk]
envenenarse (vr)	birisini zehirlemek	[birisini zæhirlæmæk]

| suicidio (m) | intihar | [intihar] |
| suicida (m, f) | intihar eden kimse | [intihar ædæn kimsæ] |

amenazar (vt)	tehdit etmek	[tæhdit ætmæk]
amenaza (f)	tehdit	[tæhdit]
atentar (vi)	öldürmeye çalışmak	[øldyrmæjæ ʧalıʃmak]
atentado (m)	suikast	[syitkast]

| robar (un coche) | çalmak | [ʧalmak] |
| secuestrar (un avión) | kaçırmak | [katʃirmak] |

| venganza (f) | intikam | [intikam] |
| vengar (vt) | intikam almak | [intikam almak] |

torturar (vt)	işkence etmek	[iʃkændʒæ ætmæk]
tortura (f)	işkence	[iʃkændʒæ]
atormentar (vt)	acı çektirmek	[adʒı ʧæktirmæk]

pirata (m)	korsan	[korsan]
gamberro (m)	holigan	[holigan]
armado (adj)	silâhlı	[siʎahlı]
violencia (f)	şiddet olayları	[ʃiddæt olajarı]

| espionaje (m) | casusluk | [dʒasusluk] |
| espiar (vi, vt) | casusluk yapmak | [dʒasusluk japmak] |

193. La policía. La ley. Unidad 1

| justicia (f) | adalet | [adalæt] |
| tribunal (m) | mahkeme | [mahkæmæ] |

juez (m)	yargıç	[jargıʧ]
jurados (m pl)	jüri üyesi	[ʒyri jujæsi]
tribunal (m) de jurados	jürili yargılama	[ʒyrili jargılama]
juzgar (vt)	yargılamak	[jargılamak]

abogado (m)	avukat	[avukat]
acusado (m)	sanık	[sanık]
banquillo (m) de los acusados	sanık sandalyesi	[sanık sandaʎæsi]

| inculpación (f) | suçlama | [sutʃlama] |
| inculpado (m) | sanık | [sanık] |

| sentencia (f) | ceza, hüküm | [dʒæza], [hykym] |
| sentenciar (vt) | mahkum etmek | [mahkym ætmæk] |

culpable (m)	suçlu	[sutʃlu]
castigar (vt)	cezalandırmak	[dʒæzalandırmak]
castigo (m)	ceza	[dʒæza]
multa (f)	ceza	[dʒæza]

cadena (f) perpetua	ömür boyu hapis	[ømyr boju hapis]
pena (f) de muerte	ölüm cezası	[ølym dʒæzası]
silla (f) eléctrica	elektrikli sandalye	[ælæktrikli sandaʎʲæ]
horca (f)	darağacı	[dara:dʒɪ]

| ejecutar (vt) | idam etmek | [idam ætmæk] |
| ejecución (f) | idam | [idam] |

| prisión (f) | hapishane | [hapishanæ] |
| celda (f) | hücre, koğuş | [hydʒræ], [kouʃ] |

escolta (f)	muhafız takımı	[muhafız takımı]
guardia (m) de prisiones	gardiyan	[gardijan]
prisionero (m)	tutuklu	[tutuklu]

| esposas (f pl) | kelepçe | [kælæptʃæ] |
| esposar (vt) | kelepçelemek | [kælæptʃælæmæk] |

escape (m)	kaçma	[katʃma]
escaparse (vr)	kaçmak	[katʃmak]
desaparecer (vi)	kaybolmak	[kajbolmak]
liberar (vt)	tahliye etmek	[tahlijæ ætmæk]
amnistía (f)	af	[af]

policía (f) (~ nacional)	polis	[polis]
policía (m)	erkek polis	[ærkæk polis]
comisaría (f) de policía	polis karakolu	[polis karakolu]
porra (f)	cop	[dʒop]
megáfono (m)	megafon	[mægafon]

coche (m) patrulla	devriye arabası	[dævrijæ arabası]
sirena (f)	siren	[siræn]
poner la sirena	sireni açmak	[siræni atʃmak]
canto (m) de la sirena	siren sesi	[siræn sæsi]

escena (f) del delito	olay yeri	[olaj jæri]
testigo (m)	şahit	[ʃahit]
libertad (f)	hürriyet	[hyrrijæt]
cómplice (m)	suç ortağı	[sutʃ ortaı]
escapar de …	kaçmak	[katʃmak]
rastro (m)	iz	[iz]

194. La policía. La ley. Unidad 2

búsqueda (f)	arama	[arama]
buscar (~ el criminal)	aramak	[aramak]
sospecha (f)	şüphe	[ʃyphæ]
sospechoso (adj)	şüpheli	[ʃyphæli]
parar (~ en la calle)	durdurmak	[durdurmak]
retener (vt)	tutuklamak	[tutuklamak]

causa (f) (~ penal)	dava	[dava]
investigación (f)	soruşturma	[soruʃturma]
detective (m)	dedektif	[dædæktif]

investigador (m)	sorgu yargıcı	[sorgu jargıdʒı]
versión (f)	versiyon	[værsʲon]
motivo (m)	gerekçe	[gæræktʃæ]
interrogatorio (m)	sorgu	[sorgu]
interrogar (vt)	sorgulamak	[sorgulamak]
interrogar (al testigo)	soruşturmak	[soruʃturmak]
control (m) (de vehículos, etc.)	yoklama	[joklama]
redada (f)	tarama	[tarama]
registro (m) (~ de la casa)	arama	[arama]
persecución (f)	kovalama	[kovalama]
perseguir (vt)	takip etmek	[takip ætmæk]
rastrear (~ al criminal)	izlemek	[izlæmæk]
arresto (m)	tutuklama	[tutuklama]
arrestar (vt)	tutuklamak	[tutuklamak]
capturar (vt)	yakalamak	[jakalamak]
captura (f)	yakalama	[jakalama]
documento (m)	belge	[bæʎgæ]
prueba (f)	kanıt, ispat	[kanıt], [ispat]
probar (vt)	ispat etmek	[ispat ætmæk]
huella (f) (pisada)	ayak izi	[ajak izı]
huellas (f pl) digitales	parmak izleri	[parmak izlæri]
elemento (m) de prueba	delil	[dæliʎ]
coartada (f)	mazeret	[mazæræt]
inocente (no culpable)	suçsuz	[sutʃsuz]
injusticia (f)	haksızlık	[haksızlık]
injusto (adj)	haksız	[haksız]
criminal (adj)	cinayet	[dʒinajæt]
confiscar (vt)	el koymak	[æʎ kojmak]
narcótico (f)	uyuşturucu	[ujuʃturudʒu]
arma (f)	silah	[siʎah]
desarmar (vt)	silahsızlandırmak	[siʎah sızlandırmak]
ordenar (vt)	emretmek	[æmrætmæk]
desaparecer (vi)	kaybolmak	[kajbolmak]
ley (f)	kanun	[kanun]
legal (adj)	kanuni	[kanuni]
ilegal (adj)	kanuna aykırı	[kanuna ajkırı]
responsabilidad (f)	sorumluluk	[sorumluluk]
responsable (adj)	sorumlu	[sorumlu]

LA NATURALEZA

La tierra. Unidad 1

195. El espacio

cosmos (m)	uzay, evren	[uzaj], [ævræn]
espacial, cósmico (adj)	uzay	[uzaj]
espacio (m) cósmico	feza	[fæza]
universo (m)	evren	[ævræn]
Galaxia (f)	galaksi	[galaksi]
estrella (f)	yıldız	[jıldız]
constelación (f)	takımyıldız	[takımjıldız]
planeta (m)	gezegen	[gæzægæn]
satélite (m)	uydu	[ujdu]
meteorito (m)	göktaşı	[gøktaʃı]
cometa (f)	kuyruklu yıldız	[kujruklu jıldız]
asteroide (m)	asteroit	[astæroit]
órbita (f)	yörünge	[joryŋæ]
girar (vi)	dönmek	[dønmæk]
atmósfera (f)	atmosfer	[atmosfær]
Sol (m)	Güneş	[gynæʃ]
Sistema (m) Solar	Güneş sistemi	[gynæʃ sistæmi]
eclipse (m) de Sol	Güneş tutulması	[gynæʃ tutulması]
Tierra (f)	Dünya	[dyŋja]
Luna (f)	Ay	[aj]
Marte (m)	Mars	[mars]
Venus (f)	Venüs	[vænys]
Júpiter (m)	Jüpiter	[ʒupitær]
Saturno (m)	Satürn	[satyrn]
Mercurio (m)	Merkür	[mærkyr]
Urano (m)	Uranüs	[uranys]
Neptuno (m)	Neptün	[næptyn]
Plutón (m)	Plüton	[plyton]
la Vía Láctea	Samanyolu	[samaɲolu]
la Osa Mayor	Büyükayı	[byjuk ajı]
la Estrella Polar	Kutup yıldızı	[kutup jıldızı]
marciano (m)	Merihli	[mærihli]
extraterrestre (m)	uzaylı	[uzajlı]
planetícola (m)	uzaylı	[uzajlı]

| platillo (m) volante | uçan daire | [utʃan dairæ] |
| nave (f) espacial | uzay gemisi | [uzaj gæmisi] |

| estación (f) orbital | yörünge istasyonu | [joryŋæ istasꞏonu] |
| despegue (m) | uzaya fırlatma | [uzaja fırlatma] |

motor (m)	motor	[motor]
tobera (f)	roket meme	[rokæt mæmæ]
combustible (m)	yakıt	[jakıt]

| carlinga (f) | kabin | [kabin] |
| antena (f) | anten | [antæn] |

ventana (f)	lombar	[lombar]
batería (f) solar	güneş pili	[gynæʃ pili]
escafandra (f)	uzay elbisesi	[uzaj æʎbisæsi]

| ingravidez (f) | ağırlıksızlık | [aırlıksızlık] |
| oxígeno (m) | oksijen | [oksiʒæn] |

| atraque (m) | uzayda kenetlenme | [uzajda kænætlænmæ] |
| realizar el atraque | kenetlenmek | [kænætlænmæk] |

observatorio (m)	gözlemevi	[gøzlæmævi]
telescopio (m)	teleskop	[tælæskop]
observar (vt)	gözlemlemek	[gøzlæmlæmæk]
explorar (~ el universo)	araştırmak	[araʃtırmak]

196. La tierra

Tierra (f)	Dünya	[dyɲja]
globo (m) terrestre	yerküre	[jærkyræ]
planeta (m)	gezegen	[gæzægæn]

atmósfera (f)	atmosfer	[atmosfær]
geografía (f)	coğrafya	[dʒorafja]
naturaleza (f)	doğa	[doa]

globo (m) terráqueo	yerküre	[jærkyræ]
mapa (m)	harita	[harita]
atlas (m)	atlas	[atlas]

| Europa (f) | Avrupa | [avrupa] |
| Asia (f) | Asya | [asja] |

| África (f) | Afrika | [afrika] |
| Australia (f) | Avustralya | [avustraʎja] |

América (f)	Amerika	[amærika]
América (f) del Norte	Kuzey Amerika	[kuzæj amærika]
América (f) del Sur	Güney Amerika	[gynæj amærika]

| Antártida (f) | Antarktik | [antarktik] |
| Ártico (m) | Arktik | [arktik] |

197. Los puntos cardinales

norte (m)	kuzey	[kuzæj]
al norte	kuzeye	[kuzæjæ]
en el norte	kuzeyde	[kuzæjdæ]
del norte (adj)	kuzey	[kuzæj]
sur (m)	güney	[gynæj]
al sur	güneye	[gynæjæ]
en el sur	güneyde	[gynæjdæ]
del sur (adj)	güney	[gynæj]
oeste (m)	batı	[batı]
al oeste	batıya	[batıja]
en el oeste	batıda	[batıda]
del oeste (adj)	batı	[batı]
este (m)	doğu	[dou]
al este	doğuya	[douja]
en el este	doğuda	[douda]
del este (adj)	doğu	[dou]

198. El mar. El océano

mar (m)	deniz	[dæniz]
océano (m)	okyanus	[okjanus]
golfo (m)	körfez	[kørfæz]
estrecho (m)	boğaz	[boaz]
continente (m)	kıta	[kıta]
isla (f)	ada	[ada]
península (f)	yarımada	[jarımada]
archipiélago (m)	takımada	[takımada]
bahía (f)	koy	[koj]
puerto (m)	liman	[liman]
laguna (f)	deniz kulağı	[dæniz kulaı]
cabo (m)	burun	[burun]
atolón (m)	atol	[atol]
arrecife (m)	resif	[ræsif]
coral (m)	mercan	[mærdʒan]
arrecife (m) de coral	mercan kayalığı	[mærdʒan kajalı:]
profundo (adj)	derin	[dærin]
profundidad (f)	derinlik	[dærinlik]
abismo (m)	uçurum	[utʃurum]
fosa (f) oceánica	çukur	[tʃukur]
corriente (f)	akıntı	[akıntı]
bañar (rodear)	çevrelemek	[tʃævrælæmæk]
orilla (f)	kıyı	[kıjı]
costa (f)	kıyı, sahil	[kıjı], [sahil]

flujo (m)	kabarma	[kabarma]
reflujo (m)	cezir	[dʒæzir]
banco (m) de arena	sığlık	[sɪːlɪk]
fondo (m)	dip	[dip]

ola (f)	dalga	[dalga]
cresta (f) de la ola	dağ sırtı	[daɪ sɪrtɪ]
espuma (f)	köpük	[køpyk]

tempestad (f)	fırtına	[fɪrtɪna]
huracán (m)	kasırga	[kasɪrga]
tsunami (m)	tsunami	[tsunami]
bonanza (f)	limanlık	[limanlɪk]
calmo, tranquilo	sakin	[sakin]

| polo (m) | kutup | [kutup] |
| polar (adj) | kutuplu | [kutuplu] |

latitud (f)	enlem	[ænlæm]
longitud (f)	boylam	[bojlam]
paralelo (m)	paralel	[paralæʎ]
ecuador (m)	ekvator	[ækvator]

cielo (m)	gök	[gøk]
horizonte (m)	ufuk	[ufuk]
aire (m)	hava	[hava]

faro (m)	deniz feneri	[dæniz fænæri]
bucear (vi)	dalmak	[dalmak]
hundirse (vr)	batmak	[batmak]
tesoros (m pl)	hazine	[hazinæ]

199. Los nombres de los mares y los océanos

océano (m) Atlántico	Atlas Okyanusu	[atlas okjanusu]
océano (m) Índico	Hint Okyanusu	[hint okjanusu]
océano (m) Pacífico	Pasifik Okyanusu	[pasifik okjanusu]
océano (m) Glacial Ártico	Kuzey Buz Denizi	[kuzæj buz dænizi]

mar (m) Negro	Karadeniz	[karadæniz]
mar (m) Rojo	Kızıldeniz	[kɪzɪldæniz]
mar (m) Amarillo	Sarı Deniz	[sarı dæniz]
mar (m) Blanco	Beyaz Deniz	[bæjaz dæniz]

mar (m) Caspio	Hazar Denizi	[hazar dænizi]
mar (m) Muerto	Ölüdeniz	[ølydæniz]
mar (m) Mediterráneo	Akdeniz	[akdæniz]

| mar (m) Egeo | Ege Denizi | [ægæ dænizi] |
| mar (m) Adriático | Adriyatik Denizi | [adrijatik dænizi] |

mar (m) Arábigo	Umman Denizi	[umman dænizi]
mar (m) del Japón	Japon Denizi	[ʒapon dænizi]
mar (m) de Bering	Bering Denizi	[bæriŋ dænizi]

mar (m) de la China Meridional	Güney Çin Denizi	[gynæj ʧin dænizi]
mar (m) del Coral	Mercan Denizi	[mærdʒan dænizi]
mar (m) de Tasmania	Tasman Denizi	[tasman dænizi]
mar (m) Caribe	Karayip Denizi	[karaip dænizi]
mar (m) de Barents	Barents Denizi	[barents dænizi]
mar (m) de Kara	Kara Denizi	[kara dænizi]
mar (m) del Norte	Kuzey Denizi	[kuzæj dænizi]
mar (m) Báltico	Baltık Denizi	[baltık dænizi]
mar (m) de Noruega	Norveç Denizi	[norvæʧ dænizi]

200. Las montañas

montaña (f)	dağ	[da:]
cadena (f) de montañas	dağ silsilesi	[da: silsilæsi]
cresta (f) de montañas	sıradağlar	[sırada:lar]
cima (f)	zirve	[zirvæ]
pico (m)	doruk, zirve	[doruk], [zirvæ]
pie (m)	etek	[ætæk]
cuesta (f)	yamaç	[jamaʧ]
volcán (m)	yanardağ	[janarda:]
volcán (m) activo	faal yanardağ	[fa:ʎ janarda:]
volcán (m) apagado	sönmüş yanardağ	[sønmyʃ janarda:]
erupción (f)	püskürme	[pyskyrmæ]
cráter (m)	yanardağ ağzı	[janarda: a:zı]
magma (f)	magma	[magma]
lava (f)	lav	[lav]
fundido (lava ~a)	kızgın	[kızgın]
cañón (m)	kanyon	[kaɲion]
desfiladero (m)	boğaz	[boaz]
grieta (f)	dere	[dæræ]
precipicio (m)	uçurum	[uʧurum]
puerto (m) (paso)	dağ geçidi	[da: gæʧidi]
meseta (f)	yayla	[jajla]
roca (f)	kaya	[kaja]
colina (f)	tepe	[tæpæ]
glaciar (m)	buzluk	[buzluk]
cascada (f)	şelâle	[ʃælalæ]
geiser (m)	gayzer	[gajzær]
lago (m)	göl	[gøʎ]
llanura (f)	ova	[ova]
paisaje (m)	manzara	[manzara]
eco (m)	yankı	[jaŋkı]
alpinista (m)	dağcı, alpinist	[da:dʒı], [alpinist]
escalador (m)	dağcı	[da:dʒı]

| conquistar (vt) | fethetmek | [fæthætmæk] |
| ascensión (f) | tırmanma | [tɪrmanma] |

201. Los nombres de las montañas

Alpes (m pl)	Alp Dağları	[aʎp da:larɪ]
Montblanc (m)	Mont Blanc	[mont blan]
Pirineos (m pl)	Pireneler	[pirinælær]

Cárpatos (m pl)	Karpatlar	[karpatlar]
Urales (m pl)	Ural Dağları	[ural da:larɪ]
Cáucaso (m)	Kafkasya	[kafkasja]
Elbrus (m)	Elbruz Dağı	[ælbrus da:ɪ]

Altai (m)	Altay	[altaj]
Tian-Shan (m)	Tien-şan	[tʲæn ʃan]
Pamir (m)	Pamir	[pamir]
Himalayos (m pl)	Himalaya Dağları	[himalaja da:larɪ]
Everest (m)	Everest Dağı	[æværæst da:ɪ]

| Andes (m pl) | And Dağları | [and da:larɪ] |
| Kilimanjaro (m) | Kilimanjaro | [kilimandʒaro] |

202. Los ríos

río (m)	nehir, ırmak	[næhir], [ɪrmak]
manantial (m)	kaynak	[kajnak]
lecho (m) (curso de agua)	nehir yatağı	[næhir jataɪ]
cuenca (f) fluvial	havza	[havza]
desembocar en ...	... dökülmek	[døkyʎmæk]

| afluente (m) | kol | [kol] |
| ribera (f) | sahil | [sahiʎ] |

corriente (f)	akıntı	[akɪntɪ]
río abajo (adv)	nehir boyunca	[næhir bojundʒa]
río arriba (adv)	nehirden yukarı	[næhirdæn jukarɪ]

inundación (f)	taşkın	[taʃkɪn]
riada (f)	nehrin taşması	[næhrin taʃmasɪ]
desbordarse (vr)	taşmak	[taʃmak]
inundar (vt)	su basmak	[su basmak]

| bajo (m) arenoso | sığlık | [sɪ:lɪk] |
| rápido (m) | nehrin akıntılı yeri | [næhrin akɪntɪlɪ jæri] |

presa (f)	baraj	[baraʒ]
canal (m)	kanal	[kanal]
lago (m) artificiale	baraj gölü	[baraʒ gøly]
esclusa (f)	alavere havuzu	[alaværæ havuzu]
cuerpo (m) de agua	su birikintisi	[su birikintisi]
pantano (m)	bataklık	[bataklɪk]

| ciénaga (m) | bataklık arazi | [bataklık arazi] |
| remolino (m) | girdap | [girdap] |

arroyo (m)	dere	[dæræ]
potable (adj)	içilir	[itʃilir]
dulce (agua ~)	tatlı	[tatlı]

| hielo (m) | buz | [buz] |
| helarse (el lago, etc.) | buz tutmak | [buz tutmak] |

203. Los nombres de los ríos

| Sena (m) | Sen nehri | [sæn næhri] |
| Loira (m) | Loire nehri | [luara næhri] |

Támesis (m)	Thames nehri	[tæmz næhri]
Rin (m)	Ren nehri	[ræn næhri]
Danubio (m)	Tuna nehri	[tuna næhri]

Volga (m)	Volga nehri	[volga næhri]
Don (m)	Don nehri	[don næhri]
Lena (m)	Lena nehri	[læna næhri]

Río (m) Amarillo	Sarı Irmak	[sarı ırmak]
Río (m) Azul	Yangçe nehri	[jaŋtʃæ næhri]
Mekong (m)	Mekong nehri	[mækoŋ næhri]
Ganges (m)	Ganj nehri	[ganʒ næhri]

Nilo (m)	Nil nehri	[nil næhri]
Congo (m)	Kongo nehri	[koŋo næhri]
Okavango (m)	Okavango nehri	[okavaŋo næhri]
Zambeze (m)	Zambezi nehri	[zambæzi næhri]
Limpopo (m)	Limpopo nehri	[limpopo næhri]
Misisipí (m)	Mississippi nehri	[misisipi næhri]

204. El bosque

| bosque (m) | orman | [orman] |
| de bosque (adj) | orman | [orman] |

espesura (f)	kesif orman	[kæsif orman]
bosquecillo (m)	koru, ağaçlık	[koru], [a:tʃlık]
claro (m)	ormanda açıklığı	[ormanda atʃıklı:]

| maleza (f) | sık ağaçlık | [ʃık a:tʃlık] |
| matorral (m) | çalılık | [tʃalılık] |

| senda (f) | keçi yolu | [kætʃi jolu] |
| barranco (m) | sel yatağı | [sæl jataı] |

| árbol (m) | ağaç | [a:tʃ] |
| hoja (f) | yaprak | [japrak] |

follaje (m)	yapraklar	[japraklar]
caída (f) de hojas	yaprak dökümü	[japrak døkymy]
caer (las hojas)	dökülmek	[døkyʎmæk]
cima (f)	ağacın tepesi	[a:dʒin tæpæsi]
rama (f)	dal	[dal]
rama (f) (gruesa)	ağaç dalı	[a:tʃ dalı]
brote (m)	tomurcuk	[tomurdʒuk]
aguja (f)	iğne yaprak	[i:næ japrak]
piña (f)	kozalak	[kozalak]
agujero (m)	kovuk	[kovuk]
nido (m)	yuva	[juva]
madriguera (f)	in	[in]
tronco (m)	gövde	[gøvdæ]
raíz (f)	kök	[køk]
corteza (f)	kabuk	[kabuk]
musgo (m)	yosun	[josun]
extirpar (vt)	kökünden sökmek	[køkyndæn søkmæk]
talar (vt)	kesmek	[kæsmæk]
deforestar (vt)	ağaçları yok etmek	[a:tʃları jok ætmæk]
tocón (m)	kütük	[kytyk]
hoguera (f)	kamp ateşi	[kamp atæʃi]
incendio (m)	yangın	[jaŋın]
apagar (~ el incendio)	söndürmek	[søndyrmæk]
guarda (m) forestal	orman bekçisi	[orman bæktʃisi]
protección (f)	koruma	[koruma]
proteger (vt)	korumak	[korumak]
cazador (m) furtivo	kaçak avcı	[katʃak avdʒı]
cepo (m)	kapan	[kapan]
recoger (setas, bayas)	toplamak	[toplamak]
perderse (vr)	yolunu kaybetmek	[jolunu kajbætmæk]

205. Los recursos naturales

recursos (m pl) naturales	doğal kaynaklar	[doal kajnaklar]
minerales (m pl)	madensel maddeler	[madænsæl maddælær]
depósitos (m pl)	katman	[katman]
yacimiento (m)	yatak	[jatak]
extraer (vt)	çıkarmak	[tʃıkarmak]
extracción (f)	maden çıkarma	[madæn tʃikarma]
mineral (m)	filiz	[filiz]
mina (f)	maden ocağı	[madæn odʒaı]
pozo (m) de mina	kuyu	[kuju]
minero (m)	maden işçisi	[madæn iʃtʃisi]
gas (m)	gaz	[gaz]
gasoducto (m)	gaz boru hattı	[gaz boru hattı]

petróleo (m)	**petrol**	[pætrol]
oleoducto (m)	**petrol boru hattı**	[pætrol boru hattı]
torre (f) petrolera	**petrol kulesi**	[pætrol kulæsi]
torre (f) de sondeo	**sondaj kulesi**	[sondaʒ kulæsi]
petrolero (m)	**tanker**	[taŋkær]
arena (f)	**kum**	[kum]
caliza (f)	**kireçtaşı**	[kirætʃtaʃi]
grava (f)	**çakıl**	[tʃakılı]
turba (f)	**turba**	[turba]
arcilla (f)	**kil**	[kiʎ]
carbón (m)	**kömür**	[kømyr]
hierro (m)	**demir**	[dæmir]
oro (m)	**altın**	[altın]
plata (f)	**gümüş**	[gymyʃ]
níquel (m)	**nikel**	[nikæʎ]
cobre (m)	**bakır**	[bakır]
zinc (m)	**çinko**	[tʃiŋko]
manganeso (m)	**manganez**	[maŋanæz]
mercurio (m)	**cıva**	[dʒıva]
plomo (m)	**kurşun**	[kurʃun]
mineral (m)	**mineral**	[minæral]
cristal (m)	**billur**	[billyr]
mármol (m)	**mermer**	[mærmær]
uranio (m)	**uranyum**	[uraɲium]

La tierra. Unidad 2

206. El tiempo

tiempo (m)	hava	[hava]
previsión (m) del tiempo	hava tahmini	[hava tahmini]
temperatura (f)	sıcaklık	[sɪdʒaklık]
termómetro (m)	termometre	[tærmomætræ]
barómetro (m)	barometre	[baromætræ]
humedad (f)	nem	[næm]
calor (m) intenso	sıcaklık	[sɪdʒaklık]
tórrido (adj)	sıcak	[sɪdʒak]
hace mucho calor	hava sıcak	[hava sɪdʒak]
hace calor (templado)	hava ılık	[hava ılık]
templado (adj)	ılık	[ılık]
hace frío	hava soğuk	[hava souk]
frío (adj)	soğuk	[souk]
sol (m)	güneş	[gynæʃ]
brillar (vi)	ışık vermek	[ıʃık værmæk]
soleado (un día ~)	güneşli	[gynæʃli]
elevarse (el sol)	doğmak	[do:mak]
ponerse (vr)	batmak	[batmak]
nube (f)	bulut	[bulut]
nuboso (adj)	bulutlu	[bulutlu]
nubarrón (m)	yağmur bulutu	[ja:mur bulutu]
nublado (adj)	kapalı	[kapalı]
lluvia (f)	yağmur	[ja:mur]
está lloviendo	yağmur yağıyor	[ja:mur jaıjor]
lluvioso (adj)	yağmurlu	[ja:murlu]
lloviznar (vi)	çiselemek	[tʃisælæmæk]
aguacero (m)	sağanak	[sa:nak]
chaparrón (m)	şiddetli yağmur	[ʃiddætli ja:mur]
fuerte (la lluvia ~)	şiddetli, zorlu	[ʃiddætli], [zorlu]
charco (m)	su birikintisi	[su birikintisi]
mojarse (vr)	ıslanmak	[ıslanmak]
niebla (f)	sis, duman	[sis], [duman]
nebuloso (adj)	sisli	[sisli]
nieve (f)	kar	[kar]
está nevando	kar yağıyor	[kar jaıjor]

207. Los eventos climáticos severos. Los desastres naturales

tormenta (f)	fırtına	[fɪrtɪna]
relámpago (m)	şimşek	[ʃimʃæk]
relampaguear (vi)	çakmak	[ʧakmak]
trueno (m)	gök gürültüsü	[gøk gyryltysy]
tronar (vi)	gürlemek	[gyrlæmæk]
está tronando	gök gürlüyor	[gøk gyrlyjor]
granizo (m)	dolu	[dolu]
está granizando	dolu yağıyor	[dolu jaɪjor]
inundar (vt)	su basmak	[su basmak]
inundación (f)	taşkın	[taʃkɪn]
terremoto (m)	deprem	[dæpræm]
sacudida (f)	sarsıntı	[sarsɪntɪ]
epicentro (m)	deprem merkezi	[dæpræm mærkæzi]
erupción (f)	püskürme	[pyskyrmæ]
lava (f)	lav	[lav]
torbellino (m)	hortum	[hortum]
tornado (m)	kasırga	[kasırga]
tifón (m)	tayfun	[tajfun]
huracán (m)	kasırga	[kasırga]
tempestad (f)	fırtına	[fɪrtɪna]
tsunami (m)	tsunami	[ʦunami]
ciclón (m)	siklon	[siklon]
mal tiempo (m)	kötü hava	[køty hava]
incendio (m)	yangın	[jaŋɪn]
catástrofe (f)	felaket	[fæʎakæt]
meteorito (m)	göktaşı	[gøktaʃɪ]
avalancha (f)	çığ	[ʧɪː]
alud (m) de nieve	çığ	[ʧɪː]
ventisca (f)	tipi	[tipi]
nevasca (f)	kar fırtınası	[kar fɪrtɪnası]

208. Los ruidos. Los sonidos

silencio (m)	sessizlik	[sæssizlik]
sonido (m)	ses	[sæs]
ruido (m)	gürültü	[gyrylty]
hacer ruido	gürültü etmek	[gyrylty ætmæk]
ruidoso (adj)	gürültülü	[gyryltyly]
alto (adv)	yüksek sesle	[juksæk sæslæ]
fuerte (~ voz)	yüksek	[juksæk]
constante (ruido, etc.)	sürekli	[syrækli]

grito (m)	bağırtı	[baɪrtɪ]
gritar (vi)	bağırmak	[baɪrmak]
susurro (m)	fısıltı	[fɪsɪltɪ]
susurrar (vi, vt)	fısıldamak	[fɪsɪldamak]

| ladrido (m) | havlama | [havlama] |
| ladrar (vi) | havlamak | [havlamak] |

gemido (m)	inleme, sızlanma	[inlæmæ], [sɪzlama]
gemir (vi)	inlemek	[inlæmæk]
tos (f)	öksürük	[øksyryk]
toser (vi)	öksürmek	[øksyrmæk]

silbido (m)	ıslık	[ɪslɪk]
silbar (vi)	ıslık çalmak	[ɪslɪk tʃalmak]
llamada (f) (golpes)	kapıyı çalma	[kapɪjɪ tʃalma]
golpear (la puerta)	kapıyı çalmak	[kapɪjɪ tʃalmak]

| crepitar (vi) | çatırdamak | [tʃatɪrdamak] |
| crepitación (f) | çatırtı | [tʃatɪrtɪ] |

sirena (f)	siren	[siræn]
pito (m) (de la fábrica)	düdük	[dydyk]
pitar (un tren, etc.)	çalmak	[tʃalmak]
bocinazo (m)	klakson sesi	[klakson sæsi]
tocar la bocina	korna çalmak	[korna tʃalmak]

209. El invierno

invierno (m)	kış	[kɪʃ]
de invierno (adj)	kış, kışlık	[kɪʃ], [kɪʃlɪk]
en invierno	kışın	[kɪʃɪn]

nieve (f)	kar	[kar]
está nevando	kar yağıyor	[kar jaɪjor]
nevada (f)	kar yağışı	[kar jaɪʃɪsɪ]
montón (m) de nieve	kürtün	[kyrtyn]

copo (m) de nieve	kar tanesi	[kar tanæsi]
bola (f) de nieve	kar topu	[kar topu]
monigote (m) de nieve	kardan adam	[kardan adam]
carámbano (m)	saçak buzu	[satʃak buzu]

diciembre (m)	aralık	[aralık]
enero (m)	ocak	[odʒak]
febrero (m)	şubat	[ʃubat]

| helada (f) | ayaz | [ajaz] |
| helado (~a noche) | ayazlı | [ajazlı] |

bajo cero (adv)	sıfırın altında	[sɪfırın altında]
primeras heladas (f pl)	donlar	[donlar]
escarcha (f)	kırağı	[kɪraɪ]
frío (m)	soğuk	[souk]

hace frío	**hava soğuk**	[hava souk]
abrigo (m) de piel	**kürk manto**	[kyrk manto]
manoplas (f pl)	**eldivenler**	[æʎdivænlær]
enfermarse (vr)	**hastalanmak**	[hastalanmak]
resfriado (m)	**soğuk algınlığı**	[souk algınlı:]
resfriarse (vr)	**soğuk almak**	[souk almak]
hielo (m)	**buz**	[buz]
hielo (m) en la carretera	**parlak buz**	[parlak buz]
helarse (el lago, etc.)	**buz tutmak**	[buz tutmak]
bloque (m) de hielo	**buz parçası**	[buz partʃası]
esquís (m pl)	**kayak**	[kajak]
esquiador (m)	**kayakçı**	[kajaktʃı]
esquiar (vi)	**kayak yapmak**	[kajak japmak]
patinar (vi)	**paten kaymak**	[patæn kajmak]

La fauna

210. Los mamíferos. Los predadores

carnívoro (m)	yırtıcı hayvan	[jırtıdʒı hajvan]
tigre (m)	kaplan	[kaplan]
león (m)	aslan	[aslan]
lobo (m)	kurt	[kurt]
zorro (m)	tilki	[tiʎki]
jaguar (m)	jagar, jaguar	[ʒagar]
leopardo (m)	leopar	[læopar]
guepardo (m)	çita	[ʧita]
pantera (f)	panter	[pantær]
puma (f)	puma	[puma]
leopardo (m) de las nieves	kar leoparı	[kar læoparı]
lince (m)	vaşak	[vaʃak]
coyote (m)	kır kurdu	[kır kurdu]
chacal (m)	çakal	[ʧakal]
hiena (f)	sırtlan	[sırtlan]

211. Los animales salvajes

animal (m)	hayvan	[hajvan]
bestia (f)	vahşi hayvan	[vahʃi hajvan]
ardilla (f)	sincap	[sindʒap]
erizo (m)	kirpi	[kirpi]
liebre (f)	yabani tavşan	[jabani tavʃan]
conejo (m)	tavşan	[tavʃan]
tejón (m)	porsuk	[porsuk]
mapache (m)	rakun	[rakun]
hámster (m)	cırlak sıçan	[dʒirlak sıʧan]
marmota (f)	dağ sıçanı	[da: sıʧanı]
topo (m)	köstebek	[køstæbæk]
ratón (m)	fare	[faræ]
rata (f)	sıçan	[sıʧan]
murciélago (m)	yarasa	[jarasa]
armiño (m)	kakım	[kakım]
cebellina (f)	samur	[samur]
marta (f)	ağaç sansarı	[a:ʧ sansarı]
comadreja (f)	gelincik	[gælindʒik]
visón (m)	vizon	[vizon]

castor (m)	kunduz	[kunduz]
nutria (f)	su samuru	[su samuru]
caballo (m)	at	[at]
alce (m)	Avrupa musu	[avrupa musu]
ciervo (m)	geyik	[gæjɪk]
camello (m)	deve	[dævæ]
bisonte (m)	bizon	[bizon]
uro (m)	Avrupa bizonu	[avrupa bizonu]
búfalo (m)	manda	[manda]
cebra (f)	zebra	[zæbra]
antílope (m)	antilop	[antilop]
corzo (m)	karaca	[karadʒa]
gamo (m)	alageyik	[alagæjɪk]
gamuza (f)	dağ keçisi	[da: kætʃisi]
jabalí (m)	yaban domuzu	[jaban domuzu]
ballena (f)	balina	[balina]
foca (f)	fok	[fok]
morsa (f)	mors	[mors]
oso (m) marino	kürklü fok balığı	[kyrkly fok balı:]
delfín (m)	yunus	[junus]
oso (m)	ayı	[ajı]
oso (m) blanco	beyaz ayı	[bæjaz ajı]
panda (f)	panda	[panda]
mono (m)	maymun	[majmun]
chimpancé (m)	şempanze	[ʃæmpanzæ]
orangután (m)	orangutan	[oraɲutan]
gorila (m)	goril	[goriʎ]
macaco (m)	makak	[makak]
gibón (m)	jibon	[ʒibon]
elefante (m)	fil	[fiʎ]
rinoceronte (m)	gergedan	[gærgædan]
jirafa (f)	zürafa	[zyrafa]
hipopótamo (m)	su aygırı	[su ajgırı]
canguro (m)	kanguru	[kaɲuru]
koala (f)	koala	[koala]
mangosta (f)	firavunfaresi	[fıravunfaræsi]
chinchilla (f)	şinşilla	[ʃinʃilla]
mofeta (f)	kokarca	[kokardʒa]
espín (m)	oklukirpi	[oklukirpi]

212. Los animales domésticos

gata (f)	kedi	[kædi]
gato (m)	erkek kedi	[ærkæk kædi]
caballo (m)	at	[at]

| garañón (m) | aygır | [ajgır] |
| yegua (f) | kısrak | [kısrak] |

vaca (f)	inek	[inæk]
toro (m)	boğa	[boa]
buey (m)	öküz	[økyz]

oveja (f)	koyun	[kojun]
carnero (m)	koç	[kotʃ]
cabra (f)	keçi	[kætʃi]
cabrón (m)	teke	[tækæ]

| asno (m) | eşek | [æʃæk] |
| mulo (m) | katır | [katır] |

cerdo (m)	domuz	[domuz]
cerdito (m)	domuz yavrusu	[domuz javrusu]
conejo (m)	tavşan	[tavʃan]

| gallina (f) | tavuk | [tavuk] |
| gallo (m) | horoz | [horoz] |

pato (m)	ördek	[ørdæk]
ánade (m)	suna	[suna]
ganso (m)	kaz	[kaz]

| pavo (m) | erkek hindi | [ærkæk hindi] |
| pava (f) | dişi hindi | [diʃi hindi] |

animales (m pl) domésticos	evcil hayvanlar	[ævdʒiʎ hajvanlar]
domesticado (adj)	evcil	[ævdʒiʎ]
domesticar (vt)	evcilleştirmek	[ævdʒillæʃtirmæk]
criar (vt)	yetiştirmek	[jætiʃtirmæk]

granja (f)	çiftlik	[tʃiftlik]
aves (f pl) de corral	kümse hayvanları	[kymsæ hajvanları]
ganado (m)	çiftlik hayvanları	[tʃiftlik hajvanları]
rebaño (m)	sürü	[syry]

caballeriza (f)	ahır	[ahır]
porqueriza (f)	domuz ahırı	[domuz ahırı]
vaquería (f)	inek ahırı	[inæk ahırı]
conejal (m)	tavşan kafesi	[tavʃan kafæsi]
gallinero (m)	tavuk kümesi	[tavuk kymæsi]

213. Los perros. Las razas de perros

perro (m)	köpek	[køpæk]
perro (m) pastor	çoban köpeği	[tʃoban køpæi]
perro (m) maltés	kaniş	[kaniʃ]
teckel (m)	mastı	[mastı]

| buldog (m) | buldok | [buʎdok] |
| bóxer (m) | boksör köpek | [boksør køpæk] |

Mastín (m) inglés	mastı	[mastı]
rottweiler (m)	rottweiler	[rotvæjlær]
Dobermann (m)	doberman	[dobærman]

basset hound (m)	basset av köpeği	[bassæt av køpæi]
Bobtail (m)	bobtail	[bobtæjl]
dálmata (m)	dalmaçyalı	[daʎmaʧjalı]
cocker spaniel (m)	cocker	[kokær]

| Terranova (m) | Ternöv köpeği | [tærnøv kopæi] |
| San Bernardo (m) | senbernar | [sænbærnar] |

husky (m)	haski	[haski]
Chow Chow (m)	chow chow, Çin Aslanı	[ʧau ʧau], [ʧin aslanı]
pomerania (m)	Spitz	[ʃpits]
Pug (m), Carlino (m)	pug	[pag]

214. Los sonidos de los animales

ladrido (m)	havlama	[havlama]
ladrar (vi)	havlamak	[havlamak]
maullar (vi)	miyavlamak	[mijavlamak]
ronronear (vi)	mırlamak	[mırlamak]

mugir (vi)	böğürmek	[bøjurmæk]
bramar (toro)	böğürmek	[bøjurmæk]
rugir (vi)	uğuldamak	[u:ldamak]

aullido (m)	uluma	[uluma]
aullar (vi)	ulumak	[ulumak]
gañir (vi)	çenilemek	[ʧænilæmæk]

balar (vi)	melemek	[mælæmæk]
gruñir (cerdo)	domuz homurtusu	[domuz homurtusu]
chillar (vi)	acıyla havlamak	[adʒıjla havlamak]

croar (vi)	vakvak etmek	[vak vak ætmæk]
zumbar (vi)	vızıldamak	[vızıldamak]
chirriar (vi)	çekirge sesi çıkarmak	[ʧækirgæ sæsi ʧikarmak]

215. Los animales jóvenes

cría (f)	yavru	[javru]
gatito (m)	kedi yavrusu	[kædi javrusu]
ratoncillo (m)	fare yavrusu	[faræ javrusu]
cachorro (m)	köpek yavrusu	[køpæk javrusu]

cría (f) de liebre	tavşan yavrusu	[tavʃan javrusu]
conejito (m)	yavru tavşan	[javru tavʃan]
lobato (m)	kurt yavrusu	[kurt javrusu]
cría (f) de zorro	tilki yavrusu	[tiʎki javrusu]
osito (m)	ayı yavrusu	[ajı javrusu]

cachorro (m) de león	aslan yavrusu	[aslan javrusu]
cachorro (m) de tigre	kaplan yavrusu	[kaplan javrusu]
elefantino (m)	fil yavrusu	[fiʎ javrusu]
cerdito (m)	domuz yavrusu	[domuz javrusu]
ternero (m)	dana	[dana]
cabrito (m)	oğlak	[o:lak]
cordero (m)	kuzu	[kuzu]
cervato (m)	geyik yavrusu	[gæjɪk javrusu]
cría (f) de camello	deve yavrusu	[dævæ javrusu]
serpezuela (f)	yılan yavrusu	[jɪlan javrusu]
ranita (f)	kurbağacık	[kurba:dʒɪk]
pajarillo (m)	kuş yavrusu	[kuʃ javrusu]
pollo (m)	civciv, piliç	[dʒiv dʒiv], [pilitʃ]
patito (m)	ördek yavrusu	[ørdæk javrusu]

216. Los pájaros

pájaro (m)	kuş	[kuʃ]
paloma (f)	güvercin	[gyværdʒin]
gorrión (m)	serçe	[særtʃæ]
paro (m)	baştankara	[baʃtaŋkara]
cotorra (f)	saksağan	[saksa:n]
cuervo (m)	kara karga, kuzgun	[kara karga], [kuzgun]
corneja (f)	karga	[karga]
chova (f)	küçük karga	[kytʃuk karga]
grajo (m)	ekin kargası	[ækin kargası]
pato (m)	ördek	[ørdæk]
ganso (m)	kaz	[kaz]
faisán (m)	sülün	[sylyn]
águila (f)	kartal	[kartal]
azor (m)	atmaca	[atmadʒa]
halcón (m)	doğan	[doan]
buitre (m)	akbaba	[akbaba]
cóndor (m)	kondor	[kondor]
cisne (m)	kuğu	[ku:]
grulla (f)	turna	[turna]
cigüeña (f)	leylek	[læjlæk]
loro (m), papagayo (m)	papağan	[papa:n]
colibrí (m)	sinekkuşu	[sinæk kuʃu]
pavo (m) real	tavus	[tavus]
avestruz (m)	deve kuşu	[dævæ kuʃu]
garza (f)	balıkçıl	[balıktʃil]
flamenco (m)	flamingo	[flamiɲo]
pelícano (m)	pelikan	[pælikan]
ruiseñor (m)	bülbül	[byʎbyʎ]

golondrina (f)	kırlangıç	[kırlaŋıtʃ]
tordo (m)	ardıç kuşu	[ardıtʃ kuʃu]
zorzal (m)	öter ardıç kuşu	[øtær ardıtʃ kuʃu]
mirlo (m)	karatavuk	[kara tavuk]

vencejo (m)	sağan	[sa:n]
alondra (f)	toygar	[tojgar]
codorniz (f)	bıldırcın	[bıldırdʒın]

pico (m)	ağaçkakan	[a:tʃkakan]
cuco (m)	guguk	[guguk]
lechuza (f)	baykuş	[bajkuʃ]
búho (m)	puhu kuşu	[puhu kuʃu]
urogallo (m)	çalıhorozu	[tʃalı horozu]
gallo lira (m)	kayın tavuğu	[kajın tavu:]
perdiz (f)	keklik	[kæklik]

estornino (m)	sığırcık	[sıjırdʒık]
canario (m)	kanarya	[kanarja]
ortega (f)	çil	[tʃiʎ]
pinzón (m)	ispinoz	[ispinoz]
camachuelo (m)	şakrak kuşu	[ʃakrak kuʃu]

gaviota (f)	martı	[martı]
albatros (m)	albatros	[aʎbatros]
pingüino (m)	penguen	[pæŋuæn]

217. Los pájaros. El canto y los sonidos

cantar (vi)	ötmek	[øtmæk]
gritar (vi)	bağırmak	[baırmak]
quiquiriquí (m)	kukuriku	[kukuriku]

cloquear (vi)	gıdaklamak	[gıdaklamak]
graznar (vi)	gaklamak	[gaklamak]
hacer cua cua	vakvak etmek	[vak vak ætmæk]
piar (vi)	cıvıldamak	[dʒivıldamak]
gorjear (vi)	cıvıldamak	[dʒivıldamak]

218. Los peces. Los animales marinos

brema (f)	çapak balığı	[tʃapak balı:]
carpa (f)	sazan	[sazan]
perca (f)	tatlı su levreği	[tatlı su lævræi]
siluro (m)	yayın	[jajın]
lucio (m)	turna balığı	[turna balı:]

| salmón (m) | som balığı | [som balı:] |
| esturión (m) | mersin balığı | [mærsin balı:] |

| arenque (m) | ringa | [riŋa] |
| salmón (m) del Atlántico | som, somon | [som], [somon] |

| caballa (f) | uskumru | [uskumru] |
| lenguado (m) | kalkan | [kalkan] |

lucioperca (m)	uzunlevrek	[uzunlævræk]
bacalao (m)	morina balığı	[morina balı:]
atún (m)	ton balığı	[ton balı:]
trucha (f)	alabalık	[alabalık]

anguila (f)	yılan balığı	[jılan balı:]
tembladera (f)	torpilbalığı	[torpil balı:]
morena (f)	murana	[murana]
piraña (f)	pirana	[pirana]

tiburón (m)	köpek balığı	[køpæk balı:]
delfín (m)	yunus	[junus]
ballena (f)	balina	[balina]

centolla (f)	yengeç	[jæŋætʃ]
medusa (f)	denizanası	[dæniz anası]
pulpo (m)	ahtapot	[ahtapot]

estrella (f) de mar	deniz yıldızı	[dæniz jıldızı]
erizo (m) de mar	deniz kirpisi	[dæniz kirpisi]
caballito (m) de mar	denizatı	[dænizatı]

ostra (f)	istiridye	[istirid¹æ]
camarón (m)	karides	[karidæs]
bogavante (m)	ıstakoz	[ıstakoz]
langosta (f)	langust	[laŋust]

219. Los anfibios. Los reptiles

| serpiente (f) | yılan | [jılan] |
| venenoso (adj) | zehirli | [zæhirli] |

víbora (f)	engerek	[æŋiræk]
cobra (f)	kobra	[kobra]
pitón (m)	piton	[piton]
boa (f)	boa yılanı	[boa jılanı]
culebra (f)	çayır yılanı	[tʃajır jılanı]
serpiente (m) de cascabel	çıngıraklı yılan	[tʃırgıraklı jılan]
anaconda (f)	anakonda	[anakonda]

lagarto (f)	kertenkele	[kærtæŋkælæ]
iguana (f)	iguana	[iguana]
varano (m)	varan	[varan]
salamandra (f)	salamandra	[salamandra]
camaleón (m)	bukalemun	[bukalæmun]
escorpión (m)	akrep	[akræp]

tortuga (f)	kaplumbağa	[kaplumba:]
rana (f)	kurbağa	[kurba:]
sapo (m)	kara kurbağa	[kara kurba:]
cocodrilo (m)	timsah	[timsah]

220. Los insectos

insecto (m)	böcek, haşere	[bødʒæk], [haʃæræ]
mariposa (f)	kelebek	[kælæbæk]
hormiga (f)	karınca	[karındʒa]
mosca (f)	sinek	[sinæk]
mosquito (m) (picadura de ~)	sivri sinek	[sivri sinæk]
escarabajo (m)	böcek	[bødʒæk]
avispa (f)	eşek arısı	[æʃæk arısı]
abeja (f)	arı	[arı]
abejorro (m)	toprak yabanarısı	[toprak jabanarası]
moscardón (m)	at sineği	[at sinæi]
araña (f)	örümcek	[ørymdʒæk]
telaraña (f)	örümcek ağı	[ørymdʒæk aı]
libélula (f)	kız böceği	[kız bødʒæi]
saltamontes (m)	çekirge	[tʃækirgæ]
mariposa (f) nocturna	pervane	[pærvanæ]
cucaracha (f)	hamam böceği	[hamam bødʒæi]
garrapata (f)	kene, sakırga	[kænæ], [sakırga]
pulga (f)	pire	[piræ]
mosca (f) pequeña	tatarcık	[tatardʒık]
langosta (f)	çekirge	[tʃækirgæ]
caracol (m)	sümüklü böcek	[symykly bødʒæk]
grillo (m)	cırcırböceği	[dʒırdʒır bødʒæi]
luciérnaga (f)	ateş böceği	[atæʃ bødʒæi]
mariquita (f)	uğur böceği	[u:r bødʒæi]
escarabajo (m) sanjuanero	mayıs böceği	[majıs bødʒæi]
sanguijuela (f)	sülük	[sylyk]
oruga (f)	tırtıl	[tırtıl]
gusano (m)	solucan	[soludʒan]
larva (f)	kurtçuk	[kurtʃuk]

221. Los animales. Las partes del cuerpo

pico (m)	gaga	[gaga]
alas (f pl)	kanatlar	[kanatlar]
pata (f)	ayak	[ajak]
plumaje (m)	tüyler	[tyjlær]
pluma (f)	tüy	[tyj]
penacho (m)	sorguç	[sorgutʃ]
branquias (f pl)	solungaç	[soluŋatʃ]
huevas (f pl)	yumurta	[jumurta]
larva (f)	kurtçuk	[kurtʃuk]
aleta (f)	yüzgeç	[juzgætʃ]
escamas (f pl)	pul, deri	[pul], [dæri]
colmillo (m)	köpekdişi	[køpækdiʃi]

garra (f), pata (f)	ayak	[ajak]
hocico (m)	hayvan burnu	[hajvan burnu]
boca (f)	ağız	[aız]
cola (f)	kuyruk	[kujruk]
bigotes (m pl)	bıyık	[bijık]

| casco (m) (pezuña) | toynak | [tojnak] |
| cuerno (m) | boynuz | [bojnuz] |

caparazón (m)	kaplumbağa kabuğu	[kaplumba: kabu:]
concha (f) (de moluscos)	kabuk	[kabuk]
cáscara (f) (de huevo)	yumurta kabuğu	[jumurta kabu:]

| pelo (m) (de perro) | tüy | [tyj] |
| piel (f) (de vaca, etc.) | deri | [dæri] |

222. Las costumbres de los animales

volar (vi)	uçmak	[utʃmak]
dar vueltas	dönüp durmak	[dønyp durmak]
echar a volar	uçup gitmek	[utʃup gitmæk]
batir las alas	sallamak	[sallamak]

picotear (vt)	gagalamak	[gagalamak]
empollar (vt)	kuluçkaya yatmak	[kulutʃkaja jatmak]
salir del cascarón	yumurtadan çıkmak	[jumurtadan tʃikmak]
hacer el nido	yuva yapmak	[juva japmak]

reptar (serpiente)	sürünmek	[syrynmæk]
picar (vt)	sokmak	[sokmak]
morder (animal)	ısırmak	[ısırmak]

olfatear (vt)	koklamak	[koklamak]
ladrar (vi)	havlamak	[havlamak]
sisear (culebra)	tıslamak	[tıslamak]
asustar (vt)	korkutmak	[korkutmak]
atacar (vt)	saldırmak	[saldırmak]

roer (vt)	kemirmek	[kæmirmæk]
arañar (vt)	tırmalamak	[tırmalamak]
esconderse (vr)	saklanmak	[saklanmak]

jugar (gatitos, etc.)	oynamak	[ojnamak]
cazar (vi, vt)	avlamak	[avlamak]
hibernar (vi)	kış uykusuna yatmak	[kiʃ ujkusuna jatmak]
extinguirse (vr)	nesli tükenmek	[næsli tykænmæk]

223. Los animales. El hábitat

hábitat (m)	doğal ortam	[doal ortam]
migración (f)	göç	[gøtʃ]
montaña (f)	dağ	[da:]

arrecife (m)	resif	[ræsif]
roca (f)	kaya	[kaja]

bosque (m)	orman	[orman]
jungla (f)	cengel	[dʒæŋæʎ]
sabana (f)	savana	[savana]
tundra (f)	tundura, tundra	[tundura], [tundra]

estepa (f)	bozkır	[bozkır]
desierto (m)	çöl	[tʃoʎ]
oasis (m)	vaha	[vaha]

mar (m)	deniz	[dæniz]
lago (m)	göl	[gøʎ]
océano (m)	okyanus	[okjanus]

pantano (m)	bataklık	[bataklık]
de agua dulce (adj)	tatlı su	[tatlı su]
estanque (m)	gölet	[gølæt]
río (m)	nehir, ırmak	[næhir], [ırmak]

cubil (m)	ayı ini	[ajı ini]
nido (m)	yuva	[juva]
agujero (m)	kovuk	[kovuk]
madriguera (f)	in	[in]
hormiguero (m)	karınca yuvası	[karındʒa juvası]

224. El cuidado de los animales

zoo (m)	hayvanat bahçesi	[hajvanat bahtʃæsi]
reserva (f) natural	doğa koruma alanı	[doa koruma alanı]

club (m) de criadores	hayvan yetiştiricisi	[hajvan jætiʃtiridʒisi]
jaula (f) al aire libre	açık hava kafesi	[atʃık hava kafæsi]
jaula (f)	kafes	[kafæs]
perrera (f)	köpek kulübesi	[køpæk kylybæsi]

palomar (m)	güvercinlik	[gyværdʒinlik]
acuario (m)	akvaryum	[akvarjym]
delfinario (m)	yunus akvaryumu	[junus akvariumu]

criar (~ animales)	beslemek	[bæslæmæk]
crías (f pl)	yavru, nesil	[javru], [næsiʎ]
domesticar (vt)	evcilleştirmek	[ævdʒillæʃtirmæk]
pienso (m), comida (f)	yem	[jæm]

dar de comer	beslemek	[bæslæmæk]
adiestrar (~ animales)	terbiye etmek	[tærbijæ ætmæk]

tienda (f) de animales	evcil hayvan dükkanı	[ævdʒiʎ hajvan dykkanı]
bozal (m) de perro	ağızlık	[aızlık]
collar (m)	tasma	[tasma]
nombre (m) (de perro, etc.)	ad	[ad]
pedigrí (m)	cins hayvan	[dʒins hajvan]

225. Los animales. Miscelánea

manada (f) (de lobos)	sürü	[syry]
bandada (f) (de pájaros)	kuş sürüsü	[kuʃ syrysy]
banco (m) de peces	balık sürüsü	[balık syrysy]
caballada (f)	at sürüsü	[at syrysy]
macho (m)	erkek	[ærkæk]
hembra (f)	dişi	[diʃi]
hambriento (adj)	aç	[atʃ]
salvaje (adj)	vahşi	[vahʃi]
peligroso (adj)	tehlikeli	[tæhlikæli]

226. Los caballos

caballo (m)	at	[at]
raza (f)	cins, ırk	[dʒins], [ırk]
potro (m)	tay	[taj]
yegua (f)	kısrak	[kısrak]
caballo mustang (m)	yabani at	[jabani at]
poni (m)	midilli	[midilli]
caballo (m) de tiro	beygir	[bæjgir]
crin (f)	yele	[jælæ]
cola (f)	kuyruk	[kujruk]
casco (m) (pezuña)	toynak	[tojnak]
herradura (f)	nal	[nal]
herrar (vt)	nallamak	[nallamak]
herrero (m)	nalbant	[nalbant]
silla (f)	eyer	[æjær]
estribo (m)	üzengi	[juzæŋi]
bridón (m)	dizgin	[dizgin]
riendas (f pl)	dizginler	[dizginlær]
fusta (f)	kırbaç	[kırbatʃ]
jinete (m)	binici	[binidʒi]
desbravar (vt)	eğitmek, terbiye etmek	[æitmæk], [tærbijæ ætmæk]
ensillar (vt)	eyerlemek	[æjærlæmæk]
montar al caballo	ata binmek	[ata binmæk]
galope (m)	dört nal	[dørt nal]
ir al galope	dörtnala gitmek	[dørtnala gitmæk]
trote (m)	tırıs	[tırıs]
al trote (adv)	tırısta	[tırısta]
caballo (m) de carreras	yarış atı	[jarıʃ atı]
carreras (f pl)	at yarışı	[æt jarıʃı]
caballeriza (f)	ahır	[ahır]

dar de comer	**beslemek**	[bæslæmæk]
heno (m)	**saman, kuru ot**	[saman], [kuru ot]
dar de beber	**sulamak**	[sulamak]
limpiar (el caballo)	**tımarlamak**	[tımarlamak]
trabar (vt)	**kösteklemek**	[køstæklæmæk]
pastar (vi)	**otlanmak**	[otlanmak]
relinchar (vi)	**kişnemek**	[kiʃnæmæk]
cocear (vi)	**tepmek**	[tæpmæk]

La flora

227. Los árboles

árbol (m)	ağaç	[a:tʃ]
foliáceo (adj)	geniş yapraklı	[gæniʃ japraklı]
conífero (adj)	iğne yapraklı	[i:næ japraklı]
de hoja perenne	her dem taze	[hær dæm tazæ]

manzano (m)	elma ağacı	[æʎma a:dʒı]
peral (m)	armut ağacı	[armut a:dʒı]
cerezo (m)	kiraz ağacı	[kiraz a:dʒı]
guindo (m)	vişne ağacı	[viʃnæ a:dʒı]
ciruelo (m)	erik ağacı	[ærik a:dʒı]

abedul (m)	huş ağacı	[huʃ a:dʒı]
roble (m)	meşe	[mæʃæ]
tilo (m)	ıhlamur	[ıhlamur]
pobo (m)	titrek kavak	[titræk kavak]
arce (m)	akça ağaç	[aktʃa a:tʃ]

picea (m)	ladin ağacı	[ladin a:dʒı]
pino (m)	çam ağacı	[tʃam a:dʒı]
alerce (m)	melez ağacı	[mælæz a:dʒı]
abeto (m)	köknar	[køknar]
cedro (m)	sedir	[sædir]

álamo (m)	kavak	[kavak]
serbal (m)	üvez ağacı	[juvæz a:dʒı]
sauce (m)	söğüt	[søjut]
aliso (m)	kızılağaç	[kızıla:tʃ]

haya (f)	kayın	[kajın]
olmo (m)	karaağaç	[kara a:tʃ]
fresno (m)	dişbudak ağacı	[diʃbudak a:dʒı]
castaño (m)	kestane	[kæstanæ]

magnolia (f)	manolya	[manoʎja]
palmera (f)	palmiye	[paʎmijæ]
ciprés (m)	servi	[særvi]
baobab (m)	baobab ağacı	[baobab a:dʒı]
eucalipto (m)	okaliptüs	[okaliptys]
secoya (f)	sekoya	[sækoja]

228. Los arbustos

| mata (f) | çalı | [tʃalı] |
| arbusto (m) | çalılık | [tʃalılık] |

| vid (f) | üzüm | [juzym] |
| viñedo (m) | bağ | [ba:] |

frambueso (m)	ahududu	[ahududu]
grosella (f) roja	kırmızı frenk üzümü	[kırmızı fræŋk juzymy]
grosellero (m) espinoso	bektaşi üzümü	[bæktaʃi juzymy]

acacia (f)	akasya	[akasja]
berberís (m)	diken üzümü	[dikæn juzymy]
jazmín (m)	yasemin	[jasæmin]

enebro (m)	ardıç	[ardıtʃ]
rosal (m)	gül ağacı	[gyʎ a:dʒı]
escaramujo (m)	yaban gülü	[jaban gyly]

229. Los hongos

seta (f)	mantar	[mantar]
seta (f) comestible	yenir mantar	[jænir mantar]
seta (f) venenosa	zehirli mantar	[zæhirli mantar]
sombrerete (m)	baş	[baʃ]
estipe (m)	ayak	[ajak]

boletus edulis (m)	bir mantar türü	[bir mantar tyry]
boleto (m) castaño	kavak mantarı	[kavak mantarı]
boleto (m) áspero	ak ağaç mantarı	[ak a:tʃ mantarı]
rebozuelo (m)	horozmantarı	[horoz mantarı]
rúsula (f)	çiğ yenen mantar	[tʃi: jænæn mantar]

colmenilla (f)	kuzu mantarı	[kuzu mantarı]
matamoscas (m)	sinek mantarı	[sinæk mantarı]
oronja (f) verde	köygöçüren mantarı	[køjgytʃuræn mantarı]

230. Las frutas. Las bayas

fruto (m)	meyve	[mæjvæ]
frutos (m pl)	meyveler	[mæjvælær]
manzana (f)	elma	[æʎma]
pera (f)	armut	[armut]
ciruela (f)	erik	[ærik]

fresa (f)	çilek	[tʃilæk]
guinda (f)	vişne	[viʃnæ]
cereza (f)	kiraz	[kiraz]
uva (f)	üzüm	[juzym]

frambuesa (f)	ahududu	[ahududu]
grosella (f) negra	siyah frenküzümü	[sijah fræŋkjuzymy]
grosella (f) roja	kırmızı frenk üzümü	[kırmızı fræŋk juzymy]
grosella (f) espinosa	bektaşi üzümü	[bæktaʃi juzymy]
arándano (m) agrio	kızılcık	[kızıldʒık]
naranja (f)	portakal	[portakal]

mandarina (f)	mandalina	[mandalina]
ananás (m)	ananas	[ananas]
banana (f)	muz	[muz]
dátil (m)	hurma	[hurma]

limón (m)	limon	[limon]
albaricoque (m)	kayısı	[kajısı]
melocotón (m)	şeftali	[ʃæftali]
kiwi (m)	kivi	[kivi]
pomelo (m)	greypfrut	[græjpfrut]

baya (f)	meyve, yemiş	[mæjvæ], [jæmiʃ]
bayas (f pl)	yemişler	[jæmiʃler]
arándano (m) rojo	kırmızı yabanmersini	[kırmızı jaban mærsini]
fresa (f) silvestre	yabani çilek	[jabani tʃilæk]
arándano (m)	yaban mersini	[jaban mærsini]

231. Las flores. Las plantas

| flor (f) | çiçek | [tʃitʃæk] |
| ramo (m) de flores | demet | [dæmæt] |

rosa (f)	gül	[gyʎ]
tulipán (m)	lale	[ʎalæ]
clavel (m)	karanfil	[karanfiʎ]
gladiolo (m)	glayöl	[glajoʎ]

aciano (m)	peygamber çiçeği	[pæjgambær tʃitʃæi]
campanilla (f)	çançiçeği	[tʃantʃitʃæi]
diente (m) de león	hindiba	[hindiba]
manzanilla (f)	papatya	[papatja]

áloe (m)	sarısabır	[sarısabır]
cacto (m)	kaktüs	[kaktys]
ficus (m)	kauçuk ağacı	[kautʃuk a:dʒı]

azucena (f)	zambak	[zambak]
geranio (m)	sardunya	[sardunija]
jacinto (m)	sümbül	[symbyʎ]

mimosa (f)	mimoza	[mimoza]
narciso (m)	nergis	[nærgis]
capuchina (f)	latinçiçeği	[latin tʃitʃæi]

orquídea (f)	orkide	[orkidæ]
peonía (f)	şakayık	[ʃakajık]
violeta (f)	menekşe	[mænækʃæ]

trinitaria (f)	hercai menekşe	[hærdʒai mænækʃæ]
nomeolvides (f)	unutmabeni	[unutmabæni]
margarita (f)	papatya	[papatja]

| amapola (f) | haşhaş | [haʃhaʃ] |
| cáñamo (m) | kendir | [kændir] |

menta (f)	nane	[nanæ]
muguete (m)	inci çiçeği	[indʒi ʧiʧæi]
campanilla (f) de las nieves	kardelen	[kardælæn]

ortiga (f)	ısırgan otu	[ısırgan otu]
acedera (f)	kuzukulağı	[kuzukulaı]
nenúfar (m)	beyaz nilüfer	[bæjaz nilyfær]
helecho (m)	eğreltiotu	[ægræltiotu]
liquen (m)	liken	[likæn]

invernadero (m) tropical	limonluk	[limonlyk]
césped (m)	çimen	[ʧimæn]
macizo (m) de flores	çiçek tarhı	[ʧiʧæk tarhı]

planta (f)	bitki	[bitki]
hierba (f)	ot	[ot]
hierbecita (f)	ot çöpü	[ot ʧopy]

hoja (f)	yaprak	[japrak]
pétalo (m)	taçyaprağı	[tatʧjapraı]
tallo (m)	sap	[sap]
tubérculo (m)	yumru	[jumru]

| retoño (m) | filiz | [filiz] |
| espina (f) | diken | [dikæn] |

florecer (vi)	çiçeklenmek	[ʧiʧæklænmæk]
marchitarse (vr)	solmak	[solmak]
olor (m)	koku	[koku]
cortar (vt)	kesmek	[kæsmæk]
coger (una flor)	koparmak	[koparmak]

232. Los cereales, los granos

grano (m)	tahıl, tane	[tahıl], [tanæ]
cereales (m pl) (plantas)	tahıllar	[tahıllar]
espiga (f)	başak	[baʃak]

trigo (m)	buğday	[bu:daj]
centeno (m)	çavdar	[ʧavdar]
avena (f)	yulaf	[julaf]

| mijo (m) | darı | [darı] |
| cebada (f) | arpa | [arpa] |

maíz (m)	mısır	[mısır]
arroz (m)	pirinç	[pirinʧ]
alforfón (m)	karabuğday	[karabu:daj]

guisante (m)	bezelye	[bæzæʎæ]
fréjol (m)	fasulye	[fasuʎæ]
soya (f)	soya	[soja]
lenteja (f)	mercimek	[mærdʒimæk]
habas (f pl)	bakla	[bakla]

233. Los vegetales. Las verduras

legumbres (f pl)	sebze	[sæbzæ]
verduras (f pl)	yeşillik	[jæʃiʎik]
tomate (m)	domates	[domatæs]
pepino (m)	salatalık	[salatalık]
zanahoria (f)	havuç	[havutʃ]
patata (f)	patates	[patatæs]
cebolla (f)	soğan	[soan]
ajo (m)	sarımsak	[sarımsak]
col (f)	lahana	[ʎahana]
coliflor (f)	karnabahar	[karnabahar]
col (f) de Bruselas	Brüksel lâhanası	[bryksæʎ ʎahanası]
remolacha (f)	pancar	[pandʒar]
berenjena (f)	patlıcan	[patlıdʒan]
calabacín (m)	sakız kabağı	[sakız kabaı]
calabaza (f)	kabak	[kabak]
nabo (m)	şalgam	[ʃalgam]
perejil (m)	maydanoz	[majdanoz]
eneldo (m)	dereotu	[dæræotu]
lechuga (f)	yeşil salata	[jæʃiʎ salata]
apio (m)	kereviz	[kæræviz]
espárrago (m)	kuşkonmaz	[kuʃkonmaz]
espinaca (f)	ıspanak	[ıspanak]
guisante (m)	bezelye	[bæzæʎⁱæ]
habas (f pl)	fasulye	[fasuʎⁱæ]
maíz (m)	mısır	[mısır]
fréjol (m)	fasulye	[fasuʎⁱæ]
pimentón (m)	biber	[bibær]
rábano (m)	turp	[turp]
alcachofa (f)	enginar	[æɲinar]

GEOGRAFÍA REGIONAL

Los países. Las nacionalidades

234. Europa occidental

Europa (f)	Avrupa	[avrupa]
Unión (f) Europea	Avrupa Birliği	[avrupa birli:]
europeo (m)	Avrupalı	[avrupalı]
europeo (adj)	Avrupa	[avrupa]
Austria (f)	Avusturya	[avusturja]
austriaco (m)	Avusturyalı	[avusturjalı]
austriaca (f)	Avusturyalı	[avusturjalı]
austriaco (adj)	Avusturya	[avusturja]
Gran Bretaña (f)	Büyük Britanya	[byjuk britaɲja]
Inglaterra (f)	İngiltere	[iɲiʌtæræ]
inglés (m)	İngiliz	[iɲiliz]
inglesa (f)	İngiliz	[iɲiliz]
inglés (adj)	İngiliz	[iɲiliz]
Bélgica (f)	Belçika	[bæʌtʃika]
belga (m)	Belçikalı	[bæʌtʃikalı]
belga (f)	Belçikalı	[bæʌtʃikalı]
belga (adj)	Belçika	[bæʌtʃika]
Alemania (f)	Almanya	[almaɲja]
alemán (m)	Alman	[alman]
alemana (f)	Alman	[alman]
alemán (adj)	Alman	[alman]
Países Bajos (m pl)	Hollanda	[hollanda]
Holanda (f)	Hollanda	[hollanda]
holandés (m)	Hollandalı	[hollandalı]
holandesa (f)	Hollandalı	[hollandalı]
holandés (adj)	Hollanda	[hollanda]
Grecia (f)	Yunanistan	[junanistan]
griego (m)	Yunan	[junan]
griega (f)	Yunan	[junan]
griego (adj)	Yunan	[junan]
Dinamarca (f)	Danimarka	[danimarka]
danés (m)	Danimarkalı	[danimarkalı]
danesa (f)	Danimarkalı	[danimarkalı]
danés (adj)	Danimarka	[danimarka]
Irlanda (f)	İrlanda	[irlanda]
irlandés (m)	İrlandalı	[irlandalı]

irlandesa (f)	**İrlandalı**	[irlandalı]
irlandés (adj)	**İrlanda**	[irlanda]
Islandia (f)	**İzlanda**	[izlanda]
islandés (m)	**İzlandalı**	[izlandalı]
islandesa (f)	**İzlandalı**	[izlandalı]
islandés (adj)	**İzlanda**	[izlanda]
España (f)	**İspanya**	[ispaɲja]
español (m)	**İspanyol**	[ispaɲʲol]
española (f)	**İspanyol**	[ispaɲʲol]
español (adj)	**İspanyol**	[ispaɲʲol]
Italia (f)	**İtalya**	[itaʎja]
italiano (m)	**İtalyan**	[itaʎjan]
italiana (f)	**İtalyan**	[itaʎjan]
italiano (adj)	**İtalyan**	[itaʎjan]
Chipre (m)	**Kıbrıs**	[kıbrıs]
chipriota (m)	**Kıbrıslı**	[kıbrıslı]
chipriota (f)	**Kıbrıslı**	[kıbrıslı]
chipriota (adj)	**Kıbrıs**	[kıbrıs]
Malta (f)	**Malta**	[maʎta]
maltés (m)	**Maltalı**	[maʎtalı]
maltesa (f)	**Maltalı**	[maʎtalı]
maltés (adj)	**Malta**	[maʎta]
Noruega (f)	**Norveç**	[norvætʃ]
noruego (m)	**Norveçli**	[norvætʃli]
noruega (f)	**Norveçli**	[norvætʃli]
noruego (adj)	**Norveç**	[norvætʃ]
Portugal (f)	**Portekiz**	[portækiz]
portugués (m)	**Portekizli**	[portækizli]
portuguesa (f)	**Portekizli**	[portækizli]
portugués (adj)	**Portekiz**	[portækiz]
Finlandia (f)	**Finlandiya**	[finʎandja]
finlandés (m)	**Fin**	[fin]
finlandesa (f)	**Fin**	[fin]
finlandés (adj)	**Fin**	[fin]
Francia (f)	**Fransa**	[fransa]
francés (m)	**Fransız**	[fransız]
francesa (f)	**Fransız**	[fransız]
francés (adj)	**Fransız**	[fransız]
Suecia (f)	**İsveç**	[isvætʃ]
sueco (m)	**İsveçli**	[isvætʃli]
sueca (f)	**İsveçli**	[isvætʃli]
sueco (adj)	**İsveç**	[isvætʃ]
Suiza (f)	**İsviçre**	[isvitʃræ]
suizo (m)	**İsviçreli**	[isvitʃræli]
suiza (f)	**İsviçreli**	[isvitʃræli]

suizo (adj)	İsviçre	[isvitʃræ]
Escocia (f)	İskoçya	[iskotʃja]
escocés (m)	İskoçyalı	[iskotʃjalı]
escocesa (f)	İskoçyalı	[iskotʃjalı]
escocés (adj)	İskoç	[iskotʃ]

Vaticano (m)	Vatikan	[vatikan]
Liechtenstein (m)	Lihtenştayn	[lihtænʃtajn]
Luxemburgo (m)	Lüksemburg	[lyksæmburg]
Mónaco (m)	Monako	[monako]

235. Europa central y oriental

Albania (f)	Arnavutluk	[arnavutluk]
albanés (m)	Arnavut	[arnavut]
albanesa (f)	Arnavut	[arnavut]
albanés (adj)	Arnavut	[arnavut]

Bulgaria (f)	Bulgaristan	[bulgaristan]
búlgaro (m)	Bulgar	[bulgar]
búlgara (f)	Bulgar	[bulgar]
búlgaro (adj)	Bulgar	[bulgar]

Hungría (f)	Macaristan	[madʒaristan]
húngaro (m)	Macar	[madʒar]
húngara (f)	Macar	[madʒar]
húngaro (adj)	Macar	[madʒar]

Letonia (f)	Letonya	[lætoɲja]
letón (m)	Letonyalı	[lætoɲjalı]
letona (f)	Letonyalı	[lætoɲjalı]
letón (adj)	Letonya	[lætoɲja]

Lituania (f)	Litvanya	[litvaɲja]
lituano (m)	Litvanyalı	[litvaɲjalı]
lituana (f)	Litvanyalı	[litvaɲjalı]
lituano (adj)	Litvanya	[litvaɲja]

Polonia (f)	Polonya	[poloɲja]
polaco (m)	Leh	[læh]
polaca (f)	Leh	[læh]
polaco (adj)	Leh	[læh]

Rumania (f)	Romanya	[romaɲja]
rumano (m)	Romanyalı	[romaɲjalı]
rumana (f)	Romanyalı	[romaɲjalı]
rumano (adj)	Rumen	[rumæn]

Serbia (f)	Sırbistan	[sırbistan]
serbio (m)	Sırp	[sırp]
serbia (f)	Sırp	[sırp]
serbio (adj)	Sırp	[sırp]
Eslovaquia (f)	Slovakya	[slovakja]
eslovaco (m)	Slovak	[slovak]

eslovaca (f)	Slovak	[slovak]
eslovaco (adj)	Slovak	[slovak]

Croacia (f)	Hırvatistan	[hırvatistan]
croata (m)	Hırvat	[hırvat]
croata (f)	Hırvat	[hırvat]
croata (adj)	Hırvat	[hırvat]

Chequia (f)	Çek Cumhuriyeti	[tʃæk dʒumhurijæti]
checo (m)	Çek	[tʃæk]
checa (f)	Çek	[tʃæk]
checo (adj)	Çek	[tʃæk]

Estonia (f)	Estonya	[æstoɲja]
estonio (m)	Estonyalı	[æstoɲjalı]
estonia (f)	Estonyalı	[æstoɲjalı]
estonio (adj)	Estonya	[æstoɲja]

Bosnia y Herzegovina	Bosna-Hersek	[bosna hærtsæk]
Macedonia	Makedonya	[makædoɲja]
Eslovenia	Slovenya	[slovæɲja]
Montenegro (m)	Karadağ	[karada:]

236. Los países de la antes Unión Soviética

Azerbaidzhán (m)	Azerbaycan	[azærbajdʒan]
azerbaidzhano (m)	Azerbaycanlı	[azærbajdʒanlı]
azerbaidzhana (f)	Azerbaycanlı	[azærbajdʒanlı]
azerbaidzhano (adj)	Azerbaycan	[azærbajdʒan]

Armenia (f)	Ermenistan	[ærmænistan]
armenio (m)	Ermeni	[ærmæni]
armenia (f)	Ermeni	[ærmæni]
armenio (adj)	Ermeni	[ærmæni]

Bielorrusia (f)	Beyaz Rusya	[bæjaz rusja]
bielorruso (m)	Beyaz Rusyalı	[bæjaz rusjalı]
bielorrusa (f)	Beyaz Rusyalı	[bæjaz rusjalı]
bielorruso (adj)	Beyaz Rusça	[bæjaz rustʃa]

Georgia (f)	Gürcistan	[gyrdʒistan]
georgiano (m)	Gürcü	[gyrdʒy]
georgiana (f)	Gürcü	[gyrdʒy]
georgiano (adj)	Gürcü	[gyrdʒy]

Kazajstán (m)	Kazakistan	[kazakistan]
kazajo (m)	Kazak	[kazak]
kazaja (f)	Kazak	[kazak]
kazajo (adj)	Kazak	[kazak]

Kirguizistán (m)	Kırgızistan	[kırgızistan]
kirguís (m)	Kırgız	[kırgız]
kirguisa (f)	Kırgız	[kırgız]
kirguís (adj)	Kırgız	[kırgız]

Moldavia (f)	Moldova	[moldova]
moldavo (m)	Moldovalı	[moldovalı]
moldava (f)	Moldovalı	[moldovalı]
moldavo (adj)	Moldovalı	[moldovalı]
Rusia (f)	Rusya	[rusja]
ruso (m)	Rus	[rus]
rusa (f)	Rus	[rus]
ruso (adj)	Rus	[rus]
Tadzhikistán (m)	Tacikistan	[tadʒikistan]
tadzhik (m)	Tacik	[tadʒik]
tadzhika (f)	Tacik	[tadʒik]
tadzhik (adj)	Tacik	[tadʒik]
Turkmenia (f)	Türkmenistan	[tyrkmænistan]
turkmeno (m)	Türkmen	[tyrkmæn]
turkmena (f)	Türkmen	[tyrkmæn]
turkmeno (adj)	Türkmen	[tyrkmæn]
Uzbekistán (m)	Özbekistan	[øzbækistan]
uzbeko (m)	Özbek	[øzbæk]
uzbeka (f)	Özbek	[øzbæk]
uzbeko (adj)	Özbek	[øzbæk]
Ucrania (f)	Ukrayna	[ukrajna]
ucraniano (m)	Ukraynalı	[ukrajnalı]
ucraniana (f)	Ukraynalı	[ukrajnalı]
ucraniano (adj)	Ukrayna	[ukrajna]

237. Asia

Asia (f)	Asya	[asja]
asiático (adj)	Asya	[asja]
Vietnam (m)	Vietnam	[vʲætnam]
vietnamita (m)	Vietnamlı	[vʲætnamlı]
vietnamita (f)	Vietnamlı	[vʲætnamlı]
vietnamita (adj)	Vietnam	[vʲætnam]
India (f)	Hindistan	[hindistan]
indio (m)	Hintli	[hintli]
india (f)	Hintli	[hintli]
indio (adj)	Hintli	[hintli]
Israel (m)	İsrail	[israiʎ]
israelí (m)	İsrailli	[israiʎi]
israelí (f)	İsrailli	[israiʎi]
israelí (adj)	İsrail	[israiʎ]
hebreo (m)	Yahudi	[jahudi]
hebrea (f)	Yahudi	[jahudi]
hebreo (adj)	Yahudi	[jahudi]
China (f)	Çin	[tʃin]

chino (m)	Çinli	[ʧinli]
china (f)	Çinli	[ʧinli]
chino (adj)	Çin	[ʧin]
coreano (m)	Koreli	[koræli]
coreana (f)	Koreli	[koræli]
coreano (adj)	Kore	[koræ]
Líbano (m)	Lübnan	[lybnan]
libanés (m)	Lübnanlı	[lybnanlı]
libanesa (f)	Lübnanlı	[lybnanlı]
libanés (adj)	Lübnanlı	[lybnanlı]
Mongolia (f)	Moğolistan	[mo:listan]
mongol (m)	Moğol	[mo:l]
mongola (f)	Moğol	[mo:l]
mongol (adj)	Moğol	[mo:l]
Malasia (f)	Malezya	[malæzja]
malayo (m)	Malay	[malaj]
malaya (f)	Malay	[malaj]
malayo (adj)	Malay	[malaj]
Pakistán (m)	Pakistan	[pakistan]
pakistaní (m)	Pakistanlı	[pakistanlı]
pakistaní (f)	Pakistanlı	[pakistanlı]
pakistaní (adj)	Pakistan	[pakistan]
Arabia (f) Saudita	Suudi Arabistan	[su:di arabistan]
árabe (m)	Arap	[arap]
árabe (f)	Arap	[arap]
árabe (adj)	Arap	[arap]
Tailandia (f)	Tayland	[tailand]
tailandés (m)	Taylandlı	[tajlandlı]
tailandesa (f)	Taylandlı	[tajlandlı]
tailandés (adj)	Taylandlı	[tajlandlı]
Taiwán (m)	Tayvan	[tajvan]
taiwanés (m)	Tayvanlı	[tajvanlı]
taiwanesa (f)	Tayvanlı	[tajvanlı]
taiwanés (adj)	Tayvanlı	[tajvanlı]
Turquía (f)	Türkiye	[tyrkijæ]
turco (m)	Türk	[tyrk]
turca (f)	Türk	[tyrk]
turco (adj)	Türk, Türkçe	[tyrk], [tyrkʧæ]
Japón (m)	Japonya	[ʒapoɲja]
japonés (m)	Japon	[ʒapon]
japonesa (f)	Japon	[ʒapon]
japonés (adj)	Japon	[ʒapon]
Afganistán (m)	Afganistan	[afganistan]
Bangladesh (m)	Bangladeş	[baɲladæʃ]
Indonesia (f)	Endonezya	[ændonæzja]

Jordania (f)	Ürdün	[urdyn]
Irak (m)	Irak	[ırak]
Irán (m)	İran	[iran]
Camboya (f)	Kamboçya	[kambotʃja]
Kuwait (m)	Kuveyt	[kuvæjt]

Laos (m)	Laos	[laos]
Myanmar (m)	Myanmar	[mjanmar]
Nepal (m)	Nepal	[næpal]
Emiratos (m pl) Árabes Unidos	Birleşik Arap Emirlikleri	[birlæʃik arap æmirliklæri]

Siria (f)	Suriye	[surijæ]
Corea (f) del Sur	Güney Kore	[gynæj koræ]
Corea (f) del Norte	Kuzey Kore	[kuzæj koræ]

238. América del Norte

Estados Unidos de América (m pl)	Amerika Birleşik Devletleri	[amærika birlæʃik dævlætlæri]
americano (m)	Amerikalı	[amærikalı]
americana (f)	Amerikalı	[amærikalı]
americano (adj)	Amerikan	[amærikan]

Canadá (f)	Kanada	[kanada]
canadiense (m)	Kanadalı	[kanadalı]
canadiense (f)	Kanadalı	[kanadalı]
canadiense (adj)	Kanada	[kanada]

Méjico (m)	Meksika	[mæksika]
mejicano (m)	Meksikalı	[mæksikalı]
mejicana (f)	Meksikalı	[mæksikalı]
mejicano (adj)	Meksika	[mæksika]

239. Centroamérica y Sudamérica

Argentina (f)	Arjantin	[arʒantin]
argentino (m)	Arjantinli	[arʒantinli]
argentina (f)	Arjantinli	[arʒantinli]
argentino (adj)	Arjantin	[arʒantin]

Brasil (f)	Brezilya	[bræziʎja]
brasileño (m)	Brezilyalı	[bræziʎjalı]
brasileña (f)	Brezilyalı	[bræziʎjalı]
brasileño (adj)	Brezilya	[bræziʎja]

Colombia (f)	Kolombiya	[kolombija]
colombiano (m)	Kolombiyalı	[kolombijalı]
colombiana (f)	Kolombiyalı	[kolombijalı]
colombiano (adj)	Kolombiyalı	[kolombijalı]

Cuba (f)	Küba	[kyba]
cubano (m)	Kübalı	[kybalı]

cubana (f)	**Kübalı**	[kybalı]
cubano (adj)	**Küba**	[kyba]

Chile (m)	**Şili**	[ʃili]
chileno (m)	**Şilili**	[ʃilili]
chilena (f)	**Şilili**	[ʃilili]
chileno (adj)	**Şili**	[ʃili]

Bolivia (f)	**Bolivya**	[bolivja]
Venezuela (f)	**Venezuela**	[vænæzuæla]
Paraguay (m)	**Paraguay**	[paraguaj]
Perú (m)	**Peru**	[pæru]

Surinam (m)	**Surinam**	[surinam]
Uruguay (m)	**Uruguay**	[urugvaj]
Ecuador (m)	**Ekvator**	[ækvator]

Islas (f pl) Bahamas	**Bahama adaları**	[bahama adaları]
Haití (m)	**Haiti**	[haiti]
República (f) Dominicana	**Dominik Cumhuriyeti**	[dominik dʒumhurijæti]
Panamá (f)	**Panama**	[panama]
Jamaica (f)	**Jamaika**	[ʒamajka]

240. África

Egipto (m)	**Mısır**	[mısır]
egipcio (m)	**Mısırlı**	[mısırlı]
egipcia (f)	**Mısırlı**	[mısırlı]
egipcio (adj)	**Mısır**	[mısır]

Marruecos (m)	**Fas**	[fas]
marroquí (m)	**Faslı**	[faslı]
marroquí (f)	**Faslı**	[faslı]
marroquí (adj)	**Fas**	[fas]

Túnez (m)	**Tunus**	[tunus]
tunecino (m)	**Tunuslu**	[tunuslu]
tunecina (f)	**Tunuslu**	[tunuslu]
tunecino (adj)	**Tunus**	[tunus]

Ghana (f)	**Gana**	[gana]
Zanzíbar (m)	**Zanzibar**	[zanzibar]
Kenia (f)	**Kenya**	[kæɲja]
Libia (f)	**Libya**	[libja]
Madagascar (m)	**Madagaskar**	[madagaskar]

Namibia (f)	**Namibya**	[namibja]
Senegal	**Senegal**	[sænægal]
Tanzania (f)	**Tanzanya**	[tanzaɲja]
República (f) Sudafricana	**Güney Afrika Cumhuriyeti**	[gynæj afrika dʒumhurijæti]

africano (m)	**Afrikalı**	[afrikalı]
africana (f)	**Afrikalı**	[afrikalı]
africano (adj)	**Afrika**	[afrika]

241. Australia. Oceanía

Australia (f)	**Avustralya**	[avustraʎja]
australiano (m)	**Avustralyalı**	[avustraʎjalı]
australiana (f)	**Avustralyalı**	[avustraʎjalı]
australiano (adj)	**Avustralya**	[avustraʎja]
Nueva Zelanda (f)	**Yeni Zelanda**	[jæni zælanda]
neocelandés (m)	**Yeni Zelandalı**	[jæni zælandalı]
neocelandesa (f)	**Yeni Zelandalı**	[jæni zælandalı]
neocelandés (adj)	**Yeni Zelandalı**	[jæni zælandalı]
Tasmania (f)	**Tazmanya**	[tazmanija]
Polinesia (f) Francesa	**Fransız Polinezisi**	[fransız polinæzisi]

242. Las ciudades

Ámsterdam	**Amsterdam**	[amstærdam]
Ankara	**Ankara**	[aŋkara]
Atenas	**Atina**	[atina]
Bagdad	**Bağdat**	[ba:dat]
Bangkok	**Bangkok**	[baŋkok]
Barcelona	**Barselona**	[barsælona]
Beirut	**Beyrut**	[bæjrut]
Berlín	**Berlin**	[bærlin]
Bombay	**Bombay**	[bombaj]
Bonn	**Bonn**	[boŋ]
Bratislava	**Bratislava**	[bratislava]
Bruselas	**Brüksel**	[bryksæʎ]
Bucarest	**Bükreş**	[bykræʃ]
Budapest	**Budapeşte**	[budapæʃtæ]
Burdeos	**Bordo**	[bordo]
El Cairo	**Kahire**	[kahiræ]
Calcuta	**Kalküta**	[kaʎkyta]
Chicago	**Chicago**	[ʧikago]
Copenhague	**Kopenhag**	[kopænhag]
Dar-es-Salam	**Darüsselam**	[daryssæʎam]
Delhi	**Delhi**	[dælhi]
Dubai	**Dubai**	[dubai]
Dublín	**Dublin**	[dublin]
Dusseldorf	**Düsseldorf**	[dyssæʎdorf]
Estambul	**İstanbul**	[istanbul]
Estocolmo	**Stokholm**	[stokholm]
Florencia	**Floransa**	[floransa]
Fráncfort del Meno	**Frankfurt**	[fraŋkfurt]
Ginebra	**Cenevre**	[dʒænævræ]
La Habana	**Havana**	[havana]
Hamburgo	**Hamburg**	[hamburg]

Hanói	Hanoi	[hanoj]
La Haya	Lahey	[lahæj]
Helsinki	Helsinki	[hæʌsiŋki]
Hiroshima	Hiroşima	[hiroʃima]
Hong-Kong	Hong Kong	[hoŋkoŋ]

Jerusalén	Kudüs	[kudys]
Kiev	Kiev	[kiæv]
Kuala Lumpur	Kuala Lumpur	[kuala lumpur]

Lisboa	Lizbon	[lizbon]
Londres	Londra	[londra]
Los Ángeles	Los Angeles	[los andʒælæs]
Lyon	Lyon	[ʌion]

Madrid	Madrid	[madrid]
Marsella	Marsilya	[marsiʌja]
Méjico	Meksiko	[mæksiko]
Miami	Miami	[majami]
Montreal	Montreal	[montræaʌ]
Moscú	Moskova	[moskova]
Munich	Münih	[mynih]

Nairobi	Nairobi	[nairobi]
Nápoles	Napoli	[napoli]
Niza	Nice	[nis]
Nueva York	New York	[ɲjyjork]

Oslo	Oslo	[oslo]
Ottawa	Ottava	[ottava]
París	Paris	[paris]
Pekín	Pekin	[pækin]
Praga	Prag	[prag]

Río de Janeiro	Rio de Janeiro	[rio dæ ʒanæjro]
Roma	Roma	[roma]
San Petersburgo	Saint Petersburg	[sant pætærburg]
Seúl	Seul	[sæul]
Shanghái	Şanghay	[ʃaŋhaj]
Singapur	Singapur	[siŋapur]
Sydney	Sydney	[sidnæj]

Taipei	Taipei	[tajpæj]
Tokio	Tokyo	[tokʲo]
Toronto	Toronto	[toronto]
Varsovia	Varşova	[varʃova]
Venecia	Venedik	[vænædik]
Viena	Viyana	[vijana]
Washington	Washington	[vaʃiŋton]

243. La política. El gobierno. Unidad 1

política (f)	siyaset	[sijasæt]
político (adj)	siyasi	[sijasi]

político (m)	siyasetçi	[sijasætʃi]
Estado (m)	devlet	[dævlæt]
ciudadano (m)	vatandaş	[vatandaʃ]
ciudadanía (f)	vatandaşlık	[vatandaʃlık]

| escudo (m) nacional | ulusal sembol | [ulusal sæmbol] |
| himno (m) nacional | milli marş | [milli marʃ] |

gobierno (m)	hükümet	[hykymæt]
jefe (m) de estado	devlet başkanı	[dævlæt baʃkanı]
parlamento (m)	meclis, parlamento	[mædʒlis], [parlamænto]
partido (m)	parti	[parti]

| capitalismo (m) | kapitalizm | [kapitalizm] |
| capitalista (adj) | kapitalist | [kapitalist] |

| socialismo (m) | sosyalizm | [sosjalizm] |
| socialista (adj) | sosyalist | [sosjalist] |

comunismo (m)	komünizm	[komynizm]
comunista (adj)	komünist	[komynist]
comunista (m)	komünist	[komynist]

democracia (f)	demokrasi	[dæmokrasi]
demócrata (m)	demokrat	[dæmokrat]
democrático (adj)	demokratik	[dæmokratik]
partido (m) democrático	demokratik parti	[dæmokratik parti]

liberal (m)	liberal	[libæral]
liberal (adj)	liberal	[libæral]
conservador (m)	tutucu	[tutudʒu]
conservador (adj)	tutucu	[tutudʒu]

república (f)	cumhuriyet	[dʒumhurijæt]
republicano (m)	cumhuriyetçi	[dʒumhurijætʃi]
partido (m) republicano	cumhuriyet partisi	[dʒumhurijæt partisi]

elecciones (f pl)	seçim	[sætʃim]
elegir (vi)	seçmek	[sætʃmæk]
elector (m)	seçmen	[sætʃmæn]
campaña (f) electoral	seçim kampanyası	[sætʃim kampaɲjası]

votación (f)	oy verme	[oj værmæ]
votar (vi)	oy vermek	[oj værmæk]
derecho (m) a voto	oy hakkı	[oj hakkı]

candidato (m)	aday	[adaj]
presentar su candidatura	aday olmak	[adaj olmak]
campaña (f)	kampanya	[kampaɲja]

| de oposición (adj) | muhalif | [muhalif] |
| oposición (f) | muhalefet | [muhalæfæt] |

visita (f)	ziyaret	[zijaræt]
visita (f) oficial	resmi ziyaret	[ræsmi zijaræt]
internacional (adj)	uluslararası	[uluslar arası]

| negociaciones (f pl) | görüşmeler | [gøryʃmælær] |
| negociar (vi) | görüşmek | [gøryʃmæk] |

244. La política. El gobierno. Unidad 2

sociedad (f)	toplum	[toplum]
constitución (f)	anayasa	[anajasa]
poder (m)	iktidar	[iktidar]
corrupción (f)	rüşvetçilik	[ryʃvætʃilik]

| ley (f) | kanun | [kanun] |
| legal (adj) | kanuni | [kanuni] |

| justicia (f) | adalet | [adalæt] |
| justo (adj) | adil | [adiʎ] |

comité (m)	komite, kurul	[komitæ], [kurul]
proyecto (m) de ley	kanun tasarısı	[kanun tasarısı]
presupuesto (m)	bütçe	[bytʃæ]
política (f)	politika	[politika]
reforma (f)	reform	[ræform]
radical (adj)	radikal	[radikal]

potencia (f) (~ militar, etc.)	güç	[gytʃ]
poderoso (adj)	güçlü	[gytʃly]
partidario (m)	taraftar, yandaş	[taraflar], [jandaʃ]
influencia (f)	etki	[ætki]

régimen (m)	rejim	[ræʒim]
conflicto (m)	tartışma, çatışma	[tartıʃma], [tʃatıʃma]
complot (m)	komplo	[komplo]
provocación (f)	tahrik	[tahrik]

derrocar (al régimen)	devirmek	[dævirmæk]
derrocamiento (m)	devirme	[dævirmæ]
revolución (f)	devrim	[dævrim]

| golpe (m) de estado | darbe | [darbæ] |
| golpe (m) militar | askeri darbe | [askæri darbæ] |

crisis (m)	kriz	[kriz]
recesión (f) económica	ekonomik gerileme	[ækonomik gærilæmæ]
manifestante (m)	gösterici	[gøstæridʒi]
manifestación (f)	gösteri	[gøstæri]
ley (m) marcial	sıkıyönetim	[sikijonætim]
base (f) militar	askeri üs	[askæri jus]

| estabilidad (f) | istikrar | [istikrar] |
| estable (adj) | istikrarlı | [istikrarlı] |

explotación (f)	sömürme	[sømyrmæ]
explotar (vt)	sömürmek	[sømyrmæk]
racismo (m)	ırkçılık	[ırktʃılık]
racista (m)	ırkçı	[ırktʃı]

| fascismo (m) | faşizm | [faʃizm] |
| fascista (m) | faşist | [faʃist] |

245. Los países. Miscelánea

extranjero (m)	yabancı	[jabandʒı]
extranjero (adj)	yabancı	[jabandʒı]
en el extranjero	yurt dışında	[jurt dıʃında]

emigrante (m)	göçmen	[gøtʃmæn]
emigración (f)	göç	[gøtʃ]
emigrar (vi)	göç etmek	[gøtʃ ætmæk]

Oeste (m)	Batı	[batı]
Este (m)	Doğu	[dou]
Extremo Oriente (m)	Uzak Doğu	[uzak dou]

civilización (f)	uygarlık	[ujgarlık]
humanidad (f)	insanlık	[insanlık]
mundo (m)	dünya	[dyɲja]
paz (f)	huzur, barış	[huzur], [barıʃ]
mundial (adj)	dünya	[dyɲja]

patria (f)	anayurt, vatan	[anajurt], [vatan]
pueblo (m)	millet, halk	[millæt], [halk]
población (f)	nüfus	[nyfus]
gente (f)	halk, insanlar	[halk], [insanlar]
nación (f)	millet, ulus	[millæt], [ulus]
generación (f)	nesil	[næsiʎ]
territorio (m)	toprak	[toprak]
región (m)	bölge	[bøʎgæ]
estado (m) (parte de un país)	eyalet	[æja:læt]

tradición (f)	gelenek	[gælænæk]
costumbre (f)	adet, gelenek	[adæt], [gælænæk]
ecología (f)	ekoloji	[ækoloʒi]

indio (m)	kızılderili	[kızıl dærili]
gitano (m)	çingene	[tʃiɲænæ]
gitana (f)	çingene	[tʃiɲænæ]
gitano (adj)	çingene	[tʃiɲænæ]

imperio (m)	imparatorluk	[imparatorluk]
colonia (f)	koloni	[koloni]
esclavitud (f)	kölelik	[kølælik]
invasión (f)	salgın	[salgın]
hambruna (f)	açlık	[atʃlık]

246. Grupos religiosos principales. Las confesiones

| religión (f) | din | [din] |
| religioso (adj) | dini | [dini] |

creencia (f)	inanç	[inantʃ]
creer (en Dios)	inanmak	[inanmak]
creyente (m)	inançlı	[inantʃlı]

| ateísmo (m) | ateizm | [atæizm] |
| ateo (m) | ateist | [atæist] |

cristianismo (m)	Hıristiyanlık	[hiristijanlık]
cristiano (m)	hıristiyan	[hiristijan]
cristiano (adj)	hıristiyan	[hiristijan]

catolicismo (m)	Katoliklik	[katoliklik]
católico (m)	katolik	[katolik]
católico (adj)	katolik	[katolik]

protestantismo (m)	Protestanlık	[protæstanlık]
Iglesia (f) Protestante	Protestan kilisesi	[protæstan kilisæsi]
protestante (m)	protestan	[protæstan]

Ortodoxia (f)	Ortodoksluk	[ortodoksluk]
Iglesia (f) Ortodoxa	Ortodoks kilisesi	[ortodoks kilisæsi]
ortodoxo (m)	ortodoks	[ortodoks]

Presbiterianismo (m)	Presbiteryenlik	[præsbitærɪænlik]
Iglesia (f) Presbiteriana	Presbiteryen kilisesi	[præsbitærɪæn kilisæsi]
presbiteriano (m)	presbiteryen	[præsbitærɪæn]

| Iglesia (f) Luterana | Lüteriyen kilisesi | [lytærɪæn kilisæsi] |
| luterano (m) | lüteriyen | [lytærɪæn] |

| Iglesia (f) Bautista | Vaftiz Kilisesi | [vaftiz kilisæsi] |
| bautista (m) | vaftiz eden | [vaftiz ædæn] |

| Iglesia (f) Anglicana | Anglikan kilisesi | [aŋlikan kilisæsi] |
| anglicano (m) | anglikan | [aŋlikan] |

| mormonismo (m) | Mormonluk | [mormonluk] |
| mormón (m) | mormon | [mormon] |

| judaísmo (m) | Yahudilik | [jahudilik] |
| judío (m) | Yahudi | [jahudi] |

| Budismo (m) | Budizm | [budizm] |
| budista (m) | budist | [budist] |

| Hinduismo (m) | Hinduizm | [hinduizm] |
| hinduista (m) | Hindu | [hindu] |

Islam (m)	İslam	[islam]
musulmán (m)	müslüman	[myslyman]
musulmán (adj)	müslüman	[myslyman]

chiísmo (m)	Şiilik	[ʃiːlik]
chiita (m)	Şii	[ʃiː]
sunismo (m)	Sünnilik	[suŋilik]
suní (m. f)	Sünni	[suŋi]

247. Las religiones. Los sacerdotes

sacerdote (m)	papaz	[papaz]
Papa (m)	Papa	[papa]
monje (m)	rahip	[rahip]
monja (f)	rahibe	[rahibæ]
pastor (m)	Protestan papazı	[protæstan papazı]
abad (m)	başrahip	[baʃrahip]
vicario (m)	bölge papazı	[bøʎgæ papazı]
obispo (m)	piskopos	[piskopos]
cardenal (m)	kardinal	[kardinal]
predicador (m)	hatip, vaiz	[hatip], [vaiz]
prédica (f)	vaaz	[va:z]
parroquianos (m pl)	cemaat	[dʒæma:t]
creyente (m)	inançlı	[inantʃlı]
ateo (m)	ateist	[atæist]

248. La fé. El cristianismo. El islamismo

Adán	Âdem	[adæm]
Eva	Hava	[hava]
Dios (m)	Allah	[allah]
Señor (m)	Tanrı	[tanrı]
el Todopoderoso	Her şeye kadir	[hær ʃæjæ kadir]
pecado (m)	günah	[gynah]
pecar (vi)	günah işlemek	[gynah iʃlæmæk]
pecador (m)	günahkâr	[gynahkʲar]
pecadora (f)	günahkâr	[gynahkʲar]
infierno (m)	cehennem	[dʒæhænʲæm]
paraíso (m)	cennet	[dʒænʲæt]
Jesús	İsa	[isa]
Jesucristo (m)	İsa Mesih	[isa mæsi]
Espíritu (m) Santo	Kutsal Ruh	[kutsal ruh]
el Salvador	Kurtarıcı	[kurtarıdʒı]
la Virgen María	Meryem Ana	[mærʲæm ana]
diablo (m)	Şeytan	[ʃæjtan]
diabólico (adj)	şeytani, şeytanın	[ʃæjtani], [ʃæjtanın]
Satán (m)	Şeytan	[ʃæjtan]
satánico (adj)	şeytani, şeytanca	[ʃæjtani], [ʃæjtandʒa]
ángel (m)	melek	[mælæk]
ángel (m) custodio	koruyucu melek	[korujudʒu mælæk]
angelical (adj)	melek gibi	[mælæk gibi]

apóstol (m)	havari	[havari]
arcángel (m)	baş melek	[baʃ mælæk]
anticristo (m)	deccal	[dædʑal]

Iglesia (f)	Kilise	[kilisæ]
Biblia (f)	İncil	[indʒiʎ]
bíblico (adj)	İncile ait	[indʒilæ ait]

Antiguo Testamento (m)	Eski Ahit	[æski ahit]
Nuevo Testamento (m)	Yeni Ahit	[jæni ahit]
Evangelio (m)	İncil	[indʒiʎ]
Sagrada Escritura (f)	Kitabı Mukaddes	[kitabı mukaddæs]
cielo (m)	Cennet	[dʒæŋæt]

mandamiento (m)	buyruk	[bujruk]
profeta (m)	peygamber	[pæjgambær]
profecía (f)	peygamberlik	[pæjgambærlik]

Alá	Allah	[allah]
Mahoma	Muhammed	[muhammæd]
Corán (m)	Kuran	[kuran]

mezquita (f)	cami	[dʒami]
mulá (m), mullah (m)	molla	[molla]
oración (f)	dua	[dua]
orar (vi)	dua etmek	[dua ætmæk]

peregrinación (f)	hacılık	[hadʒılık]
peregrino (m)	hacı	[hadʒı]
La Meca	Mekke	[mækkæ]

iglesia (f)	kilise	[kilisæ]
templo (m)	ibadethane	[ibadæthanæ]
catedral (f)	katedral	[katædral]
gótico (adj)	gotik	[gotik]
sinagoga (f)	sinagog	[sinagog]
mezquita (f)	cami	[dʒami]

capilla (f)	ibadet yeri	[ibadæt jæri]
abadía (f)	manastır	[manastır]
convento (m)	rahibe manastırı	[rahibæ manastırı]
monasterio (m)	manastır	[manastır]

campana (f)	çan	[ʧan]
campanario (m)	çan kulesi	[ʧan kulæsi]
sonar (vi)	çalmak	[ʧalmak]

cruz (f)	haç	[haʧ]
cúpula (f)	kubbe	[kubbæ]
icono (m)	ikon	[ikon]

alma (f)	ruh	[ruh]
destino (m)	kader	[kadær]
maldad (f)	kötülük	[køtylyk]
bien (m)	iyilik	[ijılik]
vampiro (m)	vampir	[vampir]

bruja (f)	cadı	[dʒadɪ]
demonio (m)	iblis	[iblis]
diablo (m)	şeytan	[ʃæjtan]
espíritu (m)	ruh	[ruh]
redención (f)	kefaretini ödeme	[kæfarætini ødæmæ]
redimir (vt)	kefaretini ödemek	[kæfarætini ødæmæk]
culto (m), misa (f)	hizmet	[hizmæt]
decir misa	vaaz vermek	[va:z værmæk]
confesión (f)	günah çıkartma	[gynah tʃɪkartma]
confesarse (vr)	günah çıkartmak	[gynah tʃɪkartmak]
santo (m)	aziz	[aziz]
sagrado (adj)	kutsal	[kutsal]
agua (f) santa	kutsal su	[kutsal su]
rito (m)	tören, ritüel	[tøræn], [rityæʎ]
ritual (adj)	kuttören	[kyttøræn]
sacrificio (m)	kurban	[kurban]
superstición (f)	batıl inanç	[batɪl inantʃ]
supersticioso (adj)	batıl inancı olan	[batɪl inandʒɪ olan]
vida (f) de ultratumba	ölüm sonrası hayat	[ølym sonrasɪ hajat]
vida (f) eterna	ebedi hayat	[æbædi hajat]

MISCELÁNEA

249. Varias palabras útiles

alto (m) (descanso)	ara	[ara]
ayuda (f)	yardım	[jardım]
balance (m)	denge	[dæŋæ]
barrera (f)	engel	[æŋæʎ]
base (f) (~ científica)	temel	[tæmæʎ]
categoría (f)	kategori	[katægori]
causa (f)	neden	[nædæn]
coincidencia (f)	tesadüf	[tæsadyf]
comienzo (m) (principio)	başlangıç	[baʃlaŋıtʃ]
comparación (f)	karşılaştırma	[karʃılaʃtırma]
compensación (f)	tazmin	[tazmin]
confortable (adj)	rahat	[rahat]
cosa (f) (objeto)	eşya	[æʃja]
crecimiento (m)	büyüme	[byjumæ]
desarrollo (m)	gelişme	[gæliʃmæ]
diferencia (f)	farklılık	[farklılık]
efecto (m)	tesir	[tæsir]
ejemplo (m)	örnek	[ørnæk]
elección (f)	seçme	[sætʃmæ]
elemento (m)	eleman	[ælæman]
error (m)	hata	[hata]
esfuerzo (m)	çaba	[tʃaba]
estándar (adj)	standart	[standart]
estándar (m)	standart	[standart]
estilo (m)	tarz	[tarz]
fin (m)	son	[son]
fondo (m) (color de ~)	fon	[fon]
forma (f) (contorno)	şekil	[ʃækiʎ]
frecuente (adj)	sık	[sık]
grado (m) (en mayor ~)	derece	[dærædʒæ]
hecho (m)	gerçek	[gærtʃæk]
ideal (m)	ideal	[idæal]
laberinto (m)	labirent	[labirænt]
modo (m) (de otro ~)	usul	[usuʎ]
momento (m)	an	[an]
objeto (m)	nesne	[næsnæ]
obstáculo (m)	engel	[æŋæʎ]
original (m)	asıl	[asıl]
parte (f)	kısım	[kısım]

partícula (f)	küçük bir parça	[kytʃuk bir partʃa]
pausa (f)	ara	[ara]
posición (f)	vaziyet	[vazijæt]

principio (m) (tener por ~)	prensip	[prænsip]
problema (m)	problem	[problæm]
proceso (m)	süreç	[syrætʃ]
progreso (m)	ilerleme	[ilærlæmæ]
propiedad (f) (cualidad)	özellik	[øzællik]

| reacción (f) | tepki | [tæpki] |
| riesgo (m) | risk | [risk] |

sección (f)	seksiyon	[sæksʲon]
secreto (m)	sır	[sır]
serie (f)	seri	[særi]
sistema (m)	sistem	[sistæm]
situación (f)	durum	[durum]
solución (f)	çözüm	[tʃozym]

tabla (f) (~ de multiplicar)	tablo	[tablo]
tempo (m) (ritmo)	tempo	[tæmpo]
término (m)	terim	[tærim]
tipo (m) (~ de deportes)	çeşit	[tʃæʃit]
tipo (m) (no es mi ~)	tip	[tip]
turno (m) (esperar su ~)	sıra	[sıra]

urgente (adj)	acil	[adʒiʎ]
urgentemente	acele	[adʒælæ]
utilidad (f)	fayda	[fajda]
variante (f)	versiyon	[værsʲon]
verdad (f)	hakikat	[hakikat]
zona (f)	bölge	[bøʎgæ]

250. Los modificadores. Los adjetivos. Unidad 1

abierto (adj)	açık	[atʃık]
adicional (adj)	ek	[æk]
agradable (~ voz)	hoş	[hoʃ]
agradecido (adj)	müteşekkir	[mytæʃækkir]
agrio (sabor ~)	ekşi	[ækʃi]
agudo (adj)	sivri, keskin	[sivri], [kæskin]

alegre (adj)	neşeli	[næʃæli]
amargo (adj)	acı	[adʒı]
amplio (~a habitación)	geniş	[gæniʃ]
ancho (camino ~)	geniş	[gæniʃ]
antiguo (adj)	antik, eski	[antik], [æski]

apretado (falda ~a)	dar	[dar]
arriesgado (adj)	riskli	[riskli]
artificial (adj)	suni	[suni]
azucarado (adj)	tatlı	[tatlı]
bajo (voz ~a)	alçak	[altʃak]

barato (adj)	ucuz	[udʒuz]
bello (hermoso)	güzel	[gyzæʎ]
blando (adj)	yumuşak	[jumuʃak]
bronceado (adj)	bronzlaşmış	[bronzlaʃmıʃ]
bueno (de buen corazón)	iyi kalpli	[ijı kalpli]
bueno (un libro, etc.)	iyi	[ijı]
caliente (adj)	sıcak	[sıdʒak]
calmo, tranquilo	sakin	[sakin]
cansado (adj)	yorgun	[jorgun]
cariñoso (un padre ~)	dikkatli	[dikkatli]
caro (adj)	pahalı	[pahalı]
central (adj)	merkez	[mærkæz]
cerrado (adj)	kapalı	[kapalı]
ciego (adj)	kör	[kør]
civil (derecho ~)	sivil	[siviʎ]
clandestino (adj)	yeraltı	[jæraltı]
claro (color)	açık	[atʃık]
claro (explicación, etc.)	anlaşılan	[anlaʃılan]
compatible (adj)	uyumlu	[ujumlu]
congelado (pescado ~)	dondurulmuş	[dondurulmuʃ]
conjunto (decisión ~a)	ortak	[ortak]
considerable (adj)	hatırı sayılır	[hatırı sajılır]
contento (adj)	memnun	[mæmnun]
continuo (adj)	uzatılmış	[uzatılmıʃ]
continuo (incesante)	kesintisiz	[kæsintisiz]
conveniente (apto)	uygun	[ujgun]
correcto (adj)	sağ taraf	[sa: taraf]
cortés (adj)	nazik	[nazik]
corto (adj)	kısa	[kısa]
crudo (huevos ~s)	çiğ	[tʃi:]
de atrás (adj)	arka	[arka]
de corta duración (adj)	kısa	[kısa]
de segunda mano	kullanılmış	[kullanılmıʃ]
delgado (adj)	zayıf	[zajıf]
demasiado magro	çok zayıf	[tʃok zajıf]
denso (~a niebla)	yoğun	[joun]
derecho (adj)	sağ	[sa:]
diferente (adj)	farklı	[farklı]
difícil (decisión)	zor	[zor]
difícil (problema ~)	karmaşık	[karmaʃık]
distante (adj)	uzak	[uzak]
dulce (agua ~)	tatlı	[tatlı]
duro (material, etc.)	katı	[katı]
el más alto	en yüksek	[æn juksæk]
el más importante	en önemli	[æn ønæmli]
el más próximo	en yakın	[æn jakın]
enfermo (adj)	hasta	[hasta]
enorme (adj)	kocaman	[kodʒaman]

entero (adj)	tüm, bütün	[tym], [bytyn]
especial (adj)	özel	[øzæʎ]
espeso (niebla ~a)	kalın	[kalın]
estrecho (calle, etc.)	dar	[dar]

exacto (adj)	tam, kesin	[tam], [kæsin]
excelente (adj)	pek iyi	[pæk ijı]
excesivo (adj)	fazla, aşırı	[fazla], [aʃırı]
exterior (adj)	dış	[dıʃ]
extranjero (adj)	yabancı	[jabandʒı]

fácil (adj)	kolay	[kolaj]
fatigoso (adj)	yorucu	[jorudʒu]
feliz (adj)	mutlu	[mutlu]
fértil (la tierra ~)	verimli	[værimli]
frágil (florero, etc.)	kırılgan	[kırılgan]

fresco (está ~ hoy)	serin	[særin]
fresco (pan, etc.)	taze	[tazæ]
frío (bebida ~a, etc.)	soğuk	[souk]
fuerte (~ voz)	yüksek	[juksæk]
fuerte (adj)	güçlü	[gytʃly]

grande (en dimensiones)	büyük	[byjuk]
graso (alimento ~)	yağlı	[ja:lı]
gratis (adj)	bedava	[bædava]
grueso (muro, etc.)	kalın	[kalın]

hambriento (adj)	aç	[atʃ]
hermoso (~ palacio)	çok güzel	[tʃok gyzæʎ]
hostil (adj)	düşman	[dyʃman]
húmedo (adj)	nemli	[næmli]

igual, idéntico (adj)	aynı	[ajnı]
importante (adj)	önemli	[ønæmli]
imposible (adj)	imkansız	[imkansız]
imprescindible (adj)	gerekli	[gærækli]

indescifrable (adj)	anlaşılmaz	[anlaʃılmaz]
infantil (adj)	çocuklar için	[tʃodʒuklar itʃin]
inmóvil (adj)	hareketsiz	[harækætsiz]
insignificante (adj)	önemsiz	[ønæmsiz]
inteligente (adj)	zeki	[zæki]
interior (adj)	iç	[itʃ]
izquierdo (adj)	sol	[sol]
joven (adj)	genç	[gæntʃ]

251. Los modificadores. Los adjetivos. Unidad 2

largo (camino)	uzun	[uzun]
legal (adj)	kanuni	[kanuni]
lejano (adj)	uzak	[uzak]
libre (acceso ~)	özgür	[øzgyr]
ligero (un metal ~)	hafif	[hafif]

limitado (adj)	sınırlı	[sınırlı]
limpio (camisa ~)	temiz	[tæmiz]
líquido (adj)	sıvı	[sıvı]
liso (piel, pelo, etc.)	düz	[dyz]
lleno (adj)	dolu	[dolu]
maduro (fruto, etc.)	olgun	[olgun]
malo (adj)	kötü	[køty]
mas próximo	en yakın	[æn jakın]
mate (sin brillo)	mat	[mat]
meticuloso (adj)	doğru, kesin	[do:ru], [kæsin]
miope (adj)	miyop	[mijop]
misterioso (adj)	esrarengiz	[æsraræŋiz]
mojado (adj)	ıslak	[ıslak]
moreno (adj)	esmer	[æsmær]
muerto (adj)	ölü	[øly]
natal (país ~)	yerli	[jærli]
necesario (adj)	gerekli	[gærækli]
negativo (adj)	olumsuz	[olumsuz]
negligente (adj)	özensiz	[øzænsiz]
nervioso (adj)	sinirli	[sinirli]
no difícil (adj)	zor olmayan	[zor olmajan]
no muy grande (adj)	önemli olmayan	[ønæmli olmajan]
normal (adj)	normal	[normaʎ]
nuevo (adj)	yeni	[jæni]
obligatorio (adj)	zorunlu	[zorunlu]
opuesto (adj)	zıt	[zıt]
ordinario (adj)	sıradan	[sıradan]
original (inusual)	orijinal	[oriʒinal]
oscuro (cuarto ~)	karanlık	[karanlık]
pasado (tiempo ~)	geçmiş	[gætʃmiʃ]
peligroso (adj)	tehlikeli	[tæhlikæli]
pequeño (adj)	küçük	[kytʃuk]
perfecto (adj)	çok güzel, süper	[tʃok gyzæʎ], [supær]
permanente (adj)	sürekli	[syrækli]
personal (adj)	özel	[øzæʎ]
pesado (adj)	ağır	[aır]
plano (pantalla ~a)	yassı	[jassı]
plano (superficie ~a)	düz	[dyz]
pobre (adj)	fakir	[fakir]
pobrísimo (adj)	çok yoksul	[tʃok joksul]
poco claro (adj)	donuk	[donuk]
poco profundo (adj)	sığ	[sı:]
posible (adj)	mümkün	[mymkyn]
presente (momento ~)	şimdiki	[ʃimdiki]
principal (~ idea)	esas	[æsas]
principal (la entrada ~)	ana, baş	[ana], [baʃ]

privado (avión ~)	şahsi	[ʃahsi]
probable (adj)	olası	[olası]
próximo (cercano)	yakın olan	[jakın olan]
público (adj)	kamu	[kamu]
puntual (adj)	dakik	[dakik]

rápido (adj)	hızlı	[hızlı]
raro (adj)	nadir	[nadir]
recto (línea ~a)	düz	[dyz]

sabroso (adj)	tatlı, lezzetli	[tatlı], [læzzætlı]
salado (adj)	tuzlu	[tuzlu]
satisfecho (cliente)	tatmin olmuş	[tatmin olmuʃ]
seco (adj)	kuru	[kuru]
seguro (no peligroso)	güvenli	[gyvænli]

siguiente (avión, etc.)	sonraki	[sonraki]
similar (adj)	benzer	[bænzær]
simpático, amable (adj)	düşünceli	[dyʃyndʒæli]
simple (adj)	basit	[basit]
sin experiencia (adj)	tecrübesiz	[tædʒrybæsiz]
sin nubes (adj)	bulutsuz	[bulutsuz]

soleado (un día ~)	güneşli	[gynæʃli]
sólido (~a pared)	dayanıklı	[dajanıklı]
sombrío (adj)	karanlık	[karanlık]
sucio (no limpio)	kirli	[kirli]

templado (adj)	ılık	[ılık]
tenue (una ~ luz)	kör	[kør]
tierno (afectuoso)	şefkatli	[ʃæfkatlı]

tonto (adj)	aptal	[aptal]
tranquilo (adj)	sakin	[sakin]
transparente (adj)	saydam	[sajdam]
triste (adj)	üzgün	[juzgyn]
triste (mirada ~)	kederli	[kædærli]

último (~a oportunidad)	en son	[æn son]
último (~a vez)	geçen	[gætʃæn]
único (excepcional)	tek olan	[tæk olan]

vacío (vaso medio ~)	boş	[boʃ]
vario (adj)	çeşitli	[tʃæʃitli]
vecino (casa ~a)	komşu	[komʃu]
viejo (casa ~a)	eski	[æski]

LOS 500 VERBOS PRINCIPALES

252. Los verbos A-C

abandonar (vt)	bırakmak	[bırakmak]
abrazar (vt)	kucaklamak	[kudʒaklamak]
abrir (vt)	açmak	[atʃmak]
aburrirse (vr)	sıkılmak	[sıkılmak]
acariciar (~ el cabello)	okşamak	[okʃamak]
acercarse (vr)	yaklaşmak	[jaklaʃmak]
acompañar (vt)	refakat etmek	[ræfakat ætmæk]
aconsejar (vt)	tavsiye etmek	[tavsijæ ætmæk]
actuar (vi)	davranmak	[davranmak]
acusar (vt)	suçlamak	[sutʃlamak]
adiestrar (~ animales)	terbiye etmek	[tærbijæ ætmæk]
adivinar (vt)	doğru tahmin etmek	[do:ru tahmin ætmæk]
admirar (vt)	hayran olmak	[hajran olmak]
adular (vt)	pohpohlamak	[pohpohlakmak]
advertir (avisar)	uyarmak	[ujarmak]
afeitarse (vr)	tıraş olmak	[tıraʃ olmak]
afirmar (vt)	ısrar etmek	[ısrar ætmæk]
agitar (la mano)	sallamak	[sallamak]
agradecer (vt)	teşekkür etmek	[tæʃækkyr ætmæk]
ahogarse (vr)	suda boğulmak	[suda boulmak]
aislar (al enfermo, etc.)	izole etmek	[izo'læ æt'mæk]
alabarse (vr)	övünmek	[øvynmæk]
alimentar (vt)	beslemek	[bæslæmæk]
almorzar (vi)	öğle yemeği yemek	[øjlæ jæmæi jæmæk]
alquilar (~ una casa)	kiralamak	[kiralamak]
alquilar (barco, etc.)	kiralamak	[kiralamak]
aludir (vi)	ima etmek	[ima ætmæk]
alumbrar (vt)	aydınlatmak	[ajdınlatmak]
amarrar (vt)	yanaşmak	[janaʃmak]
amenazar (vt)	tehdit etmek	[tæhdit ætmæk]
amputar (vt)	ameliyatla almak	[amælijatla almak]
añadir (vt)	katmak, eklemek	[katmak], [æklæmæk]
anotar (vt)	not almak	[not almak]
anular (vt)	iptal etmek	[iptaʎ ætmæk]
apagar (~ la luz)	söndürmek	[søndyrmæk]
aparecer (vi)	gözükmek	[gøzykmæk]
aplastar (insecto, etc.)	ezmek	[æzmæk]
aplaudir (vi, vt)	alkışlamak	[alkıʃlamak]
apoyar (la decisión)	desteklemek	[dæstæklæmæk]

apresurar (vt)	acele ettirmek	[adʒælæ ættirmæk]
apuntar a ...	... nişan almak	[niʃan almak]
arañar (vt)	tırmalamak	[tırmalamak]
arrancar (vt)	koparmak	[koparmak]
arrepentirse (vr)	üzülmek	[juzylmæk]
arriesgar (vt)	riske girmek	[riskæ girmæk]
asistir (vt)	yardım etmek	[jardım ætmæk]
aspirar (~ a algo)	hedeflemek	[hædæflæmæk]
atacar (mil.)	hücum etmek	[hydʒum ætmæk]
atar (cautivo)	bağlamak	[ba:lamak]
atar a ...	bağlamak	[ba:lamak]
aumentar (vt)	artırmak	[artırmak]
aumentarse (vr)	artmak	[artmak]
autorizar (vt)	izin vermek	[izin værmæk]
avanzarse (vr)	ilerlemek	[ilærlæmæk]
avistar (vt)	görmek	[gørmæk]
ayudar (vt)	yardım etmek	[jardım ætmæk]
bajar (vt)	indirmek	[indirmæk]
bañar (~ al bebé)	yıkamak	[jıkamak]
bañarse (vr)	suya girmek	[suja girmæk]
beber (vi, vt)	içmek	[itʃmæk]
borrar (vt)	silmek	[siʎmæk]
brillar (vi)	parlamak	[parlamak]
bromear (vi)	şaka yapmak	[ʃaka japmak]
bucear (vi)	dalmak	[dalmak]
burlarse (vr)	alay etmek	[alaj ætmæk]
buscar (vt)	aramak	[aramak]
calentar (vt)	ısıtmak	[ısıtmak]
callarse (no decir nada)	susmak	[susmak]
calmar (vt)	yatıştırmak	[jatıʃtırmak]
cambiar (de opinión)	değiştirmek	[dæiʃtirmæk]
cambiar (vt)	değiştirmek	[dæiʃtirmæk]
cansar (vt)	yormak	[jormak]
cargar (camión, etc.)	yüklemek	[juklæmæk]
cargar (pistola)	doldurmak	[doldurmak]
casarse (con una mujer)	evlenmek	[ævlænmæk]
castigar (vt)	cezalandırmak	[dʒæzalandırmak]
cavar (fosa, etc.)	kazmak	[kazmak]
cazar (vi, vt)	avlamak	[avlamak]
ceder (vi, vt)	pes etmek	[pæs ætmæk]
cegar (deslumbrar)	kör etmek	[kør ætmæk]
cenar (vi)	akşam yemeği yemek	[akʃam jæmæi jæmæk]
cerrar (vt)	kapatmak	[kapatmak]
cesar (vt)	durdurmak	[durdurmak]
citar (vt)	alıntı yapmak	[alıntı japmak]
coger (flores, etc.)	koparmak	[koparmak]
coger (pelota, etc.)	tutmak	[tutmak]

colaborar (vi)	işbirliği etmek	[iʃbirli: ætmæk]
colgar (vt)	asmak	[asmak]
colocar (poner)	yerleştirmek	[jærlæʃtirmæk]
combatir (vi)	mücadele etmek	[mydʒadælæ ætmæk]
comenzar (vt)	başlamak	[baʃlamak]
comer (vi, vt)	yemek	[jæmæk]
comparar (vt)	karşılaştırmak	[karʃılaʃtırmak]
compensar (vt)	tazmin etmek	[tazmin ætmæk]
competir (vi)	rekabet etmek	[rækabæt ætmæk]
compilar (~ una lista)	düzenlemek	[dyzænlæmæk]
complicar (vt)	güçleştirmek	[gytʃlæʃtirmæk]
componer (música)	bestelemek	[bæstælæmæk]
comportarse (vr)	davranmak	[davranmak]
comprar (vt)	satın almak	[satın almak]
comprender (vt)	anlamak	[anlamak]
comprometer (vt)	tehlikeye sokmak	[tæhlikæjæ sokmak]
comunicar (algo a algn)	bildirmek	[biʎdirmæk]
concentrarse (vr)	konsantre olmak	[konsantræ olmak]
condecorar (vt)	ödül vermek	[ødyʎ værmæk]
conducir el coche	arabayı sürmek	[arabajı syrmæk]
confesar (un crimen)	itiraf etmek	[itiraf ætmæk]
confiar (vt)	güvenmek	[gyvænmæk]
confundir (vt)	ayırt edememek	[ajırt ædæmæmæk]
conocer (~ a alguien)	tanımak	[tanımak]
consultar (a un médico)	danışmak	[danıʃmak]
contagiar (vt)	bulaştırmak	[bulaʃtırmak]
contagiarse (de ...)	bulaşmak	[bulaʃmak]
contar (dinero, etc.)	saymak	[sajmak]
contar (una historia)	anlatmak	[anlatmak]
contar con ...	... güvenmek	[gyvænmæk]
continuar (vt)	devam etmek	[dævam ætmæk]
contratar (~ a un abogado)	tutmak	[tutmak]
controlar (vt)	kontrol etmek	[kontroʎ ætmæk]
convencer (vt)	ikna etmek	[ikna ætmæk]
convencerse (vr)	ikna olmak	[ikna olmak]
coordinar (vt)	koordine etmek	[ko:rdinæ ætmæk]
corregir (un error)	düzeltmek	[dyzæʎtmæk]
correr (vi)	koşmak	[koʃmak]
cortar (un dedo, etc.)	kesmek	[kæsmæk]
costar (vt)	değerinde olmak	[dæ:rindæ olmak]
crear (vt)	oluşturmak	[oluʃturmak]
creer (vt)	inanmak	[inanmak]
cultivar (plantas)	yetiştirmek	[jætiʃtirmæk]
curar (vt)	tedavi etmek	[tædavi ætmæk]

253. Los verbos D-E

darse prisa	acele etmek	[adʒælæ ætmæk]
darse un baño	yıkanmak	[jıkanmak]
deber (v aux)	borçlu olmak	[bortʃlu olmak]
decidir (vt)	karar vermek	[karar værmæk]
decir (vt)	söylemek	[søjlæmæk]
decorar (para la fiesta)	süslemek	[syslæmæk]
dedicar (vt)	ithaf etmek	[ithaf ætmæk]
defender (vt)	savunmak	[savunmak]
defenderse (vr)	kendini savunmak	[kændini savunmak]
dejar caer	düşürmek	[dyʃyrmæk]
dejar de hablar	susmak	[susmak]
denunciar (vt)	ihbar etmek	[ihbar ætmæk]
depender de ...	... bağlı olmak	[ba:lı olmak]
derramar (líquido)	dökmek	[døkmæk]
desamarrar (vt)	iskeleden ayrılmak	[iskælædæn ajrılmak]
desaparecer (vi)	kaybolmak	[kajbolmak]
desatar (vt)	çözmek	[tʃozmæk]
desayunar (vi)	kahvaltı yapmak	[kahvaltı japmak]
descansar (vi)	dinlenmek	[dinlæmæk]
descender (vi)	aşağı inmek	[aʃaı inmæk]
descubrir (tierras nuevas)	keşfetmek	[kæʃfætmæk]
desear (vt)	istemek	[istæmæk]
despedir (olor)	yaymak	[jajmak]
despegar (el avión)	kalkmak	[kalkmak]
despertar (vt)	uyandırmak	[ujandırmak]
despreciar (vt)	hor görmek	[hor gørmæk]
destruir (~ las pruebas)	yok etmek	[jok ætmæk]
devolver (paquete, etc.)	geri göndermek	[gæri gøndærmæk]
diferenciarse (vr)	farklı olmak	[farklı olmak]
difundir (panfletos)	dağıtmak	[daıtmak]
dirigir (administrar)	yönetmek	[jonætmæk]
dirigirse (~ al jurado)	hitap etmek	[hitap ætmæk]
disculpar (vt)	affetmek	[afætmæk]
disculparse (vr)	özür dilemek	[øzyr dilæmæk]
discutir (vt)	görüşmek	[gøryʃmæk]
disminuir (vt)	eksiltmek	[æksiltmæk]
distribuir (comida, agua)	dağıtmak	[daıtmak]
divertirse (vr)	eğlenmek	[æ:lænmæk]
dividir (~ 7 entre 5)	bölmek	[bøʎmæk]
doblar (p.ej. capital)	iki katına çıkmak	[iki katına tʃıkmak]
dudar (vt)	tereddüt emek	[tæræddyt ætmæk]
elevarse (alzarse)	yükselmek	[juksæʎmæk]
eliminar (obstáculo)	kaldırmak	[kaldırmak]

emerger (submarino)	suyun yüzüne çıkmak	[sujun juzynæ ʧikmak]
empaquetar (vt)	sarmak	[sarmak]
emplear (utilizar)	kullanmak	[kullanmak]
emprender (~ acciones)	üstlenmek	[justlænmæk]
empujar (vt)	itmek	[itmæk]

enamorarse (de …)	âşık olmak	[aʃık olmak]
encabezar (vt)	başında olmak	[baʃinda olmak]
encaminar (vt)	yönlendirmek	[jonlændirmæk]
encender (hoguera)	yakmak	[jakmak]
encender (radio, etc.)	açmak	[atʃmak]

encontrar (hallar)	bulmak	[bulmak]
enfadar (vt)	kızdırmak	[kızdırmak]
enfadarse (con …)	… kızgın olmak	[kızgın olmak]
engañar (vi, vt)	aldatmak	[aldatmak]
enrojecer (vi)	kızarmak	[kızarmak]

enseñar (vi, vt)	öğretmek	[øjrætmæk]
ensuciarse (vr)	kirlenmek	[kirlænmæk]
entrar (vi)	girmek	[girmæk]
entrenar (vt)	çalıştırmak	[ʧalıʃtırmak]

entrenarse (vr)	antrenman yapmak	[antrænman japmak]
entretener (vt)	eğlendirmek	[æ:lændirmæk]
enviar (carta, etc.)	göndermek	[gøndærmæk]
envidiar (vt)	kıskanmak	[kıskanmak]

equipar (vt)	donatmak	[donatmak]
equivocarse (vr)	hata yapmak	[hata japmak]

escoger (vt)	seçmek	[sætʃmæk]
esconder (vt)	saklamak	[saklamak]
escribir (vt)	yazmak	[jazmak]
escuchar (vt)	dinlemek	[dinle'mek]
escuchar a hurtadillas	gizlice dinlemek	[gizlidʒæ dinlæmæk]
escupir (vi)	tükürmek	[tykyrmæk]

esperar (aguardar)	beklemek	[bæklæmæk]
esperar (anticipar)	beklemek	[bæklæmæk]
esperar (tener esperanza)	ummak	[ummak]

estar (~ sobre la mesa)	bulunmak	[bulunmak]
estar acostado	yatmak	[jatmak]
estar basado (en …)	dayanmak	[dajanmak]
estar cansado	yorulmak	[jorulmak]

estar de acuerdo	razı olmak	[razı olmak]
estar en guerra	savaşmak	[savaʃmak]
estar perplejo	şaşmak	[ʃaʃmak]
estar sentado	oturmak	[oturmak]

estremecerse (vr)	irkilmek	[irkiʎmæk]
estudiar (vt)	öğrenmek	[øjrænmæk]
evitar (peligro, etc.)	sakınmak	[sakınmak]
examinar (propuesta)	gözden geçirmek	[gøzdæn gæʧirmæk]

excluir (vt)	çıkarmak	[tʃıkarmak]
exigir (vt)	talep etmek	[talæp ætmæk]
existir (vi)	var olmak	[var olmak]
explicar (vt)	izah etmek	[izah ætmæk]
expresar (vt)	ifade etmek	[ifadæ ætmæk]
expulsar (ahuyentar)	kovmak	[kovmak]

254. Los verbos F-N

facilitar (vt)	kolaylaştırmak	[kolajlaʃtırmak]
faltar (a las clases)	gelmemek	[gæʎmæmæk]
fascinar (vt)	hayran etmek	[hajran ætmæk]
felicitar (vt)	tebrik etmek	[tæbrik ætmæk]
firmar (~ el contrato)	imzalamak	[imzalamak]

formar (vt)	teşkil etmek	[tæʃkil ætmæk]
fortalecer (vt)	sağlamlaştırmak	[sa:lamlaʃtırmak]
forzar (obligar)	zorlamak	[zorlamak]
fotografiar (vt)	fotoğraf çekmek	[fotoraf tʃækmæk]

garantizar (vt)	garanti etmek	[garanti ætmæk]
girar (~ a la izquierda)	dönmek	[dønmæk]
golpear (la puerta)	kapıyı çalmak	[kapıjı tʃalmak]
gritar (vi)	bağırmak	[baırmak]

guardar (cartas, etc.)	saklamak	[saklamak]
gustar (el tenis, etc.)	sevmek	[sævmæk]
gustar (vi)	hoşlanmak	[hoʃlanmak]

| habitar (vi, vt) | yaşamak | [jaʃamak] |
| hablar con … | … ile konuşmak | [ilæ konuʃmak] |

hacer (vt)	yapmak, etmek	[japmak], [ætmæk]
hacer conocimiento	tanışmak	[tanıʃmak]
hacer copias	çoğaltmak	[tʃoaltmak]
hacer la limpieza	toplamak	[toplamak]
hacer una conclusión	sonuç vermek	[sonutʃ værmæk]

hacerse (vr)	olmak	[olmak]
hachear (vt)	kesmek	[kæsmæk]
heredar (vt)	miras olarak almak	[miras olarak almak]

imaginarse (vr)	hayal etmek	[hajaʎ ætmæk]
imitar (vt)	taklit etmek	[taklit ætmæk]
importar (vt)	ithal etmek	[ithaʎ ætmæk]

indignarse (vr)	öfkelenmek	[øfkælænmæk]
influir (vt)	etkilemek	[ætkilæmæk]
informar (vt)	bilgi vermek	[biʎgi værmæk]
informarse (vr)	öğrenmek	[øjrænmæk]

inquietar (vt)	üzmek	[juzmæk]
inquietarse (vr)	endişelenmek	[ændiʃælænmæk]
inscribir (en la lista)	yazmak	[jazmak]

insertar (~ la llave)	koymak	[kojmak]
insistir (vi)	ısrar etmek	[ısrar ætmæk]
inspirar (vt)	ilham vermek	[iʎham værmæk]

instruir (enseñar)	talimat vermek	[talimat værmæk]
insultar (vt)	hakaret etmek	[hakaræt ætmæk]
intentar (vt)	denemek	[dænæmæk]
intercambiar (vt)	değişmek	[dæiʃmæk]

interesar (vt)	ilgilendirmek	[iʎgælændirmæk]
interesarse (vr)	ilgilenmek	[iʎgilænmæk]
interpretar (actuar)	oynamak	[ojnamak]
intervenir (vi)	karışmak	[karıʃmak]
inventar (máquina, etc.)	icat etmek	[idʒat ætmæk]
invitar (vt)	davet etmek	[davæt ætmæk]

ir (~ en taxi)	gitmek	[gitmæk]
ir (a pie)	yürümek, gitmek	[jurymæk], [gitmæk]
irritar (vt)	sinirlendirmek	[sinirlændirmæk]
irritarse (vr)	sinirlenmek	[sinirlænmæk]
irse a la cama	uyumaya gitmek	[ujumaja gitmæk]
jugar (divertirse)	oynamak	[ojnamak]

lanzar (comenzar)	başlatmak	[baʃlatmak]
lavar (vt)	yıkamak	[jıkamak]
lavar la ropa	yıkamak	[jıkamak]
leer (vi, vt)	okumak	[okumak]
levantarse (de la cama)	kalkmak	[kalkmak]

liberar (ciudad, etc.)	özgürleştirmek	[øzgyrlæʃtirmæk]
librarse de ...	... dan kurtulmak	[dan kurtulmak]
limitar (vt)	sınırlandırmak	[sınırlandırmak]
limpiar (~ el horno)	temizlemek	[tæmizlæmæk]
limpiar (zapatos, etc.)	temizlemek	[tæmizlæmæk]

llamar (le llamamos ...)	adlandırmak	[adlandırmak]
llamar (por ayuda)	çağırmak	[tʃaırmak]
llamar (vt)	çağırmak	[tʃaırmak]

llegar (~ al Polo Norte)	varmak	[varmak]
llegar (tren)	varmak	[varmak]
llenar (p.ej. botella)	doldurmak	[doldurmak]
llevarse (~ consigo)	götürmek	[gøtyrmæk]
llorar (vi)	ağlamak	[a:lamak]

lograr (un objetivo)	erişmek	[æriʃmæk]
luchar (combatir)	savaşmak	[savaʃmak]
luchar (sport)	güreşmek	[gøryʃmæk]

mantener (la paz)	saklamak	[saklamak]
marcar (en el mapa, etc.)	işaretlemek	[iʃarætlæmæk]
matar (vt)	öldürmek	[øldyrmæk]
memorizar (vt)	akılda tutmak	[akılda tutmak]
mencionar (vt)	anmak	[anmak]
mentir (vi)	yalan söylemek	[jalan søjlæmæk]
merecer (vt)	hak etmek	[hak ætmæk]

mezclar (vt)	karıştırmak	[karıʃtırmak]
mirar (vi, vt)	bakmak	[bakmak]
mirar a hurtadillas	gözetlemek	[gøzætlæmæk]

molestar (vt)	rahatsız etmek	[rahatsız ætmæk]
mostrar (~ el camino)	göstermek	[gøstærmæk]
mostrar (demostrar)	göstermek	[gøstærmæk]
mover (el sofá, etc.)	yerini değiştirmek	[jærini dæiʃtirmæk]
multiplicar (mat)	çarpmak	[tʃarpmak]

nadar (vi)	yüzmek	[juzmæk]
negar (rechazar)	reddetmek	[ræddætmæk]
negar (vt)	inkar etmek	[iŋkjar ætmæk]

negociar (vi)	görüşmek	[gøryʃmæk]
nombrar (designar)	atamak	[atamak]
notar (divisar)	farketmek	[farkætmæk]

255. Los verbos O-R

obedecer (vi, vt)	itaat etmek	[ita:t ætmæk]
objetar (vt)	itiraz etmek	[itiraz ætmæk]
observar (vt)	gözlemlemek	[gøzlæmlæmæk]
ofender (vt)	gücendirmek	[gydʒændirmæk]

oír (vt)	duymak	[dujmak]
oler (despedir olores)	kokmak	[kokmak]
oler (percibir olores)	koklamak	[koklamak]
olvidar (dejar)	unutmak	[unutmak]
olvidar (vt)	unutmak	[unutmak]

omitir (vt)	atlamak	[atlamak]
orar (vi)	dua etmek	[dua ætmæk]
ordenar (mil.)	emretmek	[æmrætmæk]
organizar (concierto, etc.)	düzenlemek	[dyzænlæmæk]
osar (vi)	cesaret etmek	[dʒæsaræt ætmæk]

pagar (vi, vt)	ödemek	[ødæmæk]
pararse (vr)	durmak	[durmak]
parecerse (vr)	benzemek	[bænzæmæk]
participar (vi)	katılmak	[katılmak]

partir (~ a Londres)	gitmek	[gitmæk]
pasar (~ el pueblo)	geçmek	[gætʃmæk]
pecar (vi)	günah işlemek	[gynah iʃlæmæk]
pedir (ayuda, etc.)	rica etmek	[ridʒa ætmæk]
pedir (en restaurante)	sipariş etmek	[sipariʃ ætmæk]

pegar (golpear)	vurmak, dövmek	[vurmak], [døvmæk]
peinarse (vr)	taranmak	[taranmak]
pelear (vi)	dövüşmek	[døvyʃmæk]

| penetrar (vt) | girmek | [girmæk] |
| pensar (creer) | saymak | [sajmak] |

| pensar (vi, vt) | düşünmek | [dyʃynmæk] |
| perder (paraguas, etc.) | kaybetmek | [kajbætmæk] |

| perdonar (vt) | affetmek | [afætmæk] |
| permitir (vt) | müsaade etmek | [mysa:dæ ætmæk] |

pertenecer a ...	... ait olmak	[ait olmak]
pesar (tener peso)	çekmek	[tʃækmæk]
pescar (vi)	balık tutmak	[balık tutmak]

planchar (vi, vt)	ütü yapmak	[juty japmak]
planear (vt)	planlamak	[pʎanlamak]
poder (v aux)	yapabilmek	[japabiʎmæk]

| poner (colocar) | koymak | [kojmak] |
| poner en orden | düzene sokmak | [dyzænæ sokmak] |

poseer (vt)	sahip olmak	[sahip olmak]
predominar (vi)	üstün olmak	[ustyn olmak]
preferir (vt)	tercih etmek	[tærdʒih ætmæk]
preocuparse (vr)	merak etmek	[mærak ætmæk]

| preparar (la cena) | pişirmek | [piʃirmæk] |
| preparar (vt) | hazırlamak | [hazırlamak] |

presentar (~ a sus padres)	tanıştırmak	[tanıʃtırmak]
presentar (vt) (persona)	tanıtmak	[tanıtmak]
presentar un informe	rapor etmek	[rapor ætmæk]

prestar (vt)	borç almak	[bortʃ almak]
prever (vt)	önceden görmek	[øndʒædæn gørmæk]
privar (vt)	mahrum etmek	[mahrum ætmæk]

probar (una teoría, etc.)	ispat etmek	[ispat ætmæk]
prohibir (vt)	yasaklamak	[jasaklamak]
prometer (vt)	vaat etmek	[va:t ætmæk]
pronunciar (vt)	telâffuz etmek	[tæʎafuz ætmæk]
proponer (vt)	önermek	[ønærmæk]

proteger (la naturaleza)	korumak	[korumak]
protestar (vi, vt)	karşı çıkmak	[karʃı tʃıkmak]
provocar (vt)	kışkırtmak	[kıʃkırtmak]
proyectar (~ un edificio)	proje yapmak	[proʒæ japmak]

publicitar (vt)	reklam yapmak	[ræklam japmak]
quedar (una ropa, etc.)	uymak	[ujmak]
quejarse (vr)	şikayet etmek	[ʃikajæt ætmæk]
quemar (vt)	yakmak	[jakmak]

| querer (amar) | sevmek | [sævmæk] |
| querer (desear) | istemek | [istæmæk] |

quitar (~ una mancha)	çıkarmak	[tʃıkarmak]
quitar (cuadro de la pared)	çıkarmak	[tʃıkarmak]
quitar (retirar)	istiflemek	[istiflæmæk]
rajarse (vr)	çatlamak	[tʃatlamak]

realizar (vt)	gerçekleştirmek	[gærtʃæklæʃtirmæk]
recomendar (vt)	tavsiye etmek	[tavsijæ ætmæk]
reconocer (admitir)	itiraf etmek	[itiraf ætmæk]
reconocer (una voz, etc.)	tanımak	[tanımak]

recordar (tener en mente)	hatırlamak	[hatırlamak]
recordar algo a algn	hatırlatmak	[hatırlatmak]
recordarse (vr)	hatırlamak	[hatırlamak]
recuperarse (vr)	iyileşmek	[ijılæʃmæk]

reflexionar (vi)	düşünceye dalmak	[dyʃyndʒæjæ dalmak]
regañar (vt)	sövmek	[søvmæk]
regar (plantas)	sulamak	[sulamak]
regresar (~ a la ciudad)	dönmek	[dønmæk]
rehacer (vt)	yeniden yapmak	[jænidæn japmak]

reirse (vr)	gülmek	[gyʎmæk]
reparar (arreglar)	tamir etmek	[tamir ætmæk]
repetir (vt)	tekrar etmek	[tækrar ætmæk]
reprochar (vt)	sitem etmek	[sitæm ætmæk]

reservar (~ una mesa)	rezervasyon yapmak	[ræzærvasi̇on japmak]
resolver (~ el problema)	çözmek	[tʃozmæk]
resolver (~ la discusión)	halletmek	[hallætmæk]

respirar (vi)	nefes almak	[næfæs almak]
responder (vi, vt)	cevap vermek	[dʒævap værmæk]
retener (impedir)	zaptetmek	[zaptætmæk]

robar (vt)	çalmak	[tʃalmak]
romper (mueble, etc.)	kırmak	[kırmak]
romperse (la cuerda)	kopmak	[kopmak]

256. Los verbos S-V

saber (~ algo mas)	bilmek	[biʎmæk]
sacudir (agitar)	silkelemek	[silkælæmæk]
salir (libro)	çıkmak	[tʃıkmak]
salir (vi)	çıkmak	[tʃıkmak]

saludar (vt)	selamlamak	[sæʎamlamak]
salvar (vt)	kurtarmak	[kurtarmak]
satisfacer (vt)	tatmin etmek	[tatmin ætmæk]

secar (ropa, pelo)	kurutmak	[kurutmak]
seguir ...	... takip etmek	[takip ætmæk]
seleccionar (vt)	seçmek	[sætʃmæk]
sembrar (semillas)	ekmek	[ækmæk]

sentarse (vr)	oturmak	[oturmak]
sentenciar (vt)	mahkum etmek	[mahkym ætmæk]
sentir (peligro, etc.)	hissetmek	[hissætmæk]
ser causa de ...	... sebep olmak	[sæbæp olmak]
ser indispensable	gerekli olmak	[gærækli olmak]

ser necesario	gerekmek	[gærækmæk]
ser suficiente	yeterli olmak	[jætærli olmak]
ser, estar (vi)	olmak	[olmak]

servir (~ a los clientes)	hizmet etmek	[hizmæt ætmæk]
significar (querer decir)	anlamına gelmek	[anlamina gæʎmæk]
significar (vt)	anlamına gelmek	[anlamina gæʎmæk]
simplificar (vt)	basitleştirmek	[basitlæʃtirmæk]

sobreestimar (vt)	gözünde büyütmek	[gøzyndæ byjutmæk]
sofocar (un incendio)	söndürmek	[søndyrmæk]
soñar (durmiendo)	rüya görmek	[ruja gørmæk]
soñar (fantasear)	hayal kurmak	[hajaʎ kurmak]
sonreír (vi)	gülümsemek	[gylymsæmæk]

soplar (viento)	üflemek	[juflæmæk]
soportar (~ el dolor)	dayanmak	[dajanmak]
sorprender (vt)	şaşırtmak	[ʃaʃırtmak]
sorprenderse (vr)	şaşırmak	[ʃaʃırmak]

sospechar (vt)	şüphelenmek	[ʃyphælænmæk]
subestimar (vt)	değerini bilmemek	[dæ:rini bilmæmæk]
subrayar (vt)	altını çizmek	[altını tʃizmæk]
sufrir (dolores, etc.)	acı çekmek	[adʒı tʃækmæk]

suplicar (vt)	yalvarmak	[jalvarmak]
suponer (vt)	tahmin etmek	[tahmin ætmæk]
suspirar (vi)	nefes almak	[næfæs almak]

temblar (de frío)	titremek	[titræmæk]
tener (vt)	sahip olmak	[sahip olmak]
tener miedo	korkmak	[korkmak]
terminar (vt)	bitirmek	[bitirmæk]

tirar (cuerda)	çekmek	[tʃækmæk]
tirar (disparar)	ateş etmek	[atæʃ ætmæk]
tirar (piedras, etc.)	atmak	[atmak]

tocar (con la mano)	dokunmak	[dokunmak]
tomar (vt)	almak	[almak]
tomar nota	not almak	[not almak]

trabajar (vi)	çalışmak	[tʃalıʃmak]
traducir (vt)	çevirmek	[tʃævirmæk]
traer (un recuerdo, etc.)	getirmek	[gætirmæk]
transformar (vt)	dönüştürmek	[dønyʃtyrmæk]
tratar (de hacer algo)	denemek	[dænæmæk]

unir (vt)	birleştirmek	[birlæʃtirmæk]
unirse (~ al grupo)	katılmak	[katılmak]
usar (la cuchara, etc.)	kullanmak	[kullanmak]

vacunar (vt)	aşı yapmak	[aʃı japmak]
vender (vt)	satmak	[satmak]
vengar (vt)	intikam almak	[intikam almak]
verter (agua, vino)	doldurmak	[doldurmak]

vivir (vi)	**yaşamak**	[jaʃamak]
volar (pájaro, avión)	**uçmak**	[utʃmak]
volver (~ fondo arriba)	**devirmek**	[dævirmæk]
volverse de espaldas	**yüzünü çevirmek**	[juzyny tʃævirmæk]
votar (vi)	**oy vermek**	[oj værmæk]

Made in the USA
Columbia, SC
20 July 2017